섬나라
코리아

섬나라 코리아

섬이 된 한반도
섬이 된 계층
섬이 된 세대

세계은행(World Bank)으로 긴 출장 다녀온
조정훈의 로드인문학

도서출판 새빛
SAEVIT

과거 15년, 미래 15년

15년 전 워싱턴의 세계은행에서 조정훈 씨를 처음 만나 함께 일했다. 그 뒤 그의 성장과 역할의 변화에 따라 그를 부르는 호칭은 여러 번 바뀌었다. 조정훈 씨, 조정훈 대표, 조정훈 부소장, 조정훈 교수, 조정훈 소장……. 그러나 내게 가장 친근한 호칭은 언제나 '조정훈 씨'여서 나는 계속 그렇게 불렀다. 조정훈 씨는 좀 달랐다. 바뀐 내 호칭을 실수 없이 불러주곤 했다. 하지만 실장, 차관, 장관, 총장이라고 그때그때 제대로 불러준 호칭보다, 아주 드물게 실수로 옛 호칭인 '국장님'이라고 불러주는 것이 가장 정겨웠다. 오래전 처음 함께 일했을 때 서로를 불렀던, 지금보다 훨씬 젊은 시절의 호칭이 주는 노스탤지어 때문이었으리라.

지난 15년 간 '조정훈 씨'의 변화와 발전을 곁에서 지켜보는 것은 즐겁고 보람 있는 일이었다. 그가 가지고 있던 고민과 열정이 그를 단단하게 만들면서 성숙한 인격체로 형성되어 가는 모습. 자신의 가치와 철학을 제련(製錬)하면서 '자기다움'을 만들어가는 과정. 한 가지 고백해야겠다. 그런 중에 그와 함께 나눴던 고민과 경험, 치열한 토론들이 좋은 추억을 넘어 나 자신도 단련시켰다는 것을 말이다.

　　조정훈 씨는 믿음이 가는 친구다. 어떤 일을 맡아도 책임감 있게, 그리고 수준 높은 결과물로 깔끔하게 마무리 짓는 친구다. 빨래를 짜면 물이 뚝뚝 떨어지듯이 그의 태도와 열정을 보면 '최선'이라는 물이 뚝뚝 떨어지는 친구다. 그래서 나는 언제부턴가 이 젊은 친구가 해놓은 일은 검수할 필요가 없다는 신뢰를 갖게 됐다. 이 책도 마찬가지라는 생각을 했다. 그러나 책 내용을 보고는 생각이 달라졌다. 누구도 흉내 낼 수 없는 국제경험에서 나온 통찰력, 그리고 조국에 대한 깊은 애정을 갖고 우리 사회의 문제를 누구보다 깊게 고민한 내용을 보고는 생각이 바뀌었다. 그의 노력과 통찰력에 대한 예의에 내 호기심까지 더해져서 책을 꼼꼼히 검수한 뒤 확인한 신뢰의 증표를 갖고 이 글을 써야겠다고 말이다.

　　『섬나라 코리아』는 우리 사회의 구조적인 문제를 독특한 '틀'과 '눈'으로 풀고 있다. 조정훈 씨의 '오랜', 그리고 '다양한' 국제사회에서의 '직접' 경험이라는 분석의 틀과 시각을 통해서다. 거기서 그치지 않고 우리가 만들고 싶은 나라에 대한 비전도 동시에 제시했다. 최근 국정농단이라는 아픈 상처를 '위장된 축복'으로 만들기 위해 우리가 다 함께 새로운 길을 개척해야 한다고 믿는 많은 사람들에게 더없이 좋은 향도가 될 것이다.

최근 조정훈 씨의 필은 '통일한국'에 꽂힌 것 같다. 그가 책임을 맡고 있는 아주대 통일연구소 주관 행사에 다녀온 적이 있다. 교수와 외부 전문가, 그리고 통일에 관심이 있는 학생들과 중국 연변대 학술교류대회와 백두산 탐사를 하는 여정이었다. 매일 저녁 빠지지 않고 세미나를 강행했고 버스로 이동하는 시간도 허투루 쓰지 않고 참석자 간의 통일 토크쇼를 했다. 일정이 빡빡하다는 불평이 나올 것 같다는 이야기를 사전에 들었지만 전혀 걱정하지 않았다. 힘들어도 즐겁게, 그러면서 유익하고 생산적인 내용으로 조정훈 씨가 행사를 이끌고 가리라는 것을 짐작했기 때문이다. 그리고 그런 내 예상은 조금도 빗나가지 않았다.

대학 총장으로 온 뒤 학생들에게 가장 강조하는 것 중 하나는 자기가 하고 싶은 일을 찾는 시도와 도전을 용감하게 하라는 것이다. 남들이 가지 않은 길을 가는 경험을 많이 쌓으라는 것이다. 전인미답(前人未踏)의 길도 좋고 남들이 많이 간 길에서 찾는 새 길도 좋다. 이것은 자기가 있는 자리를 흩트리면서 '자기다움'을 만드는 과정이다. 이런 면에서 조정훈 씨는 젊은이들에게 좋은 사표(師表)다. 다양하고 특이한 이력과 경험도 그렇지만, 그의 생각과 비전이 그렇다. 열린 마음과 그만의 성품이 있기 때문에 그렇다. 이 책을 통해 여실히 증명하고 있다.

조정훈 씨의 앞으로 15년은 더욱 기대가 된다. 궁금하다. 자신의 비전을 어떻게 우리 현실에 접목시킬지. 우리가 직면하고 있는 구조적인 문제들에 대해 어떻게 태클할지. 그런 속에서 자신을 얼마나 더 성숙시키며, 자기중심을 갖고 어떻게 헤쳐 나갈지. 이를 위해 온몸을 던지는 용기와 자신을 바치는 열정을 어떻게 발현시킬지. 바라기는 조정훈 씨의 호칭에 더욱 큰 변화가 있기를 바란다. 그것은 우리 사회와 젊은이들을 위해 더 많은 역할을 해줄 것에 대한 기대다. 그러나 앞으로 이 젊은 친구가 어떤 호칭을 갖게 되든 나는 내가 좋아하는 호칭인 조정훈 씨라고 부를 권리를 앞으로도 갖게 해달라고 미리 부탁하고 싶다.

경제부총리, 전 아주대학교 총장

김동연

옛날이나 지금이나 좋은 사람을 만나는 것은 세상을 살면서 우리가 경험하게 되는 가장 행복하고 복된 일 가운데 하나이다. 이 책의 저자인 조정훈 소장은 만날 때마다 마음을 따뜻하게 만들어주고, 많은 기대와 설렘으로 다음 만남을 기대하게 만든다는 점에서 바로 그런 사람이라 할 수 있다. 그의 이력에서 우리가 알 수 있는 것처럼 그는 외견상 다른 사람들이 부러워할 만한 많은 조건을 갖춘 사람이다. 연세대학교, 하버드대학 케네디스쿨, World Bank 영프로페셔널 프로그램 등 이름만 들어도 부러움과 관심을 불러일으키기에 충분하다. 그러나 나의 눈에 더 들어오는 것은 그가 이런 과정을 단 한 번도 바로 통과한 적이 없이 여러 번의 낙방의 경험을 반복하면서 거쳐 왔다는 점이며, 이런 그의 순탄하지 않은 삶의 과정들은 그의 화려한 이력보다 더 그의 삶을 풍성하게 하고 풍요롭게 하여 그처럼 마음이 따뜻한 사람이 되게 만든 것이 틀림없다.

우리 주변에 재능이 출중한 사람은 얼마나 많나? 눈을 들어 세계를 보면 이제 조국 사회도 전 세계에서 손에 꼽힐 만한 탁월한 인물들을 많이 보유하게 되었다. 정말 하나님의 은혜이며 그로 인해 늘 감사하는 마음 금할 길이 없다. 그러나 여전히 마음 한 구석을 아프게 하는 것은 그런 탁월함과 출중함이 너무 자기 개인을 향하고 있으며, 특정 집단을 위한 것인 듯한 느낌을 지울 수 없는데 저자인 조정훈 소장은 그렇지가 않다. 세계은행에서 일하면서도 코소보, 방글라데시, 팔레스타인, 우즈베키스탄 등 가장 어려움이 많을 뿐 아니라 심지어 총알이 빗발치는 현장을 마다하지 않고 다녔다. 그래서일까? 그를 만날 때마다 단지 재능이 출중한 데 그치지 않고 따뜻한 마음과 들을 귀를 가지고 있어서 마음으로 사람의 말에 귀를 기울일 줄 알며 사귐과 교제가 된다는 생각을 늘 하게 된다. 참 사람을 행복하게 만들어 주는 사람이다.

조정훈 소장은 주변의 만류를 뒤로하고 조국 땅으로 돌아 왔다. 17년의 짧지 않은 세월을 세계 각지를 다니며 보고 들은 바를 가슴에 담고서 문제와 아픔이 가득한 조국 땅으로 돌아 왔다. 많은 다양한 경험과 탁월한 식견에다 따뜻한 가슴을 담아 조국 사회의 여러 아픔들에 대하여, 당면하고 있는 극복해야 할 문제들에 대하여 나름의 대안을 이 책 안에다 풀어내고, 우리 시대가 감당해야 할 부름을 신실하게 감당하기 위하여 대안과 방향을 함께 찾아내고 싶어 한다.

이 책을 독자들에게 추천하는 나는 참 행복하다. 그가 다루는 많은 주제들에 공감하기 때문이기도 하지만, 이 책을 읽는 독자들은 한 탁월한 식견을 가진 젊은 활동가를 만날 뿐 아니라 따뜻한 마음으로 조국과 주변을 아우르는 조정훈 소장을 책을 통해 만나고 사귀는 기쁨을 누리게 되고, 내가 경험했던 것과 똑같이 마음이 따뜻해지고 다음 만남을 설렘으로 기대하는 즐거움을 누릴 수 있을 것이기 때문이다. 주저 없이 집어 들고서 그와 만나라! 좋고 복된 만남과 사귐이 있을 것이다.

남서울교회 담임목사

화종부

다시 돌아왔습니다.

다시 돌아왔습니다.

이 책은……

17년간 국제사회에서

제가 부딪히고 깨지면서 겪은 삶과

그 경험들이 제게 남겨준 교훈들을

부끄러운 마음으로

여러분들과 나누는 공간입니다.

왜 우리 사회는 입금만 되면 다 하는 사회가 되었을까요?

세계은행(World Bank), 국제통화기금(IMF), 유엔(UN) 같은 국제기구들은 특정 나라에 출장을 가서 조사 및 협상을 마치고 나면 항상 공식적인 보고서를 남기고 갑니다. 그 보고서를 보통 'Aide Memoire'라고 합니다. 그 안에는 출장 중에 나누었던 대화나 협상의 요약이 들어 있고 또 해당 정부에 제시하는 제안들이 담겨 있습니다. 공식적인 협상문은 아니지만 국제기구의 이름을 걸고 발행하는 공식적인 보고서로서 단어 하나하나에 세심한 주의를 기울여 작성하곤 합니다. 또 해당 정부도 보고서의 내용을 신중하고 진지하게 검토하여 대응안을 마련합니다. 이 책은 제가 17년간 국제사회에서 경험했던 삶의 요약과 그 경험들이 제게 남겨준 교훈들을 정리한 저의 Aide Memoire입니다. 그리고 조국에 다시 돌아와서 힘을 다해 풀어내고자 하는 우리 사회의 숙제들도 같이 나누고자 합니다.

15년간 몸 담았던 세계은행의 삶은 저에게 일 년에 100일 이상 해당 국가들로 출장을 다니게 하는 정신없는 시간들이었지만 그럴수록 조국에 대한 생각이 항상 제 마음에 있었습니다. 돌아보면 남들이 다 원하던 기회들을 차지하며 지금까지 지내 온 삶이었습니다. 조국 대한민국뿐만 아니라 하버드와 세계은행이라는 국제기구에서도 주위 사람들이 모두 원하는 기회들을 차지하며 달려온 삶이었습니다. 나와 가족만을 위해 살기에 너무 많은 것을 받는 게 아닌가 하는 부채의식이 가슴속에서 조금씩 자라고 있었습니다. 그리고 다시 조국으로 돌아왔습니다.

다시 돌아온 조국은 많이 아파하는 모습이었습니다. 귀국 결정을 했을 때 왜 그렇게 많은 분들께서 말리셨는지 이제야 조금은 이해할 수 있었습니다. 17년 전보다 거리는 더 화려해지고 시장과 식당의 먹거리는 훨씬 풍요로워졌습니다. 하지만 거리를 지나가는 사람들의 얼굴에서 그리고 행동에서 화가 잔뜩 나서 '나한테 걸리기만 해봐라'하는 인상을 받았습니다. 꼬박 다섯 달 국민들을 주말도 없이 광장으로 나와서 정의를 외치게 만든 정치는 통합과 비전이 아닌 분열과 갈등의 모습이었습니다. 경제도 저성장의 늪에 빠져서 탈출구를 못 찾고 또 계층 간의 격차는 역사상 유래를 찾아 볼 수 없을 정도로 커져서 있는 자와 없는 자들의 삶은 한 하늘 아래 완전히 다른 삶이 되었습니다. 교육은 이제 돈 있은 사람들만이 우수한 교육을 받는 것이 당연하게 받아들여지는 체념적 상태에 있습니다. 그뿐 아니라 남북과 지역, 계층의 갈등으론 충분하지 않다는 듯이 세대 간의 갈등이 심각한 수준으로 부모와 자식이 말을 편히 할 수 없는 사회가 되었습니다.

프랑스 사회학자인 모리스 알박스(Maurice Halbwachs)가 주창한 집단기억(collective memories)이란 개념이 있습니다. 그에 의하면 집단기억은 한 사회 집단을 결속시키는 도구로서 개인들이 타인과 연결되고 또 이를 통해 각기 다른 개인들이 공유하는 기억들을 통해 일관된 사회적 틀을 이룬다는 것입니다. 70년대 초 대한민국에 태어난 저도 몇 개의 집단기억을 가지고 있습니다. 88올림픽, IMF 사태, 한일 월드컵, 노무현 전 대통령 서거, 세월호 사건 등입니다. 이런 집단기억을 서로 나누는 사람들 간에는 강한 동질감과 유대감이 생기기 마련입니다.

그리고 2017년을 사는 대한민국 국민 모두에게 새겨진 또 한 가지 강렬한 집단기억은 물론 작년부터 올 봄까지 계속되었던 촛불 집회와 태극기 집회일 것입니다. 모든 사람이 상식이 아니라고 생각했고 뭔가 억울하다고 느낀 게 많아 너도나도 거리로 쏟아져 나왔습니다. 17년 만에 조국으로 돌아온 저는 주말마다 광장을 가득 채운 촛불과 태극기를 보며 이들이 무엇 때문에 이렇게 억울해 하고 아파하는지를 깊이 생각해 보았습니다. 20주, 다섯 달이라는 긴 시간을 쉬지 않고 주말을 반납하며 광장을 가득 메우게 한 그 억울함과 분노의 근원이 무엇인지 많은 생각을 하게 되었습니다. 또 경찰이 설치한 차벽을 사이에 두고 갈라서서 정반대의 구호를 외치는 조국 사회를 어떻게 이해해야 할지 고민하였습니다. 왜 국민들 모두가 다 억울해 하는지 또 왜 그 어느 누구도 내 탓이라고 나서는 이가 없는지 깊이 생각해 보게 되었습니다.

2017년 대한민국은 갈기갈기 끊어져 있는 사회입니다. 우선, 전 세계의 냉전이 종식된 지 사반세기가 지났지만 남과 북이 70년간 갈라져 있는 한반도는 아직도 이념이란 굴레에 갇혀 있습니다. 2차 세계대전의 숙제를 풀지 못한 마지막 땅이 되었습니다. 세상은 실사구시 정신으로 자국의 실익을 위해 맹렬히 질주하고 있는데 한반도는 아직도 21세기 냉전시대 박물관이 되었습니다.

또한 한 하늘 한 땅에 살고 있지만 있는 자들과 없는 자들의 삶은 서로 다른 세상이 되어 버렸습니다. 또 이들 간에는 이스라엘과 팔레스타인을 갈라놓은 수십 미터의 콘크리트 장벽이 쳐져서 이를 넘는다는 것은 생각도 할 수 없는 사회가 되었습니다. 이제 동종 교배가 당연한 사회입니다. 사는 곳도, 먹는 것도, 교육도, 그리고 치안도 이제는 있는 자와 없는 자들 간에는 넘을 수 없는 벽이 있습니다. 또 물질이 세상의 중심이 되어 버렸습니다. 사회가 소중히 지켜야 할 보편적 가치가 이제 단 한 가지, 돈으로 완전히 수렴되었습니다. 이제 조국은 입금만 되면 다 하는 세상이 되어 버린 듯합니다.

이것으로도 모자란 듯이 이제 대한민국은 부모님과 자식들이 한자리에 모여서 마음껏 자신들의 얘기를 할 수 없는 지경입니다. 부모님 세대는 자신들이 일구어 놓은 대한민국이 그리고 그분들 자신이 젊은 이들에게 부정당한다는 사실에 분개해 하십니다. 또 이런 억울함을 좌파 우파라는 오래 묵은 이념대립으로 변질시키는 못된 정치논리에 속절없이 넘어가고 있습니다. 한편 젊은 세대는 변변한 일자리를 찾지 못하고 또 아무리 열심히 살아도 넘을 수 없는 계층의 벽을 보고 절망하고 있습니다. 또 이런 자신들의 처지도 모른 채 자꾸 애만 더 낳으라고 하는 기성세대에 이젠 대꾸도 하려 하지 않습니다.

이제 이어야 합니다. 조국 대한민국이 살아남기 위해서는, 아니 세상이 다시 주목하는 멋진 나라가 되기 위해서는 이렇게 끊어져 있는 고리들을 이어가야 합니다. 우선 남과 북이 하나가 되어 한반도가 더 이상 분쟁과 갈등의 땅이 아니라 번영과 평화의 땅이 되어야 합니다. 민족과 핏줄 때문에 통일을 해야 한다고 주변 강대국들에게 구걸하는 통일이 아니라 통일 한반도가 이 시대의 질곡을 극복하는 신 세상이 되어 주변국들로부터 진심으로 축복받는 나라가 되어야 합니다.

이를 위해서 있는 자들이 존경받고 없는 자들도 살 만한 세상이라고 말할 수 있도록 부서진 계층의 사다리를 다시 이어야 합니다. 오늘날과 같은 저성장 시대에는 누군가가 내려와야 다른 누군가가 올라간다는 단순한 진리를 실천해야 합니다. 지금과 같은 소득격차는 더 이상 지속 가능하지 않다는 엄연한 현실을 직시하고 많이 가진 자는 많이, 적게 가진 자도 할 수 있는 만큼 양보하며 다시 희망 있는 경제와 사회를 만들어야 합니다.

그리고 대통령 탄핵과 그간의 갈등이 사정없이 후려낸 세대 간의 유대감을 다시 이어야 합니다. 초고속 성장이 가져온 부작용인 세대 간의 단절을 극복하기 위해 사회 전체가 노력해야 합니다. 인생의 경륜과 지혜를 존중하고 젊음의 패기와 열정을 격려하는 사회, 특출한 영웅만이 대접받는 사회가 아니라 보통의 삶이 위대하다는 것을 다시금 깨우치고 그런 가치들을 세워 가야 합니다.

입금만 되면 다 하는 사회가 되어버린 조국이 너무 안타깝습니다. 기적 같은 경제성장과 핏값으로 이루어낸 민주주의의 열매가 채 맺히

기도 전에 대한민국은 기둥부터 흔들리는 위기를 맞고 있는 듯합니다. 17세기 서애 류성룡 선생의 말씀처럼 다시 나라의 기초를 세우는 시간이 되었습니다. 남과 북을 잇고, 가진 자와 없는 자를 잇고, 또 아버님, 어머님 세대와 젊은 청년들을 다시 이어야 합니다. 이를 위해 부족하지만 제가 세계 곳곳에서, 특히 한국인의 발길이 잘 닿지 않은 곳들에서, 보고 느낀 경험들을 나눕니다. 좋은 교훈들과 또 반면교사의 경험들을 통해 대한민국이 돈보다 좋은 나라가 되기를 기대하는 마음들을 이 책에 적어 보았습니다.

40대 중반의 제 나이가 아직 회고록을 쓸 나이는 아니라서 무척 망설였습니다. 저의 삶의 궤적이 다른 이들보다 더 귀하고 소중하다고 말할 수 없기 때문입니다. 그렇게 부끄러운 마음에도 용기를 내어 책을 준비한 두 가지 이유가 있습니다.

첫째는, 지난 17년간 제가 조국을 떠나서 겪은 경험들과 교훈들을 이렇게나마 나누고 알려드리는 것이 제가 가진 무거운 부채의식을 내려놓는 첫걸음이라는 생각에서입니다. 17년간 조국을 떠나 세상 구석구석을 다니며 국제사회의 진수를 맛볼 수 있도록 저를 키우고 만들어 주신 조국에 대해 감사의 마음을 조금이나마 보답하고자 함입니다. 마치 오랫동안 해외출장을 다녀온 아들이 부모님을 찾아 뵙고 어떻게 지내왔는지 상세히 알려 드리는 게 가장 좋은 효도인 것처럼 말입니다. 또 앞으로 조국에서 다시 새로운 삶을 시작하면서 조국으로 돌아오게 만든 저의 마음과 결정을 이렇게 글로 적어놓고 계속해서 곱씹어 보고자 하는 개인적인 소망도 있습니다. 그래서 밖에서 조국을 바라보며 느꼈던 여러 가지 생각들도 감히 같이 적어 보았습니다.

그리고 이 책에는 제가 만들고 싶은, 그래서 제 딸들에게 기쁘게 물려주고 싶은 새로운 나라에 대한 이야기도 들어 있습니다. 작년 가을, 한 대학에서 특강을 하는데 앉아 있는 젊은 대학생들의 모습이 너무 애처로워 보였습니다. 그런 모습을 보니 저도 모르게 말했습니다. "여러분, 정말 미안합니다. 저를 비롯한 저희 기성세대가 정말 일부러 그런 것이 아닌데 여러분의 삶이 그리고 사회가 저희가 자랄 때보다 더 힘들고 빡빡해 보입니다. 그래도 포기하지 마세요. 저희 기성세대가 이제부터 정말 최선을 다해서 다시 나라를 만들어 가려고 합니다. 저희 아버님, 어머님 세대가 빈곤을 해결하고 형님, 누님 세대가 민주주의를 가져온 것처럼 저희 세대도 더 낳은 세상을 만들기 위해 노력하고 있습니다." 그 순간이 아직도 생생히 제 가슴에 남아 있고 그 마음으로 젊은이들에게 해 주고 싶은 말들을 적은 글들도 있습니다.

참으로 부끄러운 마음으로, 감사하는 마음으로 이 글을 조국 사회에 바칩니다.

맑은 물 동네 옥수동에서 유유히 흐르는 한강을 바라보며……

조정훈

| CHAPTER 1 | 대한민국 이륙 준비

"회계사를 그만두고 뭘 하려고?"

| CHAPTER 2 | 세계 중심으로 직진

"세계은행은 뭐 하는 곳인데?"

| CHAPTER 3 | 온몸으로 느끼는 갈등

"세계의 어디가 가장 아픈가?"

| CHAPTER 6 | 보편적 가치가 무너진 조국

"입금만 되면 다 하는 사회에서 우리는 정말 행복할까?"

| CHAPTER 7 | 우리가 만들고 싶은 나라

"대한민국을 이민 오고 싶은 나라로 만들 수는 없을까?"

| CHAPTER 8 | 은혜 없이는 설명할 수 없는 삶

"왜 이렇게 큰 은혜를 주셨을까?"

| CHAPTER 9 | 내게 가장 소중한 사람들

"이런 사람, 어디서 또 만날 수 있을까?"

CHAPTER
1

대한민국
이륙 준비

"회계사를 그만두고 뭘 하려고?"

어느 날 훌쩍 대한민국을 떠났다.
쉬운 결심은 아니었지만
그렇게 해야 했다.
그리고 그 결심이 나의 인생을 바꾸어 놓았다.
예상 못 한 가출이었기에
예상할 수 없는 아픔들을 만났다.

그런데 그 삶이 나에게
진리의 빛을 비춰주었다.
또 새로운 삶의 푯대도 보여주었다.
세상 밖에서 만난
여러 가지 빛을
이 책에 담아보고자 한다.
어둠이 짙을수록 그 빛은
환하게 길을 비춰줄 것이다.

헌법과 상록수와 백범 그리고 바나나 이야기

자기가 누구인지 정확히 아는 자는 흔치 않다. 학창시절은 더 그렇다. 자기 꿈이 무엇인지조차 명확하지 않다. 그러나 그 시절은 그런 방황이 특권이 된다. 하지만 방랑의 여정 속에서 인간은 알든 모르든 결국 자기 자신을 체험하게 된다. 자신이 어떤 길을 갈지 자기 자신도 잘 모른다. 그저 주어진 길에서 하나의 선택이 경로를 바꾸었을 뿐이다. 나도 살면서 수많은 선택의 순간이 있었다. 그 선택들의 집합이 지금의 나를 만들었을 것이다. 그리고 그 선택은 내 속에 잠재된 최소한 관심이 만든 결과일 것이다. 니체를 좋아하지는 않았지만 니체의 이런 말이 기억난다. "내 어떤 숙명을 맞이하게 되든, 내 무엇을 체험하게 되든, 그 속에는 반드시 방랑의 산 오르기가 있으리라, 사람은

결국 자기 자신을 체험할 뿐이니." 니체는 차라투스트라의 입을 빌려 이 말을 했다.

　조정훈은 어떤 학생이었을까? 돌아보면 초등학교 중학교 고등학교 시절의 나는 세상이 나의 존재를 눈치 채지 못할 정도로 평범하고 소소하게 지내는 보통 학생이었다. 특별히 말썽을 부리거나 사고를 친 경험이 거의 없다. 반에서 1등도 한 번 해보지는 못했지만 꼬박꼬박 숙제를 해가고 집과 학교 밖을 거의 기웃거리지 않던 학생이었다.

　하지만 그 와중에도 한 가지 기억하는 것은 헌법에 대한 관심이었다. 무슨 바람이 어떻게 들었는지 모르겠지만 사춘기가 한창이던 중학교 2학년 때 서점에서 헌법전서를 사서 숙제를 제쳐놓고 헌법을 읽고 또 읽었던 기억이 난다. 요즘 중2는 중2병에 걸린다지만 나의 중2는 헌법에 빠졌다. 그럼에도 나는 특별히 뭐가 되고 싶다는 다짐이 있던 것도 아니었고 그냥 헌법을 읽는 것이 재미있고 좋았다. 헌법 1조 1항에는 광화문광장에서도 흔히 들렸던 명언 같은 구절이 나온다. '대한민국은 민주공화국이다.' 헌법 1조 2항에는 '국가의 주권은 국민에 있고, 모든 권력은 국민으로부터 나온다.'가 있다. 나는 이 구절들을 계속 읽고 또 읽었다.

　헌법 다음의 관심은 상록수였다. 그것도 헌법에 애정을 쏟던 그 시기였던 것 같다. 심훈의 『상록수』를 읽고 정말 눈물을 펑펑 쏟은 기억도 아직까지 생생하다. 특히 주인공인 박동혁과 채영신의 헌신과 사랑이 그때는 왜 그렇게 가슴을 울렸는지 모르겠다. 그때는 이 소설이 '브나로드 운동' 일환으로 민족주의와 계몽주의 계열의 소설이라는 분석 같은 것은 전혀 모르던 때였다. 그냥 한 장 한 장 넘기면서 소설이

주는 감동을 스펀지처럼 다 빨아들이는 사춘기 시절이었다. 이 글을 쓰기 위해 그 때 보던 책을 다시 보며 발견한 구절이다. "여러분은 학교를 졸업하면 양복을 갈아붙이고 의자를 타고 앉아서 월급이나 타 먹으려는 공상부터 깨뜨려야 합니다. 우리의 남녀가 총동원을 해서 둥쳐 매고……그네들을 위해서 한 몸을 희생해 바치지 않으면 우리 민족은 영원히 거듭나지 못합니다." 월급이나 타 먹으려는 공상이라는 말이 강하게 와 닿았다. 그 시대에 어떻게 이런 얘기를 할 수 있었을까?

마지막으로 나의 청소년기에 큰 영향을 준 인물은 바로 백범 김구 선생이었다. 나는 한번 꽂힌 책은 여러 번 읽는다. 『백범일지』가 그랬다. 특히 백범의 문화 대국의 꿈을 읽을 때면 대한민국이라는 나라가 더없이 크고 위대해 질 수 있다는 꿈과 자신감에 가득 차 있었던 것 같다. 누군가 그랬다. 닮고 싶은 사람이 있다면 그 사람의 사진을 책상 앞에 붙여 놓으라고. 나는 검은 안경에 한복 저고리를 입으신 그분의 흑백 사진을 오려 책상 모퉁이에 붙여 놓고 매일매일 쳐다보던 기억들이 생생하다. 나는 백범 선생이 국가의 통치자나 지도자로서의 권위가 아니라 조국을 위해 자신의 모든 것을 던졌던 멋진 분으로 기억한다.

헌법과 상록수와 백범 사이에는 어떤 연결고리가 있었을까? 돌이켜 보면 어릴 적 나라나 민족에 대한 고민을 많이 했던 것 같다. 우리는 어떤 나라에 살아야 할까? 또 이 나라를 위해 어떤 역할을 할 수 있을까 고민했던 것 같다. 그런 생각이 헌법을, 상록수를, 그리고 백범을 좋아하게 만들었는지, 아니면 헌법, 상록수, 백범이 그런 생각을 갖게 했는지 답하기는 어렵다. 하지만 중학생 시절 곱씹으며 읽었던 헌법은 국가와 개인이 지켜야 할 규범을 가르쳤고, 상록수는 사회개혁과 교육개혁을 가르쳤으며, 백범은 올바른 나라를 만드는 길을 보여주었다. 별거 아닌 것 같지만 그 세 가지가 내 인생에 큰 물줄기를 만들었음을 40대 중반을 넘은 불혹의 나이가 되어서야 깨닫게 되었다.

또 한 가지 조금 엉뚱한 기억이 있다. 바로 바나나이다. 나는 어린 시절 바나나를 입에 대지 않았다. 가정 형편이 바나나를 덥썩 사 먹을 만큼 여유롭지도 않았지만 바나나를 안 먹은 이유는 외국 과일, 수입 과일이었기 때문이다. 우리 땅에서 난 우리 것을 먹어야지 왜 남의 나라 과일이 귀빈 대접받아야 하나. 아무리 비싸고 맛있는 과일이라고 해도 이런 생각 때문에 바나나를 먹을 수 없었다. 그래서 대학 때까지도 바나나를 안 먹었다. 지금 돌이켜 보면 참 억지스럽고 황당한 생각이었다.

이런 나의 생각, 감정, 경험들을 보고 '너는 민족주의자구나'라고 한다면 왠지 모르게 불편하지만 인정하지 않을 수 없을 듯하다. 민족이라는 공동체가 나의 중심에 있음을 부인할 수 없기 때문이다. 하지만 마음이 불편한 이유는 잘못된 민족주의가 얼마나 위험한지 세상을 돌아다니며 생생히 체험했기 때문이다. 그래서 이제는 나와 우리만 아는 '갇힌' 민족주의가 아니라 내 민족을 사랑하되 열린 마음으로 세상과 소통하는 '열린' 민족주의로 나아가고자 한다. 지난 17년의 시간은 내 민족을 가슴 중심에 놓고 세상을 돌아보는 긴 여행이었다.

세계화 1세대,
나를 넘어서는 나를 만나는 여행

《응답하라 1988》의 주인공들이 대학생이었던 1990년대 초의 대학은 여러모로 과도기였다. 1987년 항쟁 이후 소위 운동권 활동과 문화가 남아 있기는 했지만 거의 끝물이었다. 학생회에서 소위 사상 공부를 하고 운동가를 부르는 친구들과 선배들과 듣도 보도 못한 음악으로 한국 사회를 뒤흔든 서태지에 열광하는 친구들이 함께 공존하는 시대였다. 학생운동에 뛰어들어 수업은 뒷전이고 각종 시위에 참여하는 친구들도 있었지만 학생운동에 참여하지 않는다는 이유로 큰 죄책감을 느끼는 시대도 아니었던 것 같다. 학생운동의 끝물, 또는 탈이념, 개인화된 대학가의 시작인 시절이었다.

또 하나, 우리 세대의 대학생활이 선배 세대와 달랐던 것은 1989

년부터 시행된 해외여행 자유화에 따른 배낭여행의 붐이었다. 대학가에는 배낭여행을 준비하는 학생들이 넘쳐났다. 학생운동 대신에 여행자금을 마련하기 위해 아르바이트를 하는 학생들이 생겨나기 시작했다. 또 이제는 많은 대학교에 보급되어 있는 교환학생 제도가 일부 대학에서 처음으로 노입되던 시대였다. 나도 학교 게시판에서 우연히 보게 된 모집공고를 보고 교환학생으로 선발되어 뉴욕 주의 수도 올버니(Albany)에 있는 뉴욕주립대학으로 교환학생을 떠나게 되었다. 지금 같아서는 한참 모자라는 영어실력과 학점이었지만 그때까지만 해도 지원하는 학생이 아주 적었던 탓에 나한테도 기회가 올 수 있었다.

20세를 갓 넘긴 나이에 처음 접한 대한민국 밖의 세상은 정말 컸고 다니는 곳마다 새롭고 놀라운 경험을 하게 되었다. 처음 경험하는 미국의 삶은 만만치 않았고 특히 대학의 강의는 무척 힘들었다. 힘든 영어뿐만 아니라 과목 내용들도 벅찼다. 하루 수업을 마치고 기숙사로 돌아오면 머리가 멍해지는 경험을 거의 매일같이 했다. 특히 수업 중 발표나 토론이 있는 시간이면 긴장은 극도에 달했다. 또 팀 별로 해야 하는 과제가 많아서 따라가기도 버거운 나는 동료 친구들에게 항상 미안한 마음뿐이었다. 그렇게 좌충우돌하던 고생의 나날이었지만 돌아보면 교환학생이라는 무모한 경험이 그 후 해외유학과 세계은행으로 이어지는 국제사회로의 긴 여정의 시발점이 되었던 것 같다.

생각해 보면 세계화 1세대로서의 덕을 톡톡히 본 셈이다. 나뿐만 아니라 많은 1970년대에 태어나 1990년대에 대학생활을 한 학생들이 전 세대인 형님 누님들과 다른 점 중의 하나는 바로 이 세계화라고 생각한다. 명분과 이념 그리고 힘과 조직이라는 틀을 벗어나고 한국이라는 지리적인 틀을 넘어서 세계로 나온 첫 세대이다. 물론 그전에도 유학과 출장으로 해외 경험을 한 분들이 많지만 선택된 일부가 아닌 전 세대에게 세상을 자유롭게 넘나들 수 있는 기회가 주어진 것이다. 참 감사하고 고마운 일이 아닐 수 없었다.

개인적으로 어딘가 다니는 걸 좋아한다. 새로운 세계를 보는 걸 좋아하고 특히 사람들이 사는 진짜 삶의 현장을 엿보는 것을 참 좋아한다. 그래서 유명한 관광지를 단체여행으로 돌아다니는 것보다 그 나라의 속살을 보는 것을 제일 좋아한다. 그래서 세계은행에서 출장을 다닐 때면 아프리카든, 유럽이든, 서남아시아든 호텔에서 나와 한참을 걸어가 슈퍼마켓 같은 곳에 가서 그들이 생활하는 걸 보곤 했다. 주말이면 또 현지 운동 경기장에 가서 가장 싼 티켓을 구입해 구경했고 물론 지하철과 버스를 주로 타고 다녔다. 짧은 시간이지만 그들의 삶 속에 들어가 보는 것은 참 유쾌하고 유익한 경험이었다.

그렇게 이곳저곳을 다니다 보니 생긴 취미가 세 가지 있다. 첫째로 항공권 좌석표(boarding pass)를 모은다. 미국 유학 이후 지금까지 수많은 나라를 돌아다니며 항공권은 다 모았다. 그리고 그것들을 인삼엑기스를 포장한 나무박스 안에 꽉 채워 담았다. 그 박스에 가득 채우면 200장 정도 된다. 그게 지금은 10박스 정도 된다. 나중에 은퇴하면 그 동안 모은 항공권으로 모자이크를 만들어 보고 싶다. 항공권을 모으는 취미 외에도 호텔 키를 모으는 취미도 있다. 플라스틱으로 된 키, 나무로 만든 키, 돌로 만든 키를 다 모았다. 조금 특별한 호텔 키를 보면 흥분이 되었다. 그런 호텔 키는 잘 안 주는데 매니저한테 졸라서 사가지고 오기도 했다. 이런 습성을 잘 아는 직원들은 내 생일 선

물로 호텔 키를 사오기도 했다. 세 번째 취미는 신발 모으기다. 코소
보, 말레이시아, 인도, 이스라엘 등 안 가본 곳이 없는 신발들을 모은
다. 아내는 싫어하지만 내겐 나를 데리고 다닌 이 신발들이 너무나 특
별하다. 세계화 1세대로서 어릴 적부터 조국의 담장을 넘어 세상 속으
로 들어가 볼 수 있었던 경험은 세상과 조국을 바라보는 시각을 참으
로 넓고 깊게 만들어 주었다.

올버니, 대륙횡단
그리고 마리화나

　뉴욕 주의 주도(state capital)인 올버니(Albany)에서 보낸 1년은 충격과 배움의 시간들이었다. 일단 기숙사 배정을 잘못 받아서 국제 학사가 아닌 미국 본토생이 머무는 일반 학사로 배정받았다. 태어나서 한 번도 뉴욕 주를 떠나 보지 않았다는 롱 아일랜드 출신의 유대인이 내 룸메이트였다. 그의 이름은 다니엘 플레스(Daniel Plessei)다. 그도 나도 처음 적응하는 데 참 많은 어려움과 시간이 필요했다.

　지금도 그렇지만 미국 대학생들은 평일에는 수업과 과제에 치여 정신없이 지내다가 금요일만 되면 어마어마한 광란의 파티를 벌인다. 미국에서는 공공장소에서 술을 못 마실 뿐 아니라 술을 들고 다닐 때도 술이 보이지 않게 종이로 포장하거나 가방에 넣고 다녀야 한다. 그런데 기숙사 안으로 들어오면 이야기가 달라진다. 한국 대학생들은 저리 가라 할 정도로 엄청난 양의 술을 마셨다. 또 종종 마리화나도 피웠다. 나는 중고등학교 때도 담배를 한 번 피워본 적이 없다. 그런 나에게 기숙사 친구들은 종종 마리화나를 권했다. 경험삼아 한번 해볼까 하는 생각도 있었지만, 정신 똑바로 차리지 않으면 이 분위기에 휩쓸려 갈 것 같아서 괜찮다고 간신히 거절했다. 그렇게 금요일과 토요일을 보내고 일요일 오후부터는 다시 도서관에 처박혀 숙제를 한다. 처음에는 너무 어색하고 힘든 생활이었지만 어느새 익숙해 졌고 또 기숙사 친구가 왜 소위 '절친'이 되는지 알 수 있었다.

특히 다니엘과 함께한 대륙 횡단은 아직도 생생하다. 우리는 겨울방학을 이용해 동부에서 서부로 대륙횡단을 떠났다. 올버니 버스 정류장에서 샌프란시스코까지 간다고 하니 표를 파는 직원이 눈을 동그랗게 뜨고 다니엘과 나를 쳐다보았다. 아마도 그때 뻣뻣한 버스 승차권을 15개에서 20개 정도 줬던 것 같다. 그렇게 중간중간 버스를 갈아타며 서부까지 열흘 동안 긴 여행을 떠났다. 지갑이 얇디얇은 학생 두 명이 버스를 타고 떠난 대륙횡단 여행은 고생 그 자체였다.

고속도로 휴게소에 있는 맥도널드 햄버거와 콜라로 거의 매끼를 때웠다. 돈이 없으니 99센트짜리 맥도널드도 고마웠다. 콜라 컵을 가지고 가면 리필이 되었다. 그런데 다니엘에게는 이게 입에 맞을지 모르지만 토종 한국인인 나는 너무 콜라만 마시다 보니 속이 매스꺼웠다. 그때 정말 원 없이 먹어본 콜라는 이제는 거의 입에도 대지 않는다. 숙소도 YMCA의 벙커 룸만 다니는 여행이었다. 버스로 몇 정거장 되는 거리는 당연히 걸었고 입장료가 비싼 관광지는 밖에서 보는 것으로 대신했다. 하지만 젊음이 있었고 또 새로운 도시와 사람들을 만난다는 흥분이 있어서 정말 피곤할 줄 모르고 한 여행이었다. 중간에 디트로이트에도 내리고 버팔로도 가고 캐나다로 넘어가 나이아가라도 봤다. 그렇게 열흘이 지나고 목적지인 샌프란시스코에 도착할 수 있었다.

대륙횡단을 왜 갔을까? 미국을 직접 보고 만지고 싶었다. 실제로 미국이라는 나라는 정말 컸다. 버스로 하염없이 달려도 끝이 없었다. 영화로만 보던 그 대륙이었다. 밤에 휴게소에 있다 보면 차도 없고 건물도 없고 허허벌판에 별만 보였다. 아, 이런 나라가 다 있구나. 참 매력적이었고 부러웠다.

또 한 가지 배운 게 있다. 예상 외로 곳곳에 존재하는 미국의 가난도 눈에 들어왔다. 미국의 버스터미널은 한국과 달리 위험한 곳이다. 터미널마다 술에 취한 노숙자들이 있었다. 길을 걷다 보면 지린내가 장난 아니었다. 또한 시골 마을을 지나면서 미국에도 못사는 곳이 많다는 걸 알게 되었다. 아마 그때 그 여행을 안 했으면 평생 후회했을 것 같다. 학교에서 보낸 시간만큼이나 아니 그보다 더 귀한 시간이었다.

내가 모르는 게 뭘까?
그걸 알면서 합격한 공인회계사!

　　#1927. 1996년 공인회계사 응시번호이다. 1년간의 교환학생을 마치고 서울로 돌아왔고 바로 국방참모대학에서 방위병 생활을 시작했다. 또 출퇴근 하는 병역복무인지라 복무 후 몇 달이 지난 뒤 공인회계사 시험 준비를 시작했다. 그렇게 퇴근 후 틈틈이 공부하고 소집해지 후 몇 달간 준비해서 합격기준을 간신히 넘기면서 같은 해 1차 2차 시험에 모두 합격하였다. 아무리 생각해도 준비한 시간과 실력에 비해 과분한 결과였다. 매년 2,000명이 넘게 합격자를 배출하는 요즈음과 달리 그 당시는 한 해에 200여 명 정도만 합격하는 나름 어려운 국가고시였고 일반적으로 몇 년은 준비해야 합격할 수 있었다. 방위병 시간에 틈틈이 공부할 기회를 주신 군부대 관계자분들의 배려와 연애를

도서관에서 해준 지금의 아내, 그리고 그 모든 것을 인도한 하나님의 은혜에 감사할 뿐이다.

그때까지 최연소 공인회계사 합격자였다. 아무리 봐도 하나님의 은혜의 결과지만 굳이 또 찾자면 나의 '공부'에 결정적인 역할을 해준 은인 한 분이 계시다. 고등학교 시절 지원한 대학교 입시에 떨어졌을 때였다. 재수를 준비하는 나에게 외삼촌이 전화를 하셨다. 그분 왈, "너는 네가 뭘 모르는지 몰라서 떨어진 거야. 네가 아는 것만 계속 공부하면 아무 소용이 없다."고 했다. 이때 이 말이 내 머리를 쳤다. 외삼촌은 서울대 원자력공학과를 나오고 국비유학생으로 유학도 다녀온 우리나라 원자력 1세대 전문가였고 정말 공부 대가다. 입시 실패로 낙심해 있는 조카에게 줄 수 있는 최고의 선물이었다.

나중에 학생들 과외도 가르쳐봤는데 아이들은 정말로 아는 것만 계속 풀었다. 그게 편했으니까. 공부에 투자한 시간이 아무리 많아도 이렇게 아는 것만 풀면 실력이 늘 수가 없다. 뭔가 모르는 것은 불편하다. 이 모르는 것을 알아야 제대로 된 공부다. 인생도 그런 것 같다. 내가 뭘 모르는지 알아가며 공부하면 공부 실력이 빠르게 는다. 회계사도 그렇고 다른 모든 공부도 외삼촌이 해준 말을 따라하도록 노력했다. 특히 회계사 시험을 볼 때는 문제를 만드는 사람의 생각 속으로 들어가려 했다. 회계학에서 단식부기, 대차를 왜 만들었을까를 고민했다. 의도만 정확히 파악하고 거기에 살을 붙이면 답이 나왔다. '내가 모르는 게 뭘까?' 그 뒤 유학생활과 직장생활에서 일머리를 배울 때 가장 먼저 하는 질문이 되었다.

회계사 시험에 합격한 시기가 대학교 3학년 가을이었다. 덕분에 학교에서 주는 전액 장학생이 되었고 그 해 겨울부터 회계법인에 '스카우트'되어 그때 당시 4대 회계법인 중 한 곳에서 수습 회계사 생활을 시작하였다. 학생신분인데도 수습회계사로 선배들과 이곳저곳을 다니며 회계감사를 했던 경험이 아직도 새롭다. 하지만 회계감사의 한 시즌을 마친 후 흥분보다는 회의가 찾아 왔다. 지금도 그렇지만 감사를 하는 회계법인과 감사를 받는 기업의 관계는 악어와 악어새의 관계였다. 법인 입사 후 몇 년간의 실무를 마치고 관리직으로 옮겨가면 그 다음부터는 소위 '영업'이 주 업무였다. 감사를 받을 회사를 확보하기 위해 온갖 동문회 동창회 향우회 등등을 빠짐없이 다니는 선배 회계사들의 모습에 나를 투사해 보았다. 자본주의 제도의 신뢰성을 지키는 첨병으로서 회계사의 역할이 얼마나 중요한지 알고 있었지만 이건 내가 하고 싶은 일도 아니고 잘할 수 있는 일도 아니라는 생각이 들었다.

그러던 차에 우연한 기회로 회계 학원에서 회계학 강의를 할 기회가 생겼다. 회계사를 준비하는 대학생들과 직장인을 대상으로 회계원리와 관리회계 등을 강의하는 것이었다. 별생각 없이 용돈이나 벌 요량으로 시작한 강의는 뜻밖에 무척 재미있고 학생들의 반응도 굉장히 좋았다. 회계학이라는 딱딱하고 건조한 과목이었지만 무언가를 가르친다는 것에 대한 새로운 경험과 보람이 무척 좋았다. 또 나보다 나이가 많은 학생들도 꽤 있었지만 강의에 대한 만족도가 높게 나왔다. 이런 경험들은 '회계사가 되기보다 교수가 되어야겠다.'라는 마음을 먹기 시작한 동기가 되었다. 그리고 유학의 길을 찾기 시작했다.

고등교육재단,
내 인생의 터닝포인트

　　그렇게 유학의 길을 준비하며 고등교육재단 해외유학생 선발시험에 도전했다. 고등교육재단. 이건 하나님의 장난 같기도 하고 역사하심이자 영예이고 상처다. 구세주 같은 공고문, 그렇게 크지도 않은 공고문 하나가 내 삶의 궤도에 어마어마한 역할을 했다. 고등교육재단은 선경그룹의 고 최종현 회장이 만든 재단이었고 박사과정 5년 동안 장학금 3만 5000달러에 생활비까지. 나한테는 말 그대로 꿈만 같은 목소리였다.

　　하지만 학문당 1명씩 딱 15명을 뽑고 주위에 날고 긴다는 많은 인재들이 몇 년 동안 치열하게 준비하며 노렸던 장학금이었기에 내가 선발된다는 보장은 전혀 없었다. 그래서 고등교육재단 장학생이라고 하면 오! 하며 놀랄 정도였다. 게다가 학부시절 교실보다는 운동장에서, 캠퍼스보다는 시내에서 더 많은 시간을 보낸 결과 평균을 밑도는 학점을 가지고 있었다.

하지만 하늘의 도움과 섭리가 있었다. 내가 응시한 경영학은 재무, 마케팅, 상법, 회계 등 많은 분야가 있는 학문이다. 그런데 그 해의 시험에는 거의 회계학 문제가 주를 이루었다. 그것도 실무를 해본 사람만이 덤벼들 수 있는 연결재무제표(여러 회사들의 회계장부를 하나로 연결하는 과정)를 만드는 질문이었다. 공인회계사 준비를 몇 년간 하고 비록 짧은 시간이었지만 회계 실무를 해 본 나에게는 더 이상 바랄 수 없는 질문이었다. 정말 모든 사람들의 놀람 속에 그해 경영학 해외 유학 장학생으로 선발되었다. 부모님뿐 아니라 학교의 교수님들도 놀라고 진심으로 축하해 주셨다. 다녔던 과에서 첫 번째로 고등교육재단 장학생이 되었다. 전화로 합격 소식을 알려주던 직원의 목소리는 아직도 생생하다.

장학생으로 선발된 후 고등교육재단에서 연결해준 회계학과 교수님으로부터 개인교습을 받고 유학 가서 공부할 분야를 준비했다. 한도도 없는 외환비자 카드도 받았고 유학 준비생이라고 월 40만 원 이상의 장학금도 받았다. 정말 기분 좋고 행복한 시간이었다. 아내도 다니던 직장을 그만두고 일찌감치 유학을 준비하고 있었다. 모교에서는 고등교육재단 장학생으로 선발된 나에게 특별한 관심을 보였다. 고등교육재단에서는 해외 장학생 선발자들에게 특별 교육도 시켜주었다. 서울대 교수님들로부터 특별 과외도 받았다. 곧 원하는 학교를 골라 갈 수 있을 것이라 확신했다. 이때는 정말 남들보다 열 발자국 앞서간다는 기분이 들 정도였다. 그야말로 분에 넘치고 행복한 시간이었다. 정말 더 이상 바랄 게 없는, '이제 내 인생은 성공을 향해 거침없이 직진이다'라고 자신하는 시간들이었다. 뭐든 못 할 게 없던 건방이 하늘을 찌를 때였다.

하지만 하늘 높은 줄 모르고 올라갔던 나의 추락은 올라왔던 과정보다 더 드라마틱했다. 고등교육재단은 나에게 인생 최고의 좌절을 주었고 또 가장 쓰디쓴 아픔을 주었다. 그리고 그 아픔이 내 인생의 새로운 방향타를 제시해 주었다. 내 하나님이 던진 미끼를 덥석 물었던 나는 그 미끼가, 그 사탕이 단 것이 아니라는 걸 알게 되었다.

인생은 위기가 기회가 되고 기회가 위기가 된다. 그래서 위기가 닥쳐도 좌절할 필요가 없다. 이 시기를 건너면서 그걸 깨달았다. 그 깨달음은 하나님이 내게 주신 가장 큰 선물이었다. 고등교육재단은 하나님이 인생의 한 장르에서 다른 장르로 넘어가게 하는 이끌림이었다. 회계사를 접고 고등교육재단으로 떠날 용기는 왜 생겼을까? 그리고 고등교육재단 이후의 길은? 그리고 지금 걸어가는 길도 쉽지 않은 선택들이었지만 그것이 하나님의 뜻이라는 걸 지나보고야 알게 되었다.

10통의 불합격 통보,
참을 수 없는 부끄러움

　내가 탄 길은 고속도로로 포장된 절벽이었다. 해외유학을 다녀온 사람이라면 다 아는 것처럼 합격의 소식은 두꺼운 소포로 배달되어 온다. 입학허가서와 함께 입학에 필요한 여러 서류들이 같이 온다. 하지만 불합격의 소식은 한 장의 편지로 온다. 유감스럽지만 불합격이라고 전하는 데 한 장의 종이면 충분하기 때문이다. 그래서 우편함에 꽂힌 우편물의 종류만 보더라도 합격인지 불합격인지 대번에 알 수 있다.

　1월 초부터 시작해서 2월 중순까지 10통의 '얇은' 편지를 받았다. 충격이라는 단어 이상이었다. 어떻게 이런 일이 있을 수 있을까? 고등교육재단 장학생으로 지원한 모든 대학으로부터 불합격 통보를 받은 첫 사례를 만들었다. 마지막으로 하버드 대학교에서 한 장짜리 편지를 받고 열어보지도 않고 다니던 교회로 걸어갔다. 한밤중에 교회 예배당에 혼자 앉아 몇 시간 동안 아무 말 없이 멍하니 있었다. 대학도 재수를 하고 다른 여러 번의 좌절 경험이 없었던 것은 아니지만 그 때만큼 하늘이 무너져 내리는 경험을 한 적도 없을 것 같다. 부끄러움 그 자체였다.

쓰라렸고 창피했다. 그래서 도망쳤다. 회계법인도 때려 치고, 학교 동기들과 선배들의 부러움을 한 몸에 받았는데 이제 와서 모든 대학에서 다 낙방했다고 말할 용기가 그때는 없었다. 그래서 아내의 먼 친척이 살고 있는 타코마(Tacoma, 워싱턴 주 시애틀에서 약 한 시간 떨어진 도시)로 도피했다. 6개월짜리 어학연수 비자에 그 동안 모았던 6000달러를 주머니에 쥐고 아내와 나는 도망치듯이 미국행 비행기를 탔다. 지도교수님에게도, 고등교육재단에게도, 주위 친구들에게도 아무 말도 없이 도망쳤다. 돌아보면 참 어리석은 행동이었지만 그때는 단 하루라도 빨리 한국을 떠나고 싶은 마음뿐이었다. 그렇게 해서 건너가게 된 타코마. 그곳은 하나님이 나를 다시 빚어 내는 곳이었다.

돌아보면 고등교육재단은 내 인생의 터닝포인트다. 그리고 그때 겪은 좌절도 고등교육재단의 명예만큼이나 나에게 값진 터닝포인트가 되었다. 우리는 성공할 때는 하나님을 찾지 않고 실패하고 힘들 때만 하나님을 찾는다. 성공과 실패를 동시 다발적으로 맛보았던 나는 언제 어디서나 하나님이 나를 지켜보고 있다는 걸 느꼈다. 고등교육재단 이후부터 깨지면서 거품이 사라지자 삶의 본질이 보였다.

또 이 시기를 겪으면서 세 가지 반성과 다짐을 하였다. 첫 번째는 소위 잘나가는 사람들이 흔히 저지르는 실수인 교만에 대한 반성이다.

당연히 될 거라고 생각한 그 은근한 오만은 나를 무너지게 한 최악의 자살골이었다. 하나님이 '이 놈 큰일 날 녀석이네.'하며 한 대 살짝 치신 것 같았다. 그리고 세상을 살면서 왜 겸손이 몸에 배어 있어야 하는지 이 시기를 걸으며 알게 되었다.

두 번째 반성은 준비의 중요함이었다. 제대로 준비하지 않으면 실패할 수밖에 없다. 솔직히 준비가 덜된 상태였다. 그냥 어깨 뽕만 올라가고 그 다음에 대한 대비가 없었다. 아무리 작은 일을 대하더라도 준비가 없으면 난감한 상황이 온다. 다른 사람들은 치열하게 공부하고 파고들어 준비하는데 나는 그렇지 못했다. 그 뒤로도 종종 무언가를 원하는데 얻지 못한 경우가 있었는데 그것을 얻을 준비가 턱없이 부족했음을 나중에 느끼곤 했다.

세 번째는 내가 얻은 교훈으로 인생에는 반드시 전환점이 온다는 것이다. 하나를 얻게 되면 하나를 잃게 되고 성공이 성공으로 끝나지 않듯이 좌절도 좌절로 머물지 않는다는 것이다. 낮과 밤이 바뀌듯 성공과 좌절은 서로 바통 터치 하듯이 오간다. 누구나 그렇지만 실패는 아프다. 그러나 그 아픔이 결국은 또 다른 세계를 걸어가게 하는 힘이 된다. 그래서 아파도 제대로 아프자는 생각을 했다. 철저하게 아파야 더 강해질 수 있다고 생각했다. 아픔을 수식하는 말 중에 쓰라림이 있다. 쓰라림을 제대로 느끼지 않으면 또 다시 그런 아픔이 오면 대비가 안 되고 반복된 실수를 하게 된다.

다르다고 나쁜 게 아니잖아!

　내가 살았던 지역은 미국 공군 루이스-맥코드 합동 기지가 있는 곳이다. 그래서인지 이 지역에는 소위 미군과 국제결혼한 한국 여성분들이 많이 계셨다. 처음 우리 부부가 이 지역에 왔을 때 그 분들의 반응은 썩 반기는 분위기가 아니었다. 유학생들이 거의 오지 않는 지역이기도 했고 또 우리도 국제결혼, 특히 미군들과 결혼한 여성들에 대해 비뚤어진 선입견을 가지고 있으려니 하셨던 것 같다.

　솔직히 낯선 상황인 것은 사실이었다. 결혼하면 여성이 남성의 성으로 바꾸는 전통을 따라서 대부분의 한국 여성분들은 미국인 남편의 성을 가지고 계셨다. 다니던 교회 안에서도 미국 남편들이 모이는 한 그룹과 한국인 아내들이 모이는 한 그룹으로 나뉘어져 있었다. 우리 부부는 나이도 그분들보다 많이 어리고 또 삶의 경험도 많이 달랐던 것이 사실이었다. 또 교인 대부분이 전, 현직 군인이거나 군대와 관련된 일을 하고 있어서 미국 군대와 관련된 얘기에 쉽게 다가가기도 어색했다.

하지만 시간이 지나면서 그분들이 먼저 조금씩 경계를 푸시고 우리 부부에게 다가와 주셨다. 또 우리도 겸손한 자세로 그분들과 교제하기 시작했다. 그 후 참 많은 사연들을 들었다. 저린 가슴과 눈물이 없이는 듣기 힘든 사연들이었다. 그분들의 개인사이기에 여기에 다 소개할 수는 없지만 혈혈단신으로 미국으로 와서 낯선 외국 생활에 적응해야 했던 어려움, 외국인 아내라고 남편 가족으로부터 인정받지 못해 흘렸던 서러운 눈물들. 하지만 그 모든 것보다 더 힘들었던 것은 두고 온 조국에서 그들에게 던지는 낙인과 선입관이라고 하셨다.

부끄러웠다. 나 자신도 알게 모르게 미군들과 국제결혼한 분들에 대한 부정적인 선입관이 무의식 속에 배어 있음을 완전히 부인할 수 없었다. 하지만 조금만 솔직하고 진지하게 생각해보면 곧 깨달을 수 있었다. 우리 중 그 누가 그들보다 나은가? 도대체 우리 사회가 그분들에게 해 준 게 무엇이 있다고 그들을 비난할까? 오히려 그분들이 겪었던 수많은 아픔과 외로움을 보듬고 위로해 주어야 하지 않을까? 시대가 만들어낸 아픔이고 나라가, 지도자들이 제대로 서 있지 못해서 생긴 아픔이기 때문이다. 국제결혼하신 분들의 모습은 참 다양했다. 그 어떤 부부들보다 서로 사랑하고 배려하는 가정도 있었고, 문화와 언어의 차이를 극복하지 못하고 갈라서고 마는 부부도 있었다. 한국에서 사는 여느 부부들과 별 차이가 없었다. 오히려 이들을 색안

경을 끼고 바라보는 우리 사회의 편협함과 유치함이 더없이 부끄럽게 느껴질 뿐이었다.

다름은 나쁨이 아니다. 다시 한 번 생각하게 되었다. 조금만 달라도 나누려고 하고 무시하려는 우리들의 못된 성질을 고쳐야 한다. 다양한 삶의 모습들을 있는 그대로 인정하고 존중하는 마음이 필요하다. 종종 한국에서 미국으로 이민 간 분들은 한국보다 미국 사회가 더 자유롭고 편하다고 하신다. 특히 한국 사회에서 소위 좋고 인정받는 직업을 갖지 못한 분들에게서 더 자주 듣곤 한다. 실은 조그만 차이에도 편을 가르는 우리의 모습은 우리 모두를 힘들게 한다. 서로서로 눈치 보며 우리 스스로가 만들어 놓은 기준(norm)에서 벗어나지 않기 위해 알게 모르게 많은 스트레스를 받고 산다. 우리 스스로 만들어 놓은 편견에 우리 자신이 무서워하며 살아가는 것이다. 이제 조금 더 넓게 살았으면 좋겠다. 다른 것이 우리를 더 아름답고 건강하게 한다는 사실을 깨달았으면 좋겠다.

사람들에게 '+'가 그려진 카드를 보여주면 수학자는 덧셈이라 하고 산부인과 의사는 '배꼽'이라고 말한다. 목사님이나 신부님은 '십자가'라 할 것이고 교통경찰은 '사거리'라고 할 것이다. 사람은 누구나 다 자기 관점에서 바라보기 때문이다. 그들 각자가 말한 것은 틀린 것이 아니고 다른 것이다. 그래서 우리는 서로를 비판의 대상이 아닌 이해의 대상으로 봐야 한다. 그래야 서로 존중하는 배려 지수 높은 사회가 된다. 우리는 다른 걸 틀린 것으로 생각하며 비판하며 살았다. 우리 한국인들은 그게 더 심했다. 이제는 다름을 인정해야 새로운 가치를 만들 수 있다. 내가 이 책에서 많이 이야기할 통일도 결국은 다름을 인정하는 자세에서 시작된다. 내 생각과 다른 사람에게 틀렸다고 하지 말자. 다른 사람의 다른 생각에서 생각하지도 못한 지혜를 얻을 수 있다. 그 지혜가 더 나은 세상을 만들어가는 지름길을 보여줄 수 있다.

국가를 위한 학문을 하고 싶다

　　타코마 시절은 고생스러운 시간이었다. 먹고살기 위해 꽃 배달부터 청소와 마트 일까지 닥치는 대로 했다. 입시학생만 가르치던 아내도 초등학생 유치원생 피아노와 성악 레슨으로 분주히 다녔다. 분명 힘겨운 나날이었지만 지금 와서 돌아보면 참 고마운 시간이었다. 거친 바람을 견딘 나무가 튼튼하고 오래 가듯 그때의 고통과 고난이 지금의 더 단단한 나를 만들었음을 부인하지 않는다. 누구나 힘든 시절이 있지만 그 시절이 그 사람 인생에 언젠가는 화려하게 꽃필 시기의 거름이라고 믿는다. 그렇게 힘든 시절을 겪으면서 다시 한 번 미국 대학원 입학을 준비했다. 이미 학부 성적은 결정이 난 상태에서 할 수 있는 것은 GRE 점수를 높이는 것과 자기소개서를 다시 다듬는 일이었다.

하지만 그보다 더 많은 시간을 근처 지역대학(community college) 도서관에서 많은 위인들의 자서전들을 원서로 읽었다. 또 시간을 내서 근처에 위치한 월드비전(World Vision) 본부의 북한지원팀에서 자원봉사 활동을 했다.

그리고 나의 삶의 궤적을 완전히 바꾼 일생일대의 결정을 했다. 평생 업으로 삼을 전공을 경영학에서 행정학으로 바꾸었다. 이렇게 큰 결정을 그때는 어떻게 그렇게 쉽게 할 수 있었는지 아직도 잘 모르겠다. 굳이 이유를 들자면 한국에서 회계사 시험 준비를 하며 또 대학에서 경영학 수업을 들으며 가슴속에 있었던 질문, 즉 과연 개인과 기업의 이익극대화가 사회 전체의 이익극대화로 이루어질까 라는 질문이 계속 남아 있었던 것은 사실이었다.

하지만 더 깊은 이유는 한 번 사는 삶인데 나보다 사회와 국가를 위한 학문을 하고 싶었다. 그것도 이미 OECD(Organization for Economic Cooperation and Development, 경제협력개발기구) 회원국이고 먹고살 만큼 발전한 한국보다 헐벗고 굶주린 빈곤 국가와 개발도상국을 돕고 싶었다. 그렇게 해서 행정학, 그것도 국제 개발이라는 한 번도 배우지 않았던 분야에 응시원서를 제출했다. 이 길이 소위 더 '장래가 촉망되는' 분야가 아니지만 나를 더 흥분시키는 분야라고 확신했다. 고등교육재단, 지도교수님, 그리고 부모님과 한 번의 상의도 없이 벌인 결정이었다. 아내에게도 마음을 거의 굳히고 거의 통보하다시피 알려주었다.

참 대책 없이 무모한 결정이었다. 지금 돌아보면 아마도 낮은 곳으로 내려가는 삶이라는 명분에 대한 신념, 내가 아닌 사회와 이웃을 돕는 일이 옳다는 것에 대한 확신이 나를 강하게 움직인 것 같다. 또 20대 후반, 아직 한창이었던 젊음이 내게 있었던 것 같다. 삶은 결정과 결정들의 연속으로 이루어진다고 했던 격언처럼 그때 그 결정이 없었으면 지금 나의 삶의 궤적은 완전히 달라져 있었을 것이다.

더 어려운 도전이었다. 학부에서 행정학이라고는 근처에도 가본 적이 없었기에 학부 성적증명서에 보여줄 관련 과목이 하나도 없었다. 물론 국제 개발에 관련된 경험도 그야말로 전무했다. 억지로 우겨 만든다면 최빈국에서 개도국을 거쳐 OECD에 진입한 몇 안 되는 한국이라는 나라에서 태어나 살아본 경험이 전부였다. 또 입학 결정에 매우 중요한 자기소개서에 왜 경영학도가 행정학, 그것도 국제 개발 과정에 응시하는지 설명하기도 쉽지 않았다. 생면부지의 입학사정관에게 짧은 글을 통해 지난 1년 동안 내게 있었던 변화를 설명한다는 것이 녹록한 일은 아니었다. 하지만 정말 죽으라면 죽으리라 하는 마음으로 국제 개발이 있는 행정학 대학원 7군데에 원서를 제출했다. 더 지원하고 싶어도 수백 달러에 달하는 응시료를 감당할 수 없는 형편이었다. 그리고 또 몇 달의 기다림의 시간을 보냈다.

모두 합격이었다. 첫 입학원서가 우편함에 도착했을 때 정말 기뻤다. 드디어 유학을 시작하는구나 하는 안도감도 들었다. 하지만 가장 감사한 것은 이 경험을 통해서 '이 길이 내가 가야 할 운명의 길이었구나!' 라는 확신이 든 것이다. 그리고 이어서 입학 통지를 받은 7개의 학교들 중에서 하버드 대학교 케네디 행정대학원을 선택했다.

하지만 하버드를 향한 나의 항해는 또 다른 시련을 기다리고 있었다. 5년 동안 매년 수만 달러에 달하는 학비 전액과 생활비를 약속

했던 고등교육재단으로부터 내가 전공을 바꾸었기 때문에 학비를 한 푼도 지원할 수 없다는 연락을 받았다. 그것도 그 동안의 타코마의 생활을 모두 정리하고 보스턴으로 떠나는 비행기를 타기 몇 시간 전에 날아온 소식이었다. 한 달 벌어 한 달 연명하는 삶을 살고 있던 나에게 나른 대안이 있을 리 없는 상황이었다.

놀라웠다. 하지만 두렵지는 않았다. 무슨 배짱이었을까? 주머니에 몇 천 달러도 없이 몇 시간 후면 보스턴으로 가는 비행기에 올라야 할 상황에 받은 통보였지만 내가 가야 할 길을 걸어가고 있다는 확신과 이 또한 헤쳐 나갈 길이 있을 것이라는 믿음에 서울에서 부끄러워 아무도 몰래 도미했던 1년 전의 나와는 다른 모습이었다. 보스턴으로 떠나는 우리 부부를 환송하기 위해 집에 오셔서 한국에서 온 전화를 받을 때 함께 계셨던 분들이 즉석에서 갹출해 주신 2000달러 정도를 들고 아내와 나는 보스턴으로 향하는 비행기에 몸을 실었다.

밤 비행기를 타고 하버드 기숙사에 도착한 뒤 바로 학과의 과장을 찾아 가서 사정을 설명했다. 정말로 쉽지 않게 이곳까지 오게 되었으니 한 달 만이라도 수업을 듣고 돌아가고 싶다고 했다. 그 당시 하버드에는 학비를 월별로 낼 수 있는 제도가 있었다. 듣고 있던 학과장은 당연히 당황한 얼굴이었고 일단 어떻게 할 수 있을지 두고 보자고 하며 나를 돌려보냈다.

공부를 할 수 있을지 전혀 모르는 상태에서 우리 부부는 아무런 살림살이를 살 수 없었다. 8월 말이었지만 보스턴의 밤은 이미 쌀쌀했고, 기숙사 돌바닥에 신문지와 옷들을 겹겹이 깔고 누우면 찬 기운이 뼛속까지 들어오는 시간들이었다. 아내는 기숙사에서 하루 종일 기도 했고 나도 기도하며 학교와 집을 오갔다. 꿈에 그리던 하버드 생활에 들떠 있는 동료 학생들에 섞여 묵묵히 준비 수업을 듣고 있었다.

운명은 좋은 소식을 숨겼다가 마지막에 주곤 하는 것 같다. 준비 수업 마지막 날에 학장이 나를 보자고 했다. 학비 전액을 지원하는 케네디 대학원장 장학금을 받기로 되어 있는 남미의 한 학생이 어머님이 갑자기 돌아가셔서 갑자기 올 수 없다고 통보해 왔다고 했다. 그래서 원칙적으로는 다음 대기 순위에 있는 학생이 장학금을 받는 것이 원칙이지만 이미 다음 주면 학기가 시작이고 내가 여기에 와서 딱한 사정에 처했으니 너에게 그 장학금을 주기로 학교에서 결정했다는 것이다. 그래서 '대학원 학장 장학금 수여자'가 되어 학교를 다닐 수 있게 되었다. 그 때의 기쁨과 감사, 그리고 아내가 흘렸던 눈물은 아마 생을 마감할 때까지 잊지 못할 것이다.

CHAPTER
2

세계 중심으로
직진

"세계은행은 뭐 하는 곳인데?"

세상을 살다 보면 종종
브랜드가 속성을 누른다.
이름이 본질을 덮는다.

하버드를 꺼내는 순간
나보다 하버드가 중요했다.
그래서 감사하지만 부담스러운 이름이 되었다.
국제기구의 거버넌스 전문가로서
세계 중심으로 파고들었다.
세계 어디가 아픈가
내가 그 아픈 곳을 위해
어떤 일을 해야 할지 방향을 잡아갔다.

세계은행이 뭐 하는 곳인데?
자기와 직접적으로 관련이 없으면 관심이 없다.
세계은행은 내게도 처음에 그런 곳이었지만
몸을 담고 세계 곳곳을 누비면서
이제는 내 인생의 큰 줄기가 되어 버린 곳이 되었다.

하버드가 내게 겸손을 가르치다

    나의 유학생활은 이렇게 남들이 평범하게 겪는 과정을 힘겹게 넘어가며 시작되었다. 설렘, 감사함, 흥분 등 만감이 교차하며 맞이한 꿈에 그리던 하버드 생활은…… 하루하루가 너무 소중한 시간들이었다.

    찰스 강이 흐르는 매사추세츠 주 케임브리지에 위치한 하버드 대학교 케네디 행정대학원의 가을은 정말 표현할 수 없이 아름답다. 고풍스러운 건물과 붉고 노란색으로 물들어진 단풍들, 그리고 젊음 그 자체를 만끽하는 수많은 젊은이들의 활기찬 모습들. 그 안에 속해 있다는 사실만으로도 즐겁고 감격스러운 시간들이었다.

    하지만 공부는 결코 만만치 않았다. 유학 준비 과정에서 경영학에서 행정학으로 바꾼 나로서는 모든 수업이 힘겹고 벅찰 수밖에 없었다. 또 아무리 주위를 둘러 봐도 설렁설렁 수업을 들으러 온 학생들은 없어 보였다. 다른 학과들과 달리 국제 개발 대학원에는 미국인들보다 개발도상국에서 자기네 나라의 경제 발전을 이끌고자 하는 큰 꿈을 가진 이들이 더 많았다. 젊은 나이부터 정부관리, 개인사업 등 각자 자기의 분야에서 이미 어느 정도 기반과 경험을 쌓은 이들이 모여든 프로그램이었다.

아직도 잊히지 않는 일화가 있다. 주위에서 듣기로 한국 유학생들은 언어가 힘들어서 말로 하는 과목은 약하지만 숫자를 주로 사용하는 과목에서는 두각을 나타낼 수 있다고 들었다. 하지만 현실은 그렇지 않았다. 박사과정 수준의 경제학 수업을 들으며 그룹 스터디를 하게 되었다. 그중 미국 출신의 한 친구의 수학 및 통계 능력은 정말 혀를 내두를 만큼 탁월하였다. 학기 중반 서로 어느 정도 알고 속마음을 나눌 수 있는 시간이 되어 그에게 물었다. "너는 도대체 누구한테 수학과 통계를 배웠기에 이렇게 잘하냐?" 그 친구가 대답했다. "응, 어려서 할아버지한테 경제학과 수학을 배웠는데 많은 도움이 되었어." 갑자기 설마 하는 생각이 들었다. 그 친구의 성이 갈브레이스였다. "혹시 너의 할아버지가 그 갈브레이스니?" 그가 웃으며 말했다. "그래." 그 분의 할아버지는 50여 년간 하버드 경제학과 교수로 계셨고 경제학사에 혁혁한 이름을 남긴 '갈브레이스(John Kenneth Galbraith)'였던 것이다. 그냥 헛웃음이 나왔다. '이건 뭐 아예 게임이 안 되는 상황이구나.'

이렇게 하루하루 배우고 빡빡한 삶을 견뎌가면서 2년의 시간을 보냈다. 도서관에서 마감 시간을 알리는 방송과 함께 집으로 향하던 그 발걸음을 아직도 기억한다. 추운 겨울날 하버드 교정에 소리 없이 내리는 눈을 밟으며 집으로 돌아오던 시간들은 내게 평생 잊지 못할 시간이다. 읽고 또 읽고, 부딪히고 또 부딪히면서 국제 개발이라는 새로운 분야에 대해 깊이 빠져들었다.

사람에게 하늘이 주신 큰 선물 중의 하나는 바로 과거를 아름답게 기억하는 능력인 것 같다. 변변한 외식 한 끼 제대로 못 할 만큼 빈궁한 생활에, 학교 강의를 매일 밤늦게까지 준비해야 했던 그 힘들고 어려웠던 시간들이 이제는 아련한 추억이 되었다. 회계학 박사학위와 대학교수 등 자신의 명예를 위해 살려고 했던 내가 가난으로 인해 인간의 기본적인 삶도 누리지 못하는 사람들에게 도움이 되기 위한 준비를 하던 시간들…… 그건 내 삶을 개인들과 국가를 위한 삶으로 인생의 궤적을 바꾼 소중한 시간들이었다.

하버드가 준 또 하나의 선물은 바로 친구들이다. 한국에서 온 친구 및 선후배들, 또 세계 각지에서 온 친구들과 같은 강의를 듣고 교정을 거닐며 나눈 교제와 우정은 수업시간 교수님들의 강의만큼, 아니 그보다 더 크게, 내 삶에 영향을 주었다. 특히 이름도 들어보지 못했던 남미와 아프리카에서 온 친구들이 자신들의 국가에 당면한 빈곤과 정치적 독재의 문제들을 두고 한 진지한 고민과 토론들은 내게 강렬한 인상으로 오늘날까지 남아 있다.

그중에 참 인상적인 한 친구가 있었다. 그의 이름은 밥 앵거슨(Bob Angerson)이다. 또 마침 태국 중앙은행에서 온 친구의 이름도 밥이어서 American Bob으로 불리던−물론 태국에서 온 친구는 Thai Bob으로 불리고−그는 이미 40대를 훌쩍 넘긴 나이였다. 컬럼비아 대학 경제학과를 졸업한 그는 대학 졸업 후 공정한 무역(fair trade)에 관심을 가지고 티베트로 건너갔다. 거기서 몇 년 동안 티베트 주민들과 함께 생활하며 그들의 삶을 이해하면서 현지인들이 손수 만든 카펫을 미국 맨해튼으로 가지고 와서 파는 무역업을 시작했다. 명품들이 즐비한 맨해튼 거리였지만 티베트 사람들이 손으로 한 땀 한 땀 만든 티베트 카펫은 색다른 매력이었다. 그는 사업에서 발생하는 이익을 다시 티베트에 재투자하며 주민들의 생활을 개선하는 데 사용하고 있었다. 수업시간과 식사자리에서 들은 그의 공정무역이 관한 경험담은 교과서를 통해 배운 이론보다 훨씬 강렬하게 나를 포함한 국제 개발학과 학생들의 가슴에 남겨졌다.

세월이 훌쩍 흘러 20대 후반 30대 초반의 나이에 만났던 그들이 이제 훌쩍 나이 40을 넘기고 각자의 자리에서 멋지게 살아가고 있다. 미국 워싱턴 주의 상원의원을 이미 두 번이나 한 친구, 나처럼 세계은행과 다른 여러 개발금융기구에 입사하여 어느덧 간부들로 자리 잡은 친구들, 국제통화기금에서 간부가 되어 국제금융질서에서 중요한 역할을 담당하는 친구들, 조국으로 돌아가 외교부 및 재경부에서 중견 간부로 자리 잡은 친구들, 또 국제 컨설턴트 회사 및 투자은행에서 개도국 및 이머징 마켓을 위한 투자를 담당하는 친구들까지 다양한 세계적 네트워크가 오늘날까지 유지되고 있다.

고등교육재단의 장학금, 하버드 생활은 하늘이 준 기회였다. 하늘에서 돈도 없고 자격도 없는 자에게 국제사회에서 버텨내기 위해 필요한 준비를 시켜주셨다고 생각했다. 그리고 더 감사한 것은 이 옷을 입고 우쭐할 수 없는 그런 마음까지 주신 것 같았다. 졸업할 때까지 그런 마음을 가지고 살았다. 하버드라는 이름보다 그걸 찾아가는 과정과

하버드 케네디 스쿨 동기들 사진(왼쪽 세 번째가 워싱턴 주 상원의원인 친구이고 왼쪽 두 번째는 칠레 중앙은행 국장, 내 왼쪽은 이슬람개발은행 국장, 왼쪽 끝은 OCED 경제팀 국장)

찾고 나서의 겸손함을 얻었다. 하버드에 가서 내 이름을 넣고 싶었던 것이 아니라 그 문을 통해서 뭔가를 하고 싶었다. 하버드 졸업생이 되고 싶은 게 아니라 그곳을 나와 내가 하고 싶었던 것이 무엇인지 더 확실하게 알 수 있게 해준 것 같았다. 하버드를 나왔지만 별거 아니구나 하는 것을 가르쳐 주었다. 인생을 살면서 한 걸음씩 나아가면서도 그런 것들이 별거 아니구나 하는 생각을 갖게 되었다. 오만하고 우쭐할 필요가 없었다. 하버드에서 학문적으로 배운 것도 많지만 그 시기에 내 인생 교만함의 절반 이상을 날려 보내지 않았나 생각한다. 참으로 중요한 깨달음이었다.

말레이시아는 왜
싱가포르를 중국에 넘겼을까?

　　하버드 재학 시절 학위과정의 일부로 국제투명성기구(Transparency International)에서 인턴으로 일하기 위해 말레이시아로 떠났다. 3개월의 짧은 시간만 허락된 말레이시아 생활이었다. 인턴십을 시작하기 전에는 막연하게 이름만 알고 있던 나라였던 말레이시아는 참 신기하고 특이한 곳이었다. 말레이시아는 말레이 민족의 나라라는 뜻이지만 말레이 민족뿐 아니라 중국인과 인도인들이 함께 사는 다민족 다문화 국가였다. 영어를 공용어로 사용하고 있지만 말레이어 중국어 인도어들도 같은 민족들안에서는 공용되고 있고, 종교와 음식을 비롯해 뚜렷이 다른 각 민족의 문화가 공존하는 나라였다. 덕분에 매일매일 아주 맛있는 음식들을 맛볼 수 있었고 마치 세 나라에 사는 듯한 경험도 하였다.

하지만 이들 세 민족이 한 나라에 살면서 여러 가지 많은 갈등도 곳곳에서 발견할 수 있었다. 말레이 민족은 당연히 말레이시아는 자신들의 땅이라고 주장하며 정부, 공공기관, 국영기업뿐만 아니라 주유소 등 독점적 성격을 띠는 많은 분야는 말레이 민족만을 채용하는 특혜 정책을 펼치고 있었다. 이뿐만 아니라 대학들도 말레이 민족 학생을 과반수 입학시켜야 하는 특혜 정책을 도입하고 있었다. 그 이면에는 그 동안 중국계 국민들이 막대한 자금과 사업 수완을 바탕으로 말레이시아 경제의 대부분을 차지하고 있다는 말레이 민족의 위기감이 존재했다.

처음 그들의 특혜 정책을 접했을 땐 강한 거부감이 들었다. 그 동안 알고 있었던 미국 등의 차별 철폐 조치, 약자 보호정책(affirmative action)은 사회적 경제적으로 약자인 특정 계층이나 민족이 소외되지 않고 사회 중심부로 진출할 수 있도록 교육 및 정치권 진입의 기회를 제공하는 것이었다. 하지만 말레이시아의 특혜 정책은 반대가 아닌가 싶었다. 정치적 다수인 이들이 자신들의 주도권을 빼앗기지 않기 위해 교육뿐 아니라 정치 그리고 경제의 영역에서도 아주 높은 진입장벽을 노골적으로 치고 있는 것처럼 보였다. 그러나 이러한 생각들은 말레이시아 사람들과 친해지며 그들의 속마음을 들을 수 있는 기회들이 생기면서 조금씩 변하기 시작했다. 또 말레이시아의 역사, 특히 말레이시아 영토였던 싱가포르를 중국계 말레이인들에게 분할하며 독립시킨 역사를 살펴보면서 조금씩 그녀들의 입장이 보이기 시작했다.

말레이반도의 가장 중요했던 항구인 싱가포르를 1965년 중국계에 독립시키는 결정에 이르기까지 말레이시아 총리인 툰쿠 압둘 라흐만(Tunku Abdul Rahman)과 싱가포르 리콴유가 벌인 정치적 싸움은 일방적으로 누가 잘했고 누가 못했다고 할 수 있을 만큼 간단하지 않았다. 말레이시아의 입장에서는 끝까지 화교계를 품으며 싱가포르를 말레이시아의 영토로 삼고 싶었지만 중국계 말레이시아인들의 반발과 녹립에 대한 요구는 단호했다. 이런 갈등의 과정을 거친 끝에 말레이시아 총리 라흐만은 결국 싱가포르를 독립시키기로 결정한 것이다. 그 방법만이 점점 폭력적 대결양상으로 흘러가는 말레이 민족과 중국민족들의 갈등을 해결하는 길이라고 믿었던 것이다. 또 그런 결정에 대한 말레이계 국민들의 격한 반발을 무마시키고 또 말레이시아가 앞으로 말레이 민족의 땅으로 남기 위한 해결책이 바로 오늘날까지 이어지는 말레이 민족 특혜 정책인 것이다.

말레이 민족들은 자신들의 특혜 정책을 정당화하면서 그 당시의 경제 사회적 인구통계들을 내세웠다. 언뜻 보기에는 강력한 특혜 정책임에도 불구하고 국가의 부의 대부분은 아직도 중국계가 차지하고 있으며 말레이 민족이 경제적 최빈곤층 중 가장 높은 비율을 차지하고 있다는 것이었다. 이러한 이유 때문에 바로 160년에 이르는 영국 식민지 시절 동안 영국인들이 말레이 민족의 힘을 약화시키기 위해 각종 우민화 차별화 정책을 펼친 결과, 한 세대 이상 중국계와 인도계에 뒤처지게 되었다는 것이다.

그 후 말도 안 되는 특혜 정책이라고 비난했던 내 입장도 어느 정도 바뀌었다. 또한 한 가지 중요한 교훈을 깨달았다. 오늘날 말레이 민족에 대한 특혜 정책이 비난을 받는 이유는 그 정책의 정당성에 대한 의문도 있지만 특혜 정책을 도입하고 실행하는 과정에서 사회 구성원들, 특히 특혜 정책으로 손해를 보는 이들에 대한 설득과 동의를 구하는 과정이 없었다는 데 있었다. 오히려 힘과 법으로 일방적으로 밀어붙이면서 중국계와 인도계의 불만을 증폭시키는 결과를 초래했다. 특혜 정책 자체를 좋고 나쁨으로 판단할 수는 없다. 특혜 정책이 이루려는 정책적 목적이 사회 구성원들 간에 합의되고 설득되면 소기의 목적을 달성하는 데 도움이 될 수 있다.

대한민국도 극심해진 양극화의 처방전으로 여러 가지 형태의 특혜 정책들이 논의되고 있는 듯하다. 교육을 비롯해 그 동안 사회적 이동을 활성화했던 여러 사회적 장치들이 작동하지 않은 상황에서 특혜 정책이라는 극약 처방이 점점 더 설득력을 얻어 가는 듯하다. 하지만 절대 일방적으로 도입해서는 안 될 것이다. 더 이상 경제적 사회적 파이가 커지지 않는 상황에서 사회적 이동성을 확보하기 위해서는 결국 누군가는 밑으로 내려와야만 한다. 다시 말해서 기득권 계층에서 밑으로 내려오는 자리만큼 누군가가 밑에서 올라갈 수 있다는 의미이다. 따라서 특혜 정책은 공공의 선을 위해서 특징 사회계층에게 양보와 희생을 요구하는 정책인 것이다.

이처럼 승자와 패자가 확연히 갈리는 정책은 반드시 설득과 대화로 공감대를 형성한 후 실행해야 한다. 가장 쉽고 편한 방법은 다수의 힘으로 몰아붙이는 것이다. 하지만 이는 결코 답이 아니다. 작용은 반작용을 가져 오듯이 자신의 기득권을 뺏기는 것을 좋아할 사람은 아무도 없다. 더구나 아무런 상의나 대화 없이 그렇게 하면 더욱 화가 나기 마련이다. 그 결과 사회를 운영하는 기본자산인 공동체성이 무너지는 결과를 가져오기도 하는 것이다.

　힘들지만 사회적 이동의 숨통을 터주는 일은 길게 보면 기득권층의 안정과 유지에 도움이 된다는 사실을 설득해야 한다. 이런 설득에 근거해서 도입된 특혜 정책만이 궁극적인 효과가 있을 것이다. 사회적, 경제적 양극화는 반드시 풀어야 할 심각한 문제이고 또 특혜 정책도 상당히 타당성이 있는 정책 제안이 될 수 있다. 하지만 성공하기 위해서는 반드시 이를 통해 기득권을 양보해야 하는 계층을 설득해 동의를 얻어내는 과정이 필요하다. 모두가 다 동의할 수는 없지만 그래도 그 과정을 통해야만 정당성(legitimacy)이 형성되고 또 사회의 공동체성이 이를 통해 지켜질 수 있을 것이다.

저는 박사가 아닙니다.
그냥 조정훈입니다

　　항상 그렇듯이 하나의 산을 넘어가면 또 다른 산이 기다리고 있
다. 그리고 이런 과정은 아마 인생을 마치는 그 순간까지 계속되지 않
을까 한다. 대학에 들어가면 얼마 되지 않아 취업의 산을 넘어야 하고
취업을 하면 조직에서 살아남고 올라가기 위한 산을 넘기 위해 안간힘
을 내며 살아가는 것이 많은 인생의 모습인 듯하다. 나도 예외는 아니
었다. 하버드 입학 후 학교에 대해 좀 익숙해질까 하니까 이제는 박사
과정 입학이라는 산이 기다리고 있었다.

　　대학원 첫해와 국제투명성기구에서 인턴십을 마치고 돌아와 석사
과정 마지막 해를 시작했다. 그 당시 가장 중요한 목표는 박사과정으
로 진학하는 것이었다. 그 때의 마음으로는 이렇게 어렵게 유학을 가

서 시작한 공부니까 박사학위까지 공부를 하는 것은 너무나 당연하다고 생각했다. 그래서 국제 개발을 주 분야로 행정학 박사 입학원서를 준비해서 제출했다. 나름대로 드라마틱하게 하버드에 입학한 나로서는 당연히 하버드에서 박사과정을 마칠 것이라고 믿었었다. 그래서 다른 학교에 지원하는 것은 생각도 하지 않았다. 하시만 결과는 낙방이었다. 너무 혼란스러웠다. 그렇게 어렵게 이곳까지 왔는데 이건 또 무슨 뜻일까 하는 생각으로 많은 밤을 보내었다. 게다가 석사과정을 마치고 박사과정 진학을 위해 또 1년을 기다리는 것은 현실적으로 불가능했다. 재정적으로나 미국에 거주할 비자 문제 등 도저히 가능한 상황이 아니었다.

지푸라기라도 잡는 심정으로 학과장인 제프리 삭스(Jeffrey Sachs) 교수를 찾아갔다. 그리고 내 사정을 하소연하듯 설명했다. 잠자코 듣고 있던 그가 나를 위로해 주며 질문을 했다. "너는 네가 정말 좋아하는 축구경기, 그것도 한국과 일본의 경기가 시험 바로 전날에 있으면 어떻게 하니?" "솔직히 나는 게임을 보고 또 공부합니다." 그가 말을 이어갔다. "그럼 너는 박사가 돼서 한 분야에 평생을 바치는 것보다는 다양한 관심들을 가지고 여러 가지 일들을 할 수 있는 기회를 찾는 것이 나을 것이야." 혹시나 박사과정의 길이 열리길 바라면서 면담을 신청했는데 그의 조언은 너는 박사를 안 하는 게 더 좋겠다는 말이었다!

그 후 어쩔 수 없이 결과를 받아들이며 어렵게 마음을 가다듬었다. '그래 지금까지 내가 전혀 예상하지 않았던 길로 나를 인도하신 손길이 지금도 나를 인도하고 있을 것이야'라고 믿었다. 아니 믿으려고 안간힘을 썼다고 말하는 것이 더 솔직한 심정이었을 것이다.

그로부터 15년이 지난 지금 다시 그때를 회고해 본다. 만약 내가 그때 박사과정에 합격해서 5년 동안 더 공부해 행정학 박사가 되었으면 어땠을까 하는 생각도 해본다. 하지만 그 후 내게 벌어진 일들과 그로 인해 오늘 나의 나 됨을 볼 때 그 때 박사과정에 합격하지 못한 것은 재앙을 가장한 축복이었다. 또 이를 통해 내가 원하는 길보다 더 좋은 길을 예비하셨다는 그 진리를 또 다시 경험할 수 있었다.

세계은행, 긴장과 배움의 시간

지금은 이렇게 여유 있게 회고할 수 있지만 15년 전 그 당시에는 한 치 앞도 보이지 않는 상황이었다. 2년간 하버드에서 가난하고 어려웠던 시간이 마무리 되고 박사의 길을 접으면서 국제 개발 분야에 몸 담기 위한 일자리를 찾기 시작했다. 하지만 현실은 녹록치 않았다. 수많은 유엔기구와 국제 개발 관련 채용 공고를 보고 원서를 넣었지만 모두 쓴맛을 보았다. 같은 과 동기들이 하나둘씩 훌륭한 곳으로 잡 오퍼를 받았다는 소식과 박사과정에 합격했다는 소식이 들려오면서 또 한 번의 시련의 시간을 맞이하였다. 남은 기회는 점점 없어져 가는 듯 했다. 다시 한국으로 가면 맞아 줄 곳이 기다리는 것도 아니었다. 다시 회계법인으로 돌아가는 것은 생각도 할 수 없는 상황이었다.

그러던 중 세계은행(World Bank)에서 나의 전공 분야인 거버넌스 분야의 선임 전문가(senior specialist)를 모집한다는 공고를 학교 취업 게시판에서 우연히 보았다. 하지만 실무 경력이 8년 이상 필요로 하는 등 그 당시 내 경력으론 어림도 없었다. 그래도 아무것도 해보지 않고 포기할 수만은 없었다. 지푸라기라도 잡는 심정으로 원서를 넣고 아내와 나는 다시 하나님 앞에 매달릴 수밖에 없었다.

그리고 얼마 후 믿기지 않은 일이 일어났다. 세계은행에서 내가 낸 이력서를 보고 인터뷰를 하자고 연락이 온 것이다. 그것도 인터뷰를 위해서 보스턴에서 워싱턴으로 가는 비행기 표와 호텔비 등을 다 제공하는 파격적인 조건이었다. 속으로 분명 서류를 잘못 검토했을 것이라는 생각을 했지만 그래도 만나서 한번 호소라도 해보자는 심정으로 워싱턴으로 가는 비행기에 몸을 실었다.

인터뷰를 시작하자마자 담당자가 말했다. 예상대로 내 이력서가 세계은행이 요구하는 조건에 미치지 못하는 것을 알고 있었다. 하지만 자격요건을 갖춘 지원자가 없어서 일단 나를 1년 계약직으로 채용하고 싶다는 것이었다. 또 인터뷰 담당자가 보스턴까지 올라가서 나를 만날 시간이 도저히 없어서 하는 수 없이 나를 워싱턴으로 불러서 면접을 하는 것이라고 했다. 인터뷰를 마치고 세계은행 건물을 혼자 걸어 나오면서 되뇌었다. '이렇게 넘을 수 없었던 또 하나의 산을 넘게 되는구나!'

그렇게 전혀 예상치 못했던 길을 거쳐 일자리를 구하고 졸업식을 마치고 나의 하버드 생활은 막을 내렸다. 살림살이라고도 할 수도 없는 짐들을 유홀(U-Haul)이라는 트럭에 싣고 직접 운전대에 올라서 워싱턴으로 출발했다. 워싱턴으로 내려오면서 제프리 삭스 교수의 말을 곱씹고 또 곱씹었다. 또 몇 달 전만 해도 별 위로가 되지 않았던 그 말이었지만 돌이켜 보면 나를 정확하게 판단하는 것 같다는 생각이 들었다.

2002년 7월 1일 세계은행으로 첫 출근을 했다. 드디어 내가 진심으로 하고 싶은 일을 찾았고 그 일을 할 수 있다는 기쁨과 새로운 일터에서 살아남아야 한다는 절박함이 함께 했던 시간들이었다. 낯선 도시, 낯선 사무실, 그리고 낯선 일을 시작하는 스트레스는 정말 만만치 않았다. 외국인으로 미국에서 체류하기 위한 비자와 먹고사는 문제를 해결해주는 세계은행이 그야말로 나와 아내의 생사여탈권을 쥐고 있다고 해도 과장이 아니었다. 집으로 돌아오는 퇴근 기차 안에서 피곤해 잠이 들어 내려야 할 역을 종종 통과할 정도로 긴장된 시간이었다.

또 배움의 시간이었다. 하버드 시절에도 세계적인 학자들과 정치 지도자들을 캠퍼스에서 종종 만날 수 있었지만 세계은행은 훨씬 더 큰 학교이자 광장이었다. 1만여 명이 넘는 직원 하나하나가 정말 뛰어나고 독특한 경력의 소유자들이었다. 또 거의 매일 여러 건의 세미나와 콘퍼런스가 내가 일하고 있는 건물에서 열렸다. 이를 통해 세계적인 학자들뿐 아니라 150여 개 이상의 회원국에서 직접 경제개발을 담당했던 정부 관리들의 생생한 경험담을 풍부하게 들을 수 있었다. 또 생전 처음 유엔 여권(United Nationslaissez-passer: UNLP)을 발급받았다. 세계은행과 국제통화기금(IMF)은 유엔의 직속 기구는 아니지만 유엔의 특별 기구로 분류되어 유엔 시스템이 제공하는 혜택을 받고 있었다. 유엔 로고가 선명하게 찍혀 있는 여권은 유엔회원국가들을 자유롭게 여행할 수 있게 해주는 특권을 부여한다. 정말 국제기구의 일원이 되었구나 라는 실감이 드는 순간이었다.

국제기구,
거버넌스 전문가로서의 첫길

세계은행에서 내가 담당했던 분야는 거버넌스(governance)이다. 지금은 많이 익숙해져 있지만 2000년대 초만 해도 거버넌스란 단어는 한국 사회에서는 무척 생소했다. 또 세계은행에서도 1990년대 말에야 투명성과 책임성이, 또 그 반대 현상인 부패가, 경제 및 사회 개발에 미치는 영향에 대해 공식적으로 인정하고 이를 해결하기 위한 거버넌스 부서를 새롭게 만들었다. 그래서 한창 관련 전문가들을 늘려서 세계은행의 거버넌스 역량을 강화하는 차에 나도 그 부서에 들어가게 된 것이다.

거버넌스에 관한 나의 관심은 국가를 공부해 보려는 결심이 그 근저에 있었다. 국가라는 가장 큰 단위의 운영방법에 더 관심이 끌려서 하버드 케네디 스쿨에서도 거버넌스와 정치경제(political economy)에 관한 수업과 세미나에 시간과 노력을 들이기도 했다. 사회가 희소한 가치-정치적, 경제적, 사회적, 문화적-를 사회 구성원들 간에 어떻게 배분하고 관리하는가 또 권한과 책임은 어떻게 조율하는가, 지배와 피지배의 순환은 어떻게 유지하는가 등의 거버넌스 학문의 핵심적인 질문들에 흠뻑 빠져들었다. 또 회계사 경험을 바탕으로 거버넌스의 핵심인 균형과 견제(checks and balances)라는 개념을 더 쉽게 이해할 수 있는 이점도 있었다.

세계은행의 거버넌스 부서는 교육, 보건, 에너지, 교통 등의 세계은행의 다른 부서와는 업무의 성격이 다르다. 다른 부서들은 개발자금을 통해 개도국에서 직접적인 사업을 개발, 운용하는 것을 주 업무로 삼는다. 그에 비해 거버넌스 부서는 특정 인사들과 계층이 정치 및 권력구조를 장악하는 권력형 부패(state capture)에서부터 길거리에서 공무원들이 시민들로부터 받는 개인형 부패(petty corruption)까지 다양한 형태의 부패가 경제와 사회 발전에 어떻게 얼마나 장애가 되는지 실증적으로 밝혀내는 미션을 가진 부서였다. 또 이러한 부패들을 극복하기 위해 사회적인 투명성과 책임성을 증가하는 다양한 정책들과 제안들을 세계은행 회원국들에게 전하는 것이 주 업무였다.

하지만 고민도 있었다. 지금도 그렇지만 나는 동의하지 못하는 주장들을 만나면 한 번 더 곱씹는 여유를 보이기보다는 바로 반발하고 논쟁하는 나쁜 버릇을 가졌다. 그 당시 나의 고민은 과연 거버넌스가 중요한 것은 확실히 인정하지만 과연 국가발전, 특히 경제발전에 반드시 필요한 필요조건인가였다. 내가 자라온 조국의 모습만 보더라도 온갖 특혜와 부패가 만연한 사회였지만 유례없는 경제적 성장을 이루어 내지 않았던가? 또 개발도상국 중 어느 나라가 유럽과 미국의 거버넌스 시스템을 하루아침에 구축할 수 있단 말인가? 어느 정도의 부패는 개발과정에 있는 국가들에게는 어쩔 수 없는 일은 아닌지 하는 생각을 지울 수 없었다.

이런 고민들을 가슴 깊이 묻어둔 채 특히 국가운영의 효율성과 투명성을 재고했던 세계 각국의 정책제안들에 대해 배웠다. 재정정책의 건전성을 키우는 중기재정정책(Medium Term Expenditure Framewrok: MTEF), 전자정부 시스템, 지방분권화, 그리고 시민들의 목소리와 참여를 장려하는 여러 정책 제안들에 관한 자료에 파묻혀 지냈다. 또 아프리카, 동유럽, 서남아시아 등 다양한 지역의 국가들의 거버넌스 개혁을 자문하고 지원하는 역할을 통해서 실제로 사회의 거버넌스 구조와 운영에 관해 많은 경험을 할 수 있었다.

유엔 여권이 의미하는 것

　　세계은행은 유엔과는 독립된 지배구조를 가지고 있지만 법률상 유엔 시스템에 속해 있기 때문에 직원들은 출장 시 유엔 여권을 사용한다. 워낙 해외 출장이 빈번하고 또 공항 및 출입국 환경이 열악한 회원국들을 다니는 직원들에 대한 배려로 만들어진 것이다. 유엔 여권에는 파란색과 빨간색 두 가지가 있다. 주로 대사급 이상 조직의 소장들에게 주어지는 것이 빨간 여권이다. 반면에 파란색 여권은 실무진들이 소유한다. 빨간색 여권은 그 여권을 소지한 직원이 탄 유엔 차량은 차량 검색에서 제외되고 공항 출입 시 이민 가방을 열 수도 없다. 이 여권은 유엔기구의 수장급 또는 지역 사무소장 등에게 주어진다. 나도 처음에 파란 여권을 쓰다가 이스라엘 재임 시부터 빨간 여권을 소지하

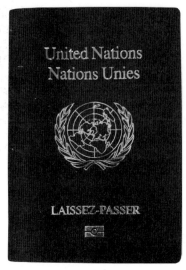
유엔 여권 표지(빨강)

였다. 빨간 여권을 소지한 순간부터 대접이 달라진다.

하지만 유엔 여권은 내게 달콤하고 특별한 대접을 통해 그 사람을 옴짝달싹 못 하도록 묶어두는 수단, 소위 말해 황금 수갑(golden handcuff)이 되고 있었다. 이스라엘이 겹겹이 둘러싸고 출입을 엄격히 통제하는 가자지구를 갈 때였다. 나는 빨간 여권 덕분에 그 삼엄한 검문을 피할 수 있었다. 팔레스타인에서는 그렇게 위기에서 나를 구해준 여권이었지만 반면 우즈베키스탄에서는 유혹적인 특권이었다. 길게 늘어선 줄과 별도로 일반시민들은 존재 자체도 모르는 곳을 통해 출입국 수속을 했다. 게다가 현지 공항직원이 여권을 받아서 항공사 체크인 보안검색 등등을 맡아서 대행해 주었다. 매우 열악한 우즈베키스탄 공항의 현실에서는 엄청난 편의였고 특혜였다.

유엔 여권이 내게 황금 수갑이 되어가고 있다고 느끼면서부터 유엔 여권 대신 한국여권을 사용했다. 그러자 대접이 완전히 바뀌었다. 한 번은 출국수속 중에 공항직원이 내 여권을 보고 어디 좀 가자고 했다. 으슥한 곳에 끌려갔더니 돈을 달라고 한다. 한 5000원 정도를 요구했는데 못 줄 정도는 아니었지만 괜히 이 친구를 놀라게 해주고 싶었다. 만약 빨간 여권을 보여주면 뒤집어질 상황이었다. 빨간 여권은 암행어사 마패 같은 것이었다. 결국 빨간 여권을 보여주지도 않고 내 휴대폰에 찍힌 우즈베키스탄 관세청장 전화번호를 보여주었다. 그랬더니 그 직원은 돈 얘기도 꺼내지 못하고 조용히 사라졌다.

그 후로 나도 모르게 빠질지 모르는 특권의식을 경계하였다. 공무원도 그렇지만 국제기구 직원이라는 자리는 자기 소유가 아니다. 그래서 자기 마음대로 그 특권들을 휘두를 수가 없고 그래서도 안 된다. 유엔 여권은 권력이기보다 책임이었다. 대접을 받으려는 자세가 중요한 게 아니라 봉사를 하려는 마음이 중요했다.

힘이 있다고 느껴질 때 그 힘 앞에 비굴해지는 사람들을 보면 안타깝다. 유엔 여권은 힘이 아니지만 세상 사람들은 그 여권 앞에 머리를 숙인다. 그러나 분명히 알아두어야 할 것은 사람들이 숙이는 머리는 유엔이라는 이름이지 내가 아니다. 그 상황과 대접에 취해 나를 잃어버린 순간 내가 해야 할 일도 잃어버리게 된다. 유엔 여권이 황금 수갑이라는 의미는 뭔가 그 이름을 훼손하지 말아야 할 책임과 굴레가 있다는 의미다. 나 하나의 개인적인 일탈이 국제기구의 이미지를 해칠 수 있다. 그래서 더 조심할 수밖에 없었다.

세상 그 어떤 권력이든 권력은 위험한 듯하다. 그래서 권력의 갑옷을 입은 사람들은 자주 그 갑옷을 벗어 던져야 한다. 내가 겪은 국제기구뿐만 아니라 사람들 위에 서 있다고 생각하는 모든 권력이 마찬가지다. 사람들 앞에 있다는 건 그들을 올바른 방향으로 끌어 주어야 하는 의무가 있다는 것이지 그들 위에 군림한다는 의미가 절대 아니다. 그러나 우린 힘을 쥔 순간 너무나도 쉽게 군림의 유혹과 착각에 빠진다. 누가 누구를 지배하고 군림할까? 권력을 사용하는 이는 군림하는 사람이 아니라 봉사하고 희생하는 사람이어야 한다. 하나님이 내게 그 힘을 준 것은 나를 위해 그 힘을 쓰라는 것이 아니라 나보다 힘없고 약한 사람들을 위해 쓰라는 것이었다.

내가 하버드에서 공부할 기회를 얻고, 유엔 기구에서 일하게 된 모든 과정도 사실 돌아보면 하나님의 이끌림이었다. 그래서 더 경건하고 겸손하게 그 일을 수행할 수밖에 없었다. 하나님 앞에서는 그 누구도 오만할 수 없다. 그래서 내게 주어진 일을 하면서 그 사실을 잊지 않기 위해 노력하고자 했다. 물론 가야할 길이 한참 남았지만.

세계은행 인재등용의 하이라이트, 영프로페셔널 프로그램

세계은행의 인재의 등용문의 하이라이트는 단연 '영프로페셔널 프로그램(Young Professional Program)'이다. 쉽게 얘기하면 세계은행의 고시시험이다. 매년 30여 명을 선발하는 프로그램에 전 세계에서 1만 명이 넘게 지원한다. 그곳도 대부분의 지원자들은 세계 유수 대학에서 박사학위를 받은 인재들이다. 선발된 이들은 입사 초기부터 중요한 직책들을 맡으며 미래 세계은행을 이끌 지도자들로 양성되어 간다.

국제 개발을 전공한 나로서는 세계은행 영프로페셔널 프로그램은 최고의 꿈이었다. 하지만 하버드에서 학위를 마칠 무렵부터 2년 동안 계속 지원서를 내 보았지만 번번이 고배를 마신 내게는 점점 더 넘볼 수 없는 꿈으로 여겨졌던 상황이었다. 그리고 2004년, 영프로페셔널 프로그램의 나이 제한(만 32세)에 걸리는 마지막 해가 되었다. 큰 기대를 하지는 않았지만 그래도 미련을 남기지는 말자는 심정으로 또 다시 응시원서를 제출했다.

뜻밖에서 응시원서를 제출한 지 두 달여가 지나서 1차 합격통지를 받았다. 3년 만에 처음 받아보는 합격 통시었다. 1만여 명의 응시생들 가운데 800명의 1차 합격자 명단에 든 것이다. 기쁨도 잠깐이었고 바로 2차 실기시험을 준비하기 시작했다. 800명 중 30명만이 최종합격하는 힘든 과정이 기다리고 있었기 때문이다.

그 후 인터뷰와 보고서 작성 시험을 보았다. 2시간이 넘는 긴 시간 동안 세계은행의 분야별 선임 전문가들과 외부에서 고용된 헤드헌팅 회사 임원들이 수많은 질문을 했다. 또 60분 동안 가상의 국가에 대한 방대한 자료를 읽고 그 나라 재무장관에게 보내는 정책제안보고서를 작성하는 과제였다. 악센트가 강한 영어였지만 질문 하나하나에 정성을 다해 답했다. 세계은행 입사 직후 살아남기 위해 기자 출신 미국인이었던 선임의 보고서를 수없이 복기해 본 덕분에 어느 정도 보고서를 쓰는 틀은 잡혀 있는 상태여서 시간 안에 어느 정도 필요한 내용과 형식을 갖추어서 제출할 수 있었다.

그로부터 한 달 뒤 2차 합격 통보를 받았다. 이제 마지막 관문은 시뮬레이션 평가였다. 이 평가는 4명의 응시생이 한 조가 되어서 세계은행 업무와 유사한 상황 아래 각각 역할을 맡아 롤 플레이(role-play)를 하고 평가관들이 각 응시생의 행동 패턴을 관찰하는 것이다. 넓은 회의실에 4명의 후보들에게 각각의 역할이 주어지고 2시간 뒤 각자의 맡은 역할에 따라 발표하는 전 과정을 심리 전문가, 헤드 헌터 임원,

세계은행 간부, 등이 종합적으로 판단을 한다.

회의가 시작되자 치열한 신경전이 시작되었다. 나와 같은 조가 된 3명은 남미, 동유럽, 그리고 아프리카 출신의 후보들이었다. 저마다 자기 조국에서 난다 긴다 하는 사람으로 세계 명문대학에서 학위를 받은 사람들이었다. 당연히 저마다 왜 자기가 이 프로젝트에 팀장 역할을 맡아야 하는지 서로를 설득했다. 리더십을 발휘하기에 팀장보다 더 좋은 역할이 없으니까. 나는 아예 엄두를 못 내고 내 분야 전문가 팀원 역할을 맡기로 했다.

곧 리더가 결정되고 주어진 과제를 풀어가는 과정이 시작되었다. 리더는 리더대로, 팀원들은 팀원들대로 자기의 의견을 내놓았다. 또 발표 준비를 위해 각자의 역할을 나누기로 했다. 팀원들 간의 회의였지만 물론 회의장 가장자리에서 관찰하는 평가관들에게 보여주기 위한 일종의 자기 증명 퍼포먼스였다.

하지만 그중에 유독 한 후보는 별 말이 없이 묵묵히 테이블에 있는 자료들을 유심히 검토만 하고 있었다. 왜 그랬는지는 알 수 없지만 내가 그에게 질문을 던졌다. "당신은 이 문제를 어떻게 생각하세요? 혹시 우리가 생각하지 못한 좋은 제안이 있나요?" 다른 의도가 있었던 것이 아니라 아무 말도 안 하고 겉돌고 있는 그 후보가 측은해서 발언할 수 있는 기회를 한 번 만들어준 것이다. 솔직히 별 기대를 한 것은 아니었다.

하지만 그의 발언은 놀라웠다. 우리에게 주어진 시뮬레이션 사업은 가상의 국가가 쓰나미와 같은 재앙을 당했고 그 직후 세계은행이 긴급구호사업을 준비하는 것이었다. 그가 맡은 분야는 보건이었는데 알고 보니 그는 전직 간호사 출신으로 여러 개도국에 의료 봉사활동을 몇 년씩 다니던 끝에 국제 개발에 관심이 깊어져 공중보건학으로 박사를 마친, 정말 실무와 이론을 겸비한 숨은 보석이었던 것이다. 그의 상황 진단은 직접 겪은 현실에 바탕을 두었고 그의 정책 제안은 정말 합리적이고 타당했다.

하지만 팀의 리더는 좋은 제안이지만 너무 늦어서 수정할 수가 없다며 자신이 만든 계획으로 밀어붙이려고 했다. 그러나 나를 비롯한 다른 팀원들은 그의 제안이 더 설득력 있어 보였다. 그래서 그 제안이 더 효과적이며 시간도 충분하다고 주장했다. 리더는 생각을 굽힐 줄 몰랐다. 마치 자신이 여기서 생각을 바꾸면 불합격이라는 확신을 한 듯했다. 또 더 좋은 제안으로 발표를 하는 것이 자신들의 합격 가능성을 높일 것이라고 생각한 팀원들도 마찬가지였다.

그때 속으로 생각했다. '이러다가는 다 망한다. 팀워크는커녕 평가위원 앞에서 싸우고 있는 꼴이 아닌가?' 그 동안 별로 말이 없었던 내가 제안을 했다. "팀장의 제안과 이 분의 제안 모두 장단점이 있다. 팀장의 제안은 우리가 아는 원칙에 부합되고 이 팀원이 낸 제안은 오랜 경험에서 나온 현실성이 있는 제안이다. 따라서 이 둘을 합해보자. 다만 우리는 당장 실천 가능한 정책 제안이 필요하다는 것을 잊지 말자." 그러자 그 동안 두 사람의 논쟁을 가만히 듣고 있던 다른 동료들이 적극적으로 지지하고 나왔다. 이쯤 되니 팀장도 한 발 물러나서 그 팀원의 제안을 반영하기 시작했다. 그리고 당연히 팀장으로서 발표 시 우리의 이러한 취지를 충분히 설명해야 한다고 제안하니 그도 자기의 역할에 대해 만족하며 다시 적극적으로 뛰어들었다. 이런 우여곡절 끝에

2시간의 평가를 무사히 마칠 수 있었다.

그 후 한 달여간의 초조한 기다림의 시간이 흐른 후 마침내 합격 전화를 받았다. 하지만 기억하건대 뛸 듯이 기뻐하기보다는 오히려 담담하고 차분해지는 느낌이었다. 3번에 걸친 도전, 세계은행에서 겪은 2년간의 수련기간, 특히 수백 편의 기사를 필사하던 시간, 여러 사업들에 말단직원으로 참가하여 주말도 없이 일하며 배우던 시간을 생각하며 감사할 따름이었다.

비결이 무엇이었을까? 물론 전적으로 하나님의 은혜였음은 당연한 고백이다. 그럼 어떻게 하나님이 그의 뜻을 세상에서 이루셨는가를 보면 철저한 준비였다. 세계은행 영프로페셔널 선발 과정은 단지 어떤 학교의 학위를 가지고 있는지 소위 스펙을 겨루는 것이 아니었다. 입사한 바로 다음날부터 세계 각국의 고위 관료들과 경제 사회 정책에 대한 대화와 협상이 가능한지를 검증하는 프로세스를 통과하기 위해서는 정말 탄탄한 실력이 필요했다. 세계은행 입사 후 2년간 계약직으로 하루하루 살아남기 위해 이를 악물고 지내온 시간들이 나를 더 단단하게 만드는 거름이 되었다. 또 뒤에서 자세히 나누겠지만 김동연 전 아주대 총장님과 함께 한국과 세계를 다니며 얻은 현장 경험이 매우 큰 도움이 되었다. 삶은 항상 이렇게 나무에 거름을 주고 물을 주어야 열매를 맺게 한다. 아직도 종종 조급한 마음과 결정에 후회하곤 하는 나이지만 삶의 진리는 변함이 없을 것이다.

CHAPTER
3

온몸으로 느끼는
갈등

"세계의 어디가 가장 아픈가?"

돌아보니
가슴이 아픈 나라를
많이 돌아다녔다.

부정부패가 많은 나이지리아에서 가난의 민낯을 보고
북한과 가장 비슷하다는 벨라루스도 만났다.
방글라데시는 울면서 들어가서
울면서 나왔다.

나라마다 각자의 아픔이 있었다.
막대한 개발 자금으로
물질적인 삶을 개선하기 위해 노력했지만
오히려 그 나라 사람들의
정신적인 아픔이 눈에 들어왔다.

예루살렘, 가자가 위치한 팔레스타인 땅은
정말 세상에서 가장 아픈 곳이었다.

할 수 있는 한 그 아픔을 치유하고 싶었다.
그게 내 인생의 또 다른 숙제인 듯했다.

부정부패지수가 세계에서
가장 높은 나라, 나이지리아

　그렇게 시작한 영프로페셔널 프로그램(Young Professional
Program)의 첫 발령지는 아프리카 서쪽의 나이지리아였다. 나이지리아
는 1억 7000만 명이 넘는 인구와(2013년 기준), 남한의 9배가 넘는 광활
한 영토, 석유 등 풍부한 자원을 바탕으로 아프리카에서 남아공화국,
이집트와 함께 맹주국으로 자처하고 있는 나라였다. 또 서부 아프리카
경제연합(Economic Community of Western African States: ECOWAS)의
본부가 위치하는 등 정치적으로도 큰 영향력을 가지고 있었다.

　하지만 빈부의 격차가 극심하고 치안이 매우 불안하며 또 부정부
패가 세계에서 가장 높은 나라 중의 하나였다. 지금도 횡행하지만 그
때 당시는 소위 '나이지리아 책략(Nigeria Scheme)'이라고 하여 전 세계

를 상대로 사기 사례가 빈번했고 공항 경찰서 세무서 등등 모든 공공 기간들과 기업들 사이에 뇌물이 만연한 상태였다. 국제투명성기구의 부패지수 랭킹에서 최하위권을 단골로 차지하는 나라였다. 나도 첫 출장을 와서 공항 화장실을 이용하고 있었는데 어떤 사람이 와서 다짜고짜 위협적으로 100달러를 달라고 요구하는 경험을 하기도 했다.

첫 발령지라는 호기심과 아프리카에서도 험지로 손꼽히는 나이지리아라는 곳에 대한 긴장감을 모두 가지고 나와 아내는 아부자(Abuja)로 향하는 비행기에 몸을 실었다. 수도 아부자에 도착한 후 정부 관리들을 만나고 지방자치 정부들로 출장을 다니며 세계은행의 개발자금으로 어떻게 사회적인 투명성과 책임성을 높여서 부패를 방지할 수 있는지 고민하기 시작했다. 결코 쉽지 않은 과제였다. 내 앞의 선임들을 비롯해서 많은 거버넌스 전문가들이 고민했고 노력했지만 부패의 고리는 깊어만 갔던 나이지리아였다.

오랜 고민 끝에 나의 선택은 정보의 투명한 공개였다. 나이지리아는 연방국가이다. 또 국가 수입의 상당 부분이 특정지역(Delta 및 6개 주)에서 나오는 석유자원에 대한 세금과 각종 사용료였다. 따라서 연방정부는 이 세수를 해외 정유회사로부터 받아서 36개의 주정부에 나누어 주는 것이 국가재정운영의 가장 중요한 부분이었다. 문제는 이 배분 과정이 원칙도 없고 각 주정부가 연방정부로부터 매년 얼마의 재정지원을 받는지 국민들은 전혀 모른다는 사실이었다. 그래서 주정부의 서비스에 불평하는 주민들에게 종종 연방정부가 배분하는 예산이 턱없이 모자라기 때문이라는 변명이 돌아가곤 한 것이었다.

그래서 모든 정보를 공개하자고 제안했다. 주요 일간지에 연방정부가 사용한 배분 기준과 그에 따라 각 주정부에 배부된 보조금을 자세히 게재하였다. 또한 각 주정부가 하부 지방정부에 배부한 보조금도 공개하도록 독려하였다. 배부금 기준과 배부액을 공개하는 주정부에는 세계은행에서 지원금을 더 많이 지원하는 인센티브와 각 주정부의 현실에 맞는 배분 원칙을 정하기 위해 정책 자문을 제공하였다.

예상대로 반발은 매우 격렬했다. 몇몇 지방정부 주지사들은 노골적으로 세계은행 주도의 정보공개제도를 제국주의 프레임으로 몰아가며 반대했다. 국회의원들도 여러 언론을 통해 별 효과가 없을 것이라며 견제를 했다. 몇몇 정부 직원들은 비공식적으로 만난 자리에서는 나이지리아 국민 대다수가 아직도 문맹이거나 기초 교육도 제대로 못받았는데 이런 개혁이 어떻게 성공하겠냐고 하며 도입을 취소하거나 미루어야 한다고 주장했다.

하지만 우여곡절 끝에 실시된 정보 공개의 효과는 예상 이상이었다. 나이지리아 언론뿐 아니라 해외 언론들까지도 관심을 가지며 보도를 하며 국민들의 관심을 집중시켰다. 더 이상 변명의 여지가 없어진 것이다. 시민단체들과 언론들은 주정부에 배부된 교부금과 주정부 예산을 비교하면서 각 주정부가 예산을 어떻게 사용하는지에 대한 고발식 보고가 이어졌고 화가 난 주민들의 항의 또한 이어졌다. 하루하루 바쁜 삶을 사는 일반 국민들이 연방정부가 주정부에 교부하는 보조금에 관심을 갖는 것은 매우 이례적인 일이었다. 이런 무관심과 불투명성을 이용해 관리들은 온갖 부정부패를 저지르고 있었던 것이다. 투명한 정보 공개라는 단순하고 간단한 제도의 도입으로 뿌리 깊은 악순환의 고리에 큰 변화를 가져올 수 있었다.

국가를 이끄는 업의 무게감을 배우다

　나이지리아에서 배운 또 하나의 교훈은 국가를 책임지는 업(業)의 무게감이다. 부임 당시 나이지리아의 재무장관은 그 유명한 응고지 오콘조-이웨알라(Ngozi Okonjo-Iweala)였다. 응고지 장관은 하버드에서 경제학 학사, MIT공대에서 경제학 박사를 취득하고 세계은행에서 21년을 근무하고 조국으로 돌아가 재무장관의 업무를 감당하고 있다. 그 당시 나이지리아와 응고지 장관의 최우선 순위는 유럽과 미국의 채권국들과 부채상환 협상이었다. 국제사회 특히 OECD 개발원조위원회(OECD Development Assistance Committee) 회원국들이 제안한 최빈국 부채상환 제의(Heavily Indebted Poor Countries Initiative)에 나이지리아도 혜택을 받기 위해 밤낮으로 채권국 수도를 다니며 왜 풍부한 석유 자원에도 불구하고 나이지리아의 부채가 탕감 되어야 하는지 설득하고 있었다. 정말 살인적인 출장스케줄과 초인적으로 노력으로 선진국으로부터 나이지리아 해외부채 300억 달러를 탕감하는 결정을 이끌어냈다. 1년이 넘는 길고 험난한 과정 끝에 얻어진 소중한 결과였다.

　그 결정이 있은 후 응고지 장관이 현지 방송과 인터뷰를 하였다. 1년이 넘는 길고도 험했던 과정을 설명하면서 감정에 북받쳐 눈물을 흘리기 시작하였다. 응고지 장관이 가진 화려한 경력과 자존심, 무엇보다 얼마나 열정적으로 조국의 부채탕감을 위해 뛰었는지를 바로 옆에서 바라보았던 나로선 그 눈물의 무게를 충분히 느낄 수 있었다. 국가를 이끈다는 업(業)의 무게감을 느끼는 순간이었다. 많은 권한과 특권이 주어지는 바로 그 이유가 함부로 감당할 수 없는 이 무게를 감당하기 때문이라는 것이다. 공무원을 영문으로 퍼블릭 서번트(Public Servant)라고 한다. '퍼블릭' 즉 국민 한 사람 한 사람 모두를 위한 '서비스 봉사라는 의미이다. 30대 초반 국제공무원의 삶을 시작하는 나에게 그녀의 눈물은 가슴 한가운데 새겨져 오늘날까지 남아 있다.

믿음, 열정 그리고 거짓말이 섞인 땅

1년 남짓 살았던 나이지리아는 종교가 매우 큰 영향을 끼치는 사회였다. 국가적으로는 남쪽 중심의 기독교 세력과 북쪽 중심의 무슬림 세력이 팽팽하게 대결하고 있었다. 지금도 종종 뉴스에 나오듯이 2004년 당시에도 교회와 모스크를 불태우고 인명을 살상하는 등 기독교와 무슬림 세력 간의 충돌이 곳곳에서 일어나고 있었다. 무슬림과 기독교를 대표하는 종교지도자들이 세속적인 정치인들보다 큰 영향력을 발휘하고 있었고 정부도 종교부(Ministry of Religion)를 통해 이들 종교에게 적지 않은 예산을 지원하고 있었다.

또 나이지리아 주민 개인들의 신앙심도 남달랐다. 주말마다 다녔던 현지 교회의 열기는 매우 뜨거웠다. 우선 예배 시간이 거의 반나절에 가까웠다. 또 예배 순서의 일부인 헌금 시간에는 현금뿐만이 아니라 집에서 사용하던 텔레비전이나 선풍기, 냉장고 등 그들에게는 매우 귀중한 물건을 가지고 나오는 이들을 심심찮게 만날 수 있었다. 또 기독교계 나이지리아인들의 이름은 거의 대부분 성경 인물 이름들이거나 Blessing, Mercy, Sunday, Promise와 같은 성경에 나오는 일반

명사를 가져다 지었다.

종교적 열정은 무슬림도 절대 뒤지지 않았다. 금식 기간인 라마단에는 철저하게 금식을 지켰고 또 하루에 다섯 번 메카를 향해 기도하라는 명령을 지키기 위해서 공식적인 미팅 중이라도 자리에서 일어나 나와서 건물의 조용한 곳으로 가서 기도를 하고 다시 돌아와 미팅을 하는 것이 전혀 무례하거나 이상하지 않게 받아들여지는 사회였다. 한국과 미국에서 경험한 종교생활과는 큰 차이가 있었다.

이렇듯 국가적으로 국민 대부분이 종교를 가지고 있고 또 개인적으로도 매우 열정적으로 종교생활을 하는 국민들이 대다수인 나이지리아였다. 하지만 그들의 생활은 완전히 다른 이야기였다. 앞에서 말했듯이 거짓말과 술수가 만연한 사회였다. 들키지만 않으면 돈을 벌기 위해 무슨 일이든 할 수 있는 사회였다. 살인강도 유괴와 같은 강력범죄가 극심한 사회였다. 예를 들어 옛 수도인 라고스(Lagos)의 경우 어두워지면 절대로 밖에 함부로 나갈 수 없다. 무슨 일이 벌어질지 모르기 때문이다. 또 얼마 전까지만 해도 자동차가 죽은 시체를 밟고 지나가도 멈추지도 않고 지나간다는 곳이 바로 나이지리아 최대 상업도시였던 것이다.

이 두 현상을 어떻게 보아야 할지 매우 혼란스러웠다. 믿음과 삶이 이처럼 완벽하게 분리될 수 있단 말인가? 예수와 모하메드의 가르침은 어디 갔다는 말인가? 이런 생각을 하다가 나의 조국 대한민국이 떠올랐다. 우리나라도 나이지리아 못지않게 많은 국민들이 불교 기독교 등 종교를 가지고 있다. 하지만 사회의 모습은 갈수록 이기적이고 성공만을 추구하며 또 이웃과 주위에 대한 철저한 무관심이 팽배해지는 모습이다. 감동은 말로 오는 것이 아니다. 작더라도 자신의 말을 실천해 가는 모습에서 감동과 변화가 오는 것이다. 신앙이 종교가 되어버린 국가와 개인은 사회를 변화시킬 아무런 힘을 가질 수 없다는 것을 피부로 느끼는 시간들이었다. 그렇게 나의 첫 해외 부임지였던 나이지리아의 생활도 막을 내렸다.

홀로서기를 준비하는
코소보를 만나다

    워싱턴으로 복귀 후 배정받은 나라는 코소보였다. 1999년 슬로보단 밀로셰비치(Slobodan Milosevic) 대통령이 자행한 인종학살의 대상이 된 코소보는 미국과 나토의 보호 아래 유엔 신탁통치를 받고 있었고, 미국, 유럽연합, 러시아, 그리고 유엔의 중재하에 러시아와 독립 협상을 진행하고 있었다. 세계은행은 유엔 주관의 독립 협상 중재지원팀으로 코소보의 세르비아의 부채 및 세원 분할을 지원하고 있었다. 독립을 준비하는 코소보는 기대와 우려가 동시에 존재하고 있었다. 기대는 물론 역사상 처음으로 자신만의 국가를 갖게 된다는 기대감이었다. 우려는 과연 코소보가 독립국으로 스스로 지속 가능한 재정 능력과 내치 능력이 있는가였다.

한 예로 유엔 코소보 임시정부(United Nations Mission in Kosovo: UNMIK)의 지출을 담당하는 국고국장은 정부에 들어오기 전 조그만 슈퍼마켓에서 회계를 보던 분이었다. 작은 슈퍼마켓에서 회계를 담당했다는 경력만으로 임시정부의 국고국장을 맡은 그는 정말 자신의 업무를 훌륭히 수행하려는 진지함이 있었지만 그의 업무는 좌충우돌이었다. 한마디로 정부 재정 운영은 슈퍼마켓 회계와 달랐다.

하지만 그와 첫 만남 이후 그와 나는 서로가 도와주려는, 또 배우려는 진지함을 확인할 수 있었다. 특히 자신을 무시하지 않고 자신의 입장을 이해하려고 노력하는 나의 모습에 조금씩 마음을 열고 있었다. 어느 날 출장 마지막 날 인사 차 찾아간 나에게 그가 물었다. "혹시 며칠 더 머무르면서 정부재정에 대해 나를 좀 가르쳐 줄 수 있습니까?"라고 물었다. 이미 3주간의 밤낮 없는 출장을 마감하며 한 시간이라도 일찍 워싱턴 집으로 돌아가고 싶었던 나에게 이 질문을 하던 그의 얼굴과 눈빛은 너무나도 진지했다.

그날 밤 워싱턴 본부에 전화를 걸어 돌아오는 비행기 일정을 변경하며 그와 일주일을 같이 보냈다. 반드시 참석해야 하는 미팅 한두 개를 제외하고 그와 나는 아침부터 저녁까지 국가 재정 원론을 가지고 토론했다. 내가 그와 함께 보낸 한 주의 시간을 나는 '가르쳤다' 혹은 '강의했다' 라는 말을 쓸 수가 없다. 왜냐하면 매일매일 닥치는 실무를 담당하기 위해 그 나름대로 만들어낸 시스템과 그 경험은 아이비리그 대학 강의실에서 책으로만 배운 나에게 오히려 큰 교훈을 주었기 때문이다. 이 경험으로 그 후 만났던 수많은 국가의 공무원들이 경험하는 현실과 애로를 진심으로 이해하고 정책을 제안하고 협상할 때보다 현실적이고 수용 가능한 입장을 만들어낼 수 있었다.

생각보다 오랜 시간과 노력이 흘러서 2008년 코소보는 독립을 맞이했다. 나도 코소보가 독립을 하고 유엔 정부가 아닌 독립 정부가 수립되는 그날 수도 프리슈티나(Pristina)에 있었다. 변변하게 독립을 축하할 광장 하나 갖고 있지 않은, 전생의 상흔이 아직까지 곳곳에 남아 있는 프리슈티나였지만 거리를 가득 매운 코소보 사람들의 행복하고 흥분된 얼굴을 바라보는 것만으로도 역사의 한 페이지를 목격하는 기쁨이었다. 인종 학살이라고 불릴 정도의 숱한 고난을 극복하고 독립을 쟁취한 그들의 모습에서 70여 년 전 일본 식민지를 벗어나 독립을 쟁취한 대한민국이 떠올랐다. 또 자신들의 온전한 힘이 아니라 미국과 나토 등 국제사회의 힘을 빌려야 했고 유엔의 신탁통치를 거쳐 힘겹게 독립을 쟁취한 코소보의 독립을 향한 궤적이 대한민국의 그것과 참 비슷하고 안쓰럽게 생각되었다.

독립선언 이후 미국을 비롯한 세계 각국이 하나씩 독립국으로 인정하는 결정을 하였다. 한국은 여러 가지 정치적인 상황을 고려하여 기권을 하였다. 하지만 그들과 나는 아직까지도 안부를 주고받는 친구로 남아 있다. 상대하기 힘겨운 나라들로 둘러싸여 있는 코소보가 보란 듯이 빈곤을 극복하고 독립과 번영의 발판을 마련하기를 기원한다.

또 나의 조국을 바라본다. 비록 250만 명의 코소보와 4000만여 명의 대한민국을 일대일로 비교할 수는 없지만 상대하기 버거운 이웃나라들에 둘러싸여서 자신의 독립과 번영을 위해 힘겹게 나아가는 모습은 흡사하다. 우리의 뜻에 상관없이 주변 강대국의 이해관계에 이리흔들리고 저리 흔들리는 모습이 안타깝다. 한순간도 정신 줄을 놓을 수 없다. 우리 민족 한 사람 한 사람의 재능과 힘을 모두 모두 모아야 한다. 좌우 진영에 갈라지고 세대로 갈라지고 가진 자와 가지지 못한 자로 나뉘어 싸울 만큼 한반도를 둘러싼 정세는 녹록치 않다. 외부로부터 또 다시 쓰나미 같은 쇼크가 우리를 덮치기 전에 우리 안에서 갈등을 극복하고 국가와 민족이 앞으로 나아가기 위한 노력이 절실한 때이다.

옆 자리에 앉은 코소보 총리

마지막으로 코소보에서의 잊을 수 없는 한 가지 경험이 있다. 지금도 그렇지만 그 당시 코소보의 수도인 프리슈티나는 교통편이 매우 열악했다. 유럽에서는 오스트리아 비엔나를 경유해서, 중동과 아시아 지역에서는 터키의 이스탄불을 경유해야 했다. 또 유엔의 신탁통치를 받는 상황이라 국적 항공사가 없어서 오스트리아 또는 터키 항공을 이용해야 했다. 물론 나와 세계은행 동료들도 이 두 항공사들을 이용해서 출장을 다니고 있었다.

그러던 중 코소보에서의 출장을 마치고 워싱턴으로 돌아가기 위해 탑승한 오스트리아 항공 비행기의 바로 옆자리에 그 당시 유엔 코소보 임시정부의 하심 타치(Hashim Thaçi) 총리가 탑승했다. 물론 몇 명의 수행원들을 대동하고 있었지만 총리를 제외하곤 다 일반석에 탑승하는 관계로 그와 내가 옆자리에 앉아서 비엔나로 가는 비행을 했다. 아무리 작고 유엔의 신탁통치를 받고 있는 형편이라 해도 한 국가의 최고 지도

자에게 맞는 대우를 해 주는 것이 합당하다고 생각했다. 그래서 몇 번 만난 적이 있었지만 다시 나를 소개하고 하실 일이 많을 듯하니 내가 자리를 바꾸어 뒤에 앉도록 하겠다고 승무원에게 부탁을 했다.

하지만 그는 막무가내로 만류하면서 같이 얘기나 하면서 가자고 했다. 못 이기는 척 하고 다시 나의 자리에 앉아 그와 함께 비행을 했다. 비행 도중 많은 사람들이 와서 그와 함께 사진을 찍기를 청해 왔고 그는 한 번도 싫은 내색을 하지 않고 포즈를 취해 주었다. 특히 아이들이 있으면 자기 무릎에 앉혀서 같이 사진을 찍었다. 그때 그의 얼굴을 유심히 보았다. 혹시 억지로 연출을 하는 것은 아닌가 하는 의심도 들었다. 기내식을 먹으며 그에게 물었다. 일일이 사진을 찍어주는데 힘들지 않으시냐고. 그는 정색을 하면서 내게 말했다. "그들 모두가 다 내 식구고 친구입니다."

실은 국제사회에서 그에 대한 평은 엇갈렸다. 코소보를 독립으로 이끄는 영웅에서부터 마약 불법 밀수 등 검은 돈을 사용해 정치를 하고 있다는 혐의까지 다양했다. 그 혐의들이 어느 정도까지 사실인지 알 수는 없었다. 하지만 기내에서 만난 그는 국민들과 격의 없이 지내는 동네 아저씨 같은 모습이었다. 힘든 삶을 살고 있는 국민들에게 격의 없이 사진을 찍는 것을 자신의 의무로 여길 줄 아는 지도자의 모습이 참으로 인상적이고 멋졌다. 비행기를 내리면서 그에게 사진 한 장을 부탁했다. 물론 환하게 웃으며 같이 사진을 찍고 악수를 하고 게이트를 나와 각자의 길로 헤어졌다.

국적기는 물론이고 전세기 하나 없는, 유엔 코소보 임시정부의 통치하에 있는 코소보의 형편이 처량하게 보였지만 또 한편으로는 국민들과 같이 어울리며 소통하는 그의 모습에서 문뜩 부럽다는 생각도 들었다. 그렇다. 권위주의적 전통에 깊이 물들어 있는 대한민국에서는 대통령을 종종 왕조시대의 임금으로 비유하곤 한다. 대통령은 결코 왕이 아니다. 오히려 국민과 눈높이를 맞추며 그들의 중의를 모아 실현하는 국민들의 친구요 심부름꾼이어야 한다. 그것이 민주주의 국가의 지도자의 역할이고 또 진정한 권위의 원천인 것이다. 명심하고 또 명심할 일이다.

코소보의 독립을 축하하기 위해 수도 프리슈티나(Pristina)에 설치된 조형물. 'NEW BORN (새로 태어나다)'이라는 뜻

알바니아,
머리와 가슴 사이는 참 멀다

알바니아(Albania)는 발칸반도 남쪽에 자리 잡은 인구가 300만 명 조금 안 되는 작은 나라다. 코소보의 함께 이슬람교가 주를 이루는 국가이다. 11세기 투르크족의 유럽 침입에 의해 기독교에서 바뀐 이후 오늘날까지 이어지고 있다. 경제적으로는 유럽에서 가장 빈곤한 국가에 속한다. 내가 일한 2005~2009년 당시에는 1인당 국민소득이 3700달러 정도에 지나지 않았다(지금도 1인당 국민소득이 5000달러를 넘지 않는다). 나라 안에 일자리가 많지 않아서 국민소득의 대부분이 해외노동자들의 송금으로 이루어진 나라였다. 특히 주변국인 이탈리아와 그리스에는 많은 알바니아 노동자들이 자국민들이 꺼리는 일들을 하며 살고 있었다.

유럽지역의 최빈국 중 하나이기 때문에 세계은행으로부터 최저 금리의 차관을 받아 개발 사업을 하고 있었다. 나는 거버넌스 전문관으로 국가재정과 운영의 투명성과 효율성을 높이는 분야의 사업을 하고 있었다. 또 예산지원(Budget Support)이라고 불리는 사업에 핵심팀원으로 관여하고 있었다. 예산지원이란 세계은행이 제시한 정책들을 차관국이 수용해서 집행한다는 조건으로 해당국 국고에 차관 금액을 직접 지원하는 프로그램이다. 지난 1997년 국제통화기금으로부터 한국이 받은 금융지원과 유사한 형식으로 집행된다. 차이점이라면 국제통화기금은 주로 채권국의 국제수지(balance of payments)에 관한 정책 조건을, 세계은행은 교육 보건 행정 노동 등 다양한 분야에서 정책 조건을 제시한다는 것이다.

예산지원 프로그램의 하이라이트는 세계은행이 제시한 정책 조건에 관해 차관을 원하는 회원국 정부 관리들과 벌이는 협상이다. 정말 치열하고 민감한, 총성 없는 전쟁 같은 과정이다. 세계은행은 객관적 자료들과 해외사례들을 제시하며 종종 해당국가에서 민감하고 중요한 정책변화를 요구하곤 한다. 물론 회원국은 최선을 다해 왜 그런 정책들이 예상 효과를 얻을 수 없을지 설득하며 최소한의 조건으로 차관협상을 마무리하려고 한다. 1997년 당시 IMF와 우리 정부가 벌였던 협상과 흡사한 과정이다.

수개월에 걸친 조사와 검토를 거쳐 세계은행이 제시할 정책 조건이 준비되고 협상을 시작했다. 세계은행 팀은 알바니아 사무소 대표를 팀장으로 각 분야 전문가들이 협상장에 들어가고 알바니아는 재무부 장관이 팀장이 되고 제시된 정책 조건의 경중에 따라 관련 부처 장관,

차관, 국장급들이 참석했다. 종종 며칠에 걸쳐서 진행되는 협상은 정책 조건 하나하나를 두고 치열한 논리와 자료를 가지고 협상한다.

그러던 중 보건 분야 협상 중에 큰 사건이 터졌다. 세계은행이 제시한 정책제안 중 하나가 알바니아 정부 예산에 포함되어 있던 희귀 암센터 설립 예산을 전액 삭감하는 것이었다. 전날 준비회의에서 30년 넘게 보건 분야에서 근무한 수석 전문관(lead specialist)이 제시한 제안이라 우리 팀은 별 논의 없이 최종 정책제안 중에 포함시켰다. 이를 바탕으로 우리 측 대표는 재무부 장관에게 관련 예산 삭감을 요구했다. 하지만 알바니아 정부의 반응은 전혀 예상 밖이었다. 잠시 침묵이 흐른 뒤 보건부 장관이 발언을 시작했다. "그럼 알바니아에서 태어난 국민은 이런 암들에 걸리면 죽으라는 말인가?" 낮은 목소리였지만 그 안에 분노와 노여움이 짙게 묻어나는 질문이었다.

"그렇다." 대표가 뭐라 할 시간도 없이 수석 보건 자문관이 대답했다. 순식간에 협상장에 얼음장 같은 침묵이 흘렀다. "그 많은 예산으로 몇 명 되지 않을 희귀 암 환자를 치료하는 것은 효과적이지 않다. 그 예산으로 어린이들의 예방접종에 투여하는 것이 더 합리적이다." 수석 자문관은 조금도 당황하지 않고 냉정한 목소리로 자신의 논리를 설명했다. 그가 발언을 마치는 순간 쳐다본 알바니아 보건부 장관과 다른 협상자들의 얼굴은 한마디로 설명하기 어려웠다. 어처구니없음, 분노, 노여움, 굴욕감, 화 등이 하나로 합쳐 있는 얼굴이었다. 또 보건부 장관은 그 자리를 박차고 회의장을 나가버리고 말았다.

상황이 심상치 않음을 파악한 세계은행 협상 대표가 휴식시간을 제안했다. 회의장을 빠져나온 수석 보건 자문관은 전혀 미안한 얼굴이 아니었고 우리들을 향해 너무나 당연한 요구가 아니냐고 팀장과 임원들에게 오히려 되물었다. 팀장은 난감한 얼굴이었다. 비록 협상 대표라고 해도 세계은행의 구조상 분야별 전문관의 의견을 무시하고 협상을 이끌 수는 없기 때문이었다. 결국 회의가 재개되었고 요구한 예산 삭감을 받아들이면서 마무리되었고 보건부 장관은 끝내 협상장에 다시 나타나지 않았다.

가슴을 큰 망치로 맞은 것 같았다. "이건 아니다. 어떻게 알바니아인들의 삶과 죽음을 우리가 결정할 수 있는가? 정말 희귀 암에 걸린 알바니아인들은 죽어도 좋다는 말인가?" 수석 보건 자문관의 주장은 머리로 따져보면 맞는 얘기다. 유아의 조기 사망률 등 보건 지표가 열악한 알바니아 보건정책의 최우선 순위는 유아들에 대한 기본 예방접종의 확대다. 이견의 여지가 없다. 하지만 국가를 대표하는 장관 앞에서 삶과 죽음을 가르는 중요하고 무거운 질문을 그런 식으로 대꾸하고 무시하는 태도는 받아들일 수가 없었다. 협상 중 나와 다른 분야에 대한 관여는 절대 하지 않는 것이 협상의 불문율이었기 때문에 나는 회의 중 별말을 할 수 없었다. 그러나 이 사건은 나에게 엄청난 충격으로 남았고 그 후 협상 대표가 되어 다른 회원국들과 협상을 진행함에 있어서 가장 중요한 교훈으로 자리 잡았다.

그렇다. 개발협력은, 그리고 내가 아닌 다른 사람의 삶에 손을 얻는 책임을 지고 있는 국제 개발전문가들은 머리가 말하는 대로 말을 뱉어내서는 안 된다. 그녀들의 생각과 태도를 이해하려는 노력에 부족함이 있어서는 안 되는 것이다. 내가 옳고 상대방이 틀림을 증명해 내서 이기는 것이 목적이 아니다. 그들로 하여금 스스로 변화를 일으키도록 설득하고 또 설득하고 또 그 과정에 도움이 필요하면 겸손하게 도움을 주는 과정인 것이다. 이런 과정을 생략하고 차갑고 교만한 머리로만 문제를 해결하려고 하면 필연코 개발 대상인 나라와 국민이 우스워 보이고 무시하는 마음이 생긴다. 이런 유혹을 반드시 극복하고 넘어야 한다. 머리보다는 가슴으로, 가슴보다는 다리로 그들을 도우려는 노력이 오히려 그네들의 삶을 조금씩이지만 변화시킬 수 있는 것이다. 고 신영복 선생이 말씀하신 대로 도움을 준다는 것은 비를 피할 우산을 던져주는 것이 아니라 같이 비를 맞는 것이다. 그것이 개발협력이다.

개발뿐만이 아니다. 정치도 교육도 다른 모든 분야도 같은 원칙이 적용된다. 얼마 전 적지 않은 규모의 교회를 사무하시는 목사님의 말씀이다. '목사가 성도가 우습게 보이기 시작하면 망하는 것이다. 그렇다. 정치도 국민을 대신해서 국민의 뜻대로 국가를 운영하라고 뽑은 사람들이 국민을 우습게 보면 정치가 무너지는 것이다. 교수도 선생님도 강의실에 앉아 있는 학생이 우습게 보이기 시작하면 강의의 질이 낮아지고 결국 학생들도 알아차리게 되는 것이다.' 결국 자신이 그 자리에 있어야 할 이유가 되는 사람들을 존중하고 고맙게 여기는 마음이 자기가 맡은 업의 본질이라는 사실을 항상 명심해야 할 것이다.

북한과 가장 비슷한 나라, 벨라루스

코소보의 독립을 뒤로하고 벨라루스라는 무척 생소한 나라를 담당하기 시작하였다. '하얀 러시아'라는 뜻의 벨라루스는 1991년 소련연방의 붕괴로 독립국이 되었다. 1000만 명이 조금 안 되는 인구지만 영토는 대한민국의 두 배에 달한다. 또 풍부한 천연자원과 우수한 국민들의 자질을 자랑하지만 소비에트연방에 이은 사회주의 계획경제의 영향 탓에 주변 다른 유럽 국가들에 비해 경제발전이 매우 뒤쳐져 있는 나라이다.

또 정치적으로는 알렉산드르 루카셴코(Alexander Lukashenko) 대통령이 1994년부터 23년째 장기 집권하고 있는 나라이다. 형식적으로 대통령은 5년마다 선거에 의해 선출되지만 그의 장기 집권을 보면 벨라루스의 민주주의는 갈 길이 많이 남아 있음을 분명히 보여주고 있다. 또한 우크라이나 체르노빌 원전 참사의 영향을 직접적으로 받은 나라이다. 우크라이나의 체르노빌이란 도시가 벨라루스 국경에 매우 가까이 있고 또 바람의 방향 탓으로 대부분의 방진이 우크라이나보다 벨라루스 영토를 더 많이 넓었기 때문이다.

모스크바를 거쳐 벨라루스의 수도 민스크(Minsk)로 가는 첫 비행기 안에서 바라본 벨라루스 영토는 광활한 산림으로 덮여 있는 큰 땅이었다. 또 공항에서 수도로 들어오는 길 양쪽으로 끝도 없이 펼쳐진 삼림과 또 시내 어디에도 휴지 한 조각 찾아 볼 수 없을 만큼 깨끗하게 정리되어 있던 도시의 모습이 아직도 생생하다. 바로 전에 다녔던 발칸반도의 복잡하고 혼잡한 도시들과 분명한 대조를 이뤘다.

첫 출장을 준비하면서 세계은행 선배 직원들이 내게 해준 말이 있다. 아마 전 세계에서 북한과 가장 비슷한 모습을 한 나라가 벨라루스일 것이라고. 비록 북한 땅은 한 번도 밟아보지 못했지만 첫 출장의 경험만으로 선배들의 말이 무슨 뜻인지 알 수 있었다. 사회주의 특유의 냄새가 짙게 배인 호텔 건물과 방들, 그리고 서비스업이라기보다 공무원에 더 어울릴 듯한 호텔직원들의 태도였다. 또 현지 사무실에서는 모든 전화통화와 직원들의 행적이 정부 특히 정보부(KGB)의 감시 대상이라고 경고해 줬다. 재무부를 비롯한 모든 공공기관에는 대통령의 사진이 북한의 지도자 사진만큼 큰 모양으로 걸려 있었고 공식적인 미팅은 모두 녹음되고 있었다.

무척 긴장이 되었다. 일거수일투족이 모두 감시되는 경험은 어색함을 넘어 두려웠다. 재무부 차관과의 첫 만남을 아직도 기억한다. 몇

번에 걸친 보안검색을 거치고 보안 직원의 안내를 받아 들어간 회의실
은 손님을 환영하기보다 기를 죽이는 효과를 극대화시킨 분위기였다.
특히 벨라루스의 재무건전성 및 투명도를 평가하는 업무를 담당하는
나를 대하는 재무부 차관의 입장은 전혀 호의적이 아니었다. 특히 서
방 자본주의적 잣대로 사회주의 국가시스템을 평가하는 것이 얼마나
잘못된 것인지에 대한 그의 항의 섞인 설교는 한 시간을 훌쩍 넘겼던
것으로 기억한다. 이어서 만난 예산국장과 재무국장 등의 태도도 비슷
했다.

하지만 회의와 토론을 거듭하며 어느 정도 시간이 흐른 후 그들
의 태도도 조금씩 바뀌기 시작했다. 그네들의 입장을 진지하게 경청하
고 또 세계은행의 평가기준이 어떤 근거를 가지고 만들어졌는지를 충
분히 설명하면서 조금씩 마음의 문을 열기 시작했다. 한번 회의를 시
작하면 3~4시간은 기본이었다. 통역 때문이기도 했지만 그만큼 서로
하고 싶은 이야기를 충분히 할 수 있었다. 또 여러 병의 보드카를 비우
면서 진행된 여러 번의 저녁 회식을 통해 그들과 우리 팀과의 인간적
인 유대감은 형성되기 시작했다. 그 후부터는 벨라루스 출장은 긴장의
시간이 아닌 기대되는 경험이 되었다. 비록 사회주의 경제체제를 옹호
하는 그들이었지만 직업공무원들, 특히 대통령실과 재무부 고위 공직
자들의 능력은 탁월하였다. 자기 분야의 전문성은 기본이었고 일에 대
한 열정과 헌신, 또 국가의 운영의 무게감에 대한 진지함은 내게 강렬
한 인상을 주기에 충분했다.

세계은행 동료들은 벨라루스로 출장 다니는 내게 고생한다며 측
은한 눈길을 보내곤 했다. 하지만 그들과 신뢰와 인간적 유대가 쌓인

이후부터는 고생의 출장이 아니라 즐거움과 배움의 출장이었다. 또 말만 거창하게 하고 실천으로 옮기는 의지와 능력이 부족한 많은 개도국 관리들보다 날카로운 토론과 진지한 고민을 통해 도달한 결정들에서 신속하고 단호하게 실천해 나가는 모습들을 볼 수 있었다. 두 달에 한 번씩 벨라루스를 방문하였는데 매번 방문할 때마다 새로운 변화들이 실천되는 모습을 볼 수 있었고 정말 일할 보람이 있던 시간들이었다. 그때의 재무국장이 지금은 재무부의 차관이 되어 국가의 살림을 총괄하고 있다. 그런 그를 작년 세계은행 국제통화기금 연차총회에서 우연히 만났을 때의 기쁨은 지금도 생생하다.

사회주의 옷에서 자본주의 옷으로 갈아입기 위한 고통

벨라루스의 경험은 나에게 두 가지 교훈을 남겼다. 하나는 사회주의와 공산주의에 대한 이해다. 교과서가 아닌 현실에서 사회주의는 어떻게 운영되는가에 대한 생생한 체험이었다. 특히 사회주의 제도 속에 살아가는 국민들의 삶의 행동과 태도에 대한 새로운 이해였다. 특히 구소련 국가들을 비롯해서 옛 유고슬라비아연방 국가들까지 사회주의에서 자본주의로의 전환을 경험한 국가와 사회에 공통적으로 존재하는 현상이 한 가지 있다. 그것은 적지 않은 이들, 특히 중년을 넘긴 인구층에서, 사회주의 시절의 삶에 대한 짙은 향수가 남아 있다는 것이다.

한번은 세계은행 벨라루스 사무소 현지 직원의 집으로 식사 초대를 받은 적이 있었다. 옛날 우리처럼 할아버지, 할머니, 아버지, 어머니, 그리고 자식 3대가 한 집에서 사는 가정이었다. 외국에서 온 손님, 더군다나 직장 상사를 모셔온 자리여서 처음에는 매우 정중하고 또 다소 딱딱 하기도 했다. 하지만 한두 잔의 보드카가 돌고 나니 조금씩 웃음기가 돌기 시작했다. 이러던 중 그 집의 가장 어른이신 할아버지께서 내게 술을 한잔 권하시더니 말씀을 시작하셨다. 정확한 인용은 아니지만 대략 내용은 다음과 같다.

"내가 이제 나이 70이 넘어 인생의 마지막 날을 살고 있다. 돌아보면 참 힘든 삶이었다. 전쟁과 혁명 그리고 소련 연맹의 붕괴와 시장 경제까지 경험했다. 그중 가장 힘든 것이 사회주의의 붕괴와 시장 경제에 적응하는 시간이었다. 나와 같이 공장에서 일하던 동료들에게 배정되는 일의 양이 하루아침에 몇 배는 늘어났다. 또 국가가 해결해 주던 많은 것들을 이제 내가 알아서 해야 했다. 나도 안다. 그렇게 해서 우리나라 경제가 전보다 훨씬 좋아졌다는 것을. 하지만 분명한 것은 나 같은 사람들은 너무 힘들었고 동료들 중에는 알코올중독자가 된 이도 있고 또 자살한 동료도 있었다. 솔직히 말해 나는 그 때 그 시절로 돌아가고 싶다."

나를 초대했던 직원의 아버지처럼 내가 직접 만난 러시아, 우크라이나, 폴란드, 헝가리 그리고 중앙아시아, 즉 구 사회주의 국가의 국민들은 먹고사는 삶의 모습이 나아지기는 했지만 덩달아 늘어난 경쟁의 스트레스를 매우 힘겨워한다. 한평생 주어진 직장에서, 주어진 시간을 일하면서 생계를 해결하던 방식에서 만인에 대한 경쟁으로 승자와 패자가 분명히 갈리는 자본주의 삶의 방식으로 적응하는 것은 직접 경험해 보지 못한 이가 상상하는 것보다 훨씬 더 고통스러운 것 같다. 또 돈을 좇기 위해 파괴된 공동체적 삶의 모습들 또 갈수록 늘어나는 범죄 또한 그들이 사회주의를 그리워하는 이유이다. 그 결과 많은 이들이 우울증에 시달리고 또 중년 이상의 사람들이 자살을 하는 일들이 여기서기서 발생하는 것이다.

식사를 마치고 호텔로 돌아오는 마음은 매우 무거웠다. 나의 업(業)에 대한 본질적인 질문을 받은 것이다. 세계은행은 정말 더 나은 세상을 만들고 있는 것인가? 빈곤퇴치라는 인류보편적인 비전을 가지고 세상 곳곳 험한 나라들을 마다 않고 다니면서 열심히 일하고 있지만 과연 그 결과는 무엇인가? 코소보, 알바니아, 세르비아에서 만났던 분들 그리고 오늘 저녁 만난 벨라루스의 어르신들이 과연 더 행복해지고 있는가? (신)자유주의적 진단과 처방이 과연 이들 나라들에게 적합한가? 개선(改善)이 아닌 개악(改惡)의 위험은 없는가? 2002년 세계은행에 들어온 뒤 앞만 보고 달려온 나의 노력들을 돌아보는 질문의 씨앗이 마음속에 심겨졌던 날이다. 이 씨앗이 후에 그렇게 크게 자랄 줄을 그때는 미처 몰랐었다.

또 우리는 언젠가 다가올 북한의 개방과 통일의 순간에 북한 주민들이 겪어야 할 충격적인 경험들을 충분히 이해할 수 있을까 하는 의문이 들었다. 뼛속까지 자본주의에 익숙해 있는 대한민국 사회가 보기에 그들의 의식과 행동은 단순한 다름을 넘어 비상식적으로 다가올 수 있다. 역지사지하는 마음으로 그들을 바라보지 않는다면 영토와 제도의 통일을 넘어 사람과 사람이 이루어내는 진정한 통일로 가는 데 많은 어려움이 있을 것이다.

요즈음 방송에서 쉽게 볼 수 있는 북한 이탈주민은 우리 사회에서 재미있고 성공적인 제2의 인생을 시작하고 있는 듯하다. 좋은 일이고 기쁜 일이다. 하지만 정반대로 고통과 혼란의 삶을 살고 있는 탈북민이 더 많다는 사실을 잊어서는 안 된다. 언젠가 통일이 되면 북한의 고향으로 돌아가겠냐는 설문조사에 응한 탈북민 대다수가 그렇다고 답했다는 뉴스를 본 적이 있다. 이들의 아픔을 가볍게 보아서는 안 된다. 나와는 관련 없는 일이라고 생각해서는 안 된다. 하루빨리 우리가 이루어야 할 통일의 마지막 단추는, 남한과 북한 주민들 간에 존재하는 마음의 분단을 회복시키는 것이다. 독일도 통일 후 수십 년간 동과 서의 정서적 갈등이 존재했다.

　　이를 위해서 많은 대화와 접촉(engagement)이 중요하다. 세계은행에서 여러 국가들을 상대로 일하면서 얻은 확신은 아무리 낯설고 다른 상대라 하더라도 열린 마음으로 조금씩 서로 다가가면 결국 다름을 극복하고 좋은 친구가 될 수 있다는 사실이다. 피부색 머리색이 다르고 또 말이 달라서 통역이 없이는 한마디도 나눌 수 없었던 벨라루스 사람들이었지만 서로에 대한 존중을 바탕으로 진심을 보여주는 노력을 하면서 그네들과 나는 지금도 연락을 주고받는 사이가 되었다. 한 민족이라 쉽게 서로를 이해할 수 있을 것이라고 생각하지 말아야 한다. 쉽게 던진 한마디에 큰 상처를 입을 수 있다는 겸손하고 진지한 마음으로 그들을 대하고 받아들일 때 진정한 하나가 될 수 있을 것이다. 어쩌면 이 마지막 단추가 가장 어려운 단계일 것이다.

울면서 들어가
울면서 나온 방글라데시

　방글라데시는 세계에서 가장 가난한 나라 중의 하나이고 또 세계에서 인구밀도가 가장 높은 나라의 하나에 속한다. 또한 국제 투명성 기구의 국가별 부패지수에서 최하위권을 맴도는 온갖 부패가 만연한 국가이기도 하다. 국제 개발을 담당하는 대표기관인 세계은행에서도 방글라데시는 그리 인기가 있는 파견지가 아니었다. 그런 방글라데시 현지 선임 거버넌스 전문관 자리에 지원했을 때 선배 동료들이 많이 만류했다. 나이지리아에서 고생했으면 됐다는 분들. 또 믿을 만한 의료시설이 전무한 나라에 막 피부암 수술을 받은 사람이 어떻게 가겠느냐는 분들이 많이 있었다.

　하지만 나와 아내는 4살 된 딸과 함께 몇 달 후 방글라데시의 수도 다카로 가는 비행기에 몸을 실었다. 결정을 하게 된 동기를 어떻게 표현할까? 단순하게 말하면 그냥 낮은 곳으로 가고 싶었다. 암 수술을 통해 얻은 깨달음이었다. 인생이 얼마나 속절없고 부서지기 쉬운지 몸소 체험했다. 남은 인생이 얼마인지 모르지만 길어야 30년 정도 더 살면 모든 것을 내려놓고 퇴장해야 할 시간밖에 남지 않았다는 깨달음이었다. 내가 조금이라도 더 필요한 곳에서 살고 싶었다. 또 이런 생각에 공감하고 응원해준 아내에게 더할 수 없는 고마움이 들었다. 결혼 후 거의 매년 이사의 스트레스를 묵묵히 감당해준 아내가 없었다면 가능하지 않을 결정이었다.

방글라데시의 수도 다카(Dhaka)는 예상보다 훨씬 열악했다. 세계에서 인구밀도가 가장 높은 도시 중 하나답게 어디를 둘러봐도 넘치는 사람들로 인간이 생활하기 위한 최소한의 공간마저 확보되지 못했다. 한국은 빡빡한 서울도 있지만 도시를 벗어나면 한적한 시골 풍경이 펼쳐진다. 하지만 방글라데시는 시골에도 항상 길가에 많은 사람들이 걸어 다니고 있었다(방글라데시의 인구밀도는 한국보다 2배가 더 높다). 특히 공항, 기차역, 쇼핑센터 같은 곳에는 사람들이 넘치도록 있었다. 사진으로만 보았던 풍경들, 달리는 기차나 배 위로 사람들이 가득히 앉아 있는 장면들도 매일의 풍경이 되었다.

생활환경 또한 매우 열악했다. 상하수도 시설이 미약해서 수돗물을 마시는 것은 상상도 못 할 일이었다. 집집마다 강력한(?) 정수기 시설을 갖추어야 했고 또 그래도 설사와 배앓이는 항상 달고 살아야 했다. 특히 처음 이곳에 와서 하는 물갈이는 그 어떤 곳보다도 길고 혹독했다. 나와 우리 가족도 처음 3개월은 거의 매일 설사를 경험했다.

방글라데시 수도 다카 전경

또 열대 기후와 합쳐져서 극심한 모기떼와 각종 열대질병들의 집합소 같은 상황이었다. 특히 목숨을 위협하는 말라리아와 댕기 모기가 곳곳에서 위협하고 있었다. 특히 댕기 모기는 세 번 걸리는 사람이 없다 했다. 한 사람이 세 번 걸리면 살아남을 수 없을 정도로 강력한 병이라는 뜻이다. 그래서 침대마다 모기 네트로 칭칭 둘러싸야 했다. 밤새 틀어놓는 모기 잡는 장치는 아침마다 수북이 싸인 모기들을 배출하곤 했다. 나이지리아의 삶도 만만치는 않았지만 4살 된 딸을 데리고 간 방글라데시에서의 삶은 지금 생각해도 쉽지 않은 시간들이었다.

주민등록증 그리고 인생

방글라데시 정부의 상황도 열악하기는 마찬가지였다. 월급만으로는 도저히 생활할 수 없는 공무원들의 대우 수준은 그들의 부패를 정당화하고 있었고 또 정치인과 고위 공직자들에게 만연한 부패행위는 매일 국민들을 직접 상대하는 경찰 국세청 학교 등으로 전염되어 온 나라가 부패가 일상화된 삶을 살고 있었다. 현지 언어로 '복시시'라고 불리는 뇌물이란 단어는 모든 사람들의 입에 가장 일상화된 단어가 되어 있었다.

어떤 해결책이 있을 수 있을까? 부패를 해결하기 위한 방글라데시 정부와 세계은행을 비롯한 국제사회의 다양한 개혁의 노력들이 별 효과 없이 허사로 끝나버려 개혁의 동력이 거의 고갈된 상태였다. 이런 개혁은 어떨까 하고 제안을 하면, 돌아오는 대답은 이미 시도해 봤고 실패했다 였다. 마치 괜한 고생하지 말고 3년 동안 가족이랑 몸조심하며 지내다가 돌아가라고 충고하는 듯했다.

그러던 어느 날 선거관리위원회 위원장의 편지 한 장이 도착했다. 선거관리를 위한 선거등록증을 만들기 위해 2억 달러(한화로 약 2200억 원)의 차관을 요청한다는 내용이었다. 경제발전과 빈곤퇴치가 주요 미션인 세계은행의 정관(Articles of Agreement)은 회원국의 정치적 활동에 대한 관여를 절대 불가하다고 적시하고 있다. 이런 정책을 잘 알고 있는 나로서는 당연히 거절해야 하는 요청이었다.

하지만 혹시나 하는 생각이 스쳐갔다. 방글라데시는 1억 6000만 명 인구 상당수가 태어나서 죽을 때까지 단 하나의 신분증도 가지지 못하고 있었다. 신분증이 없는 삶은 불편함보다 훨씬 더 심각한 영향을 끼치고 있었다. 신분증이 없으니 은행대출은 말할 것도 없고 은행 계좌도 그림의 떡이었다. 또 수천만 명에 이르는 사람들이 정부가 주는 연금 및 보조금의 수혜 자격이 있음을 증명할 길이 없었다. 따라서 당연히 받아야 할 연금을 받기 위해 관련 공무원들에게 '복시시'를 주어야만 하는 상황이었다. 또 반대로 한번 연금대상자가 되면 세상을 떠나 연금이 종료되어야 함에도 불구하고 계속 연금대상자로 남는 일이 비일비재했다. 이런 상황을 감안해 보니 주민등록증을 만드는 사업은 단순한 서비스 사업이 아니라 국민의 삶의 방식을 본질적으로 바꿀 수 있는 사업이라는 확신이 들었다.

하지만 모든 사람이 나의 확신을 공유하는 것은 아니었다. 세계은행은 정관상 절대 선관위를 상대로 차관을 줄 수 없다는 세계은행 본부의 변호사들, 한 번도 해 본 적이 없는 주민등록증 사업에 손대기에는 너무 위험부담이 크다는 운영실 간부들, 그리고 방글라데시에 당장 필요한 교육과 보건 사업 등을 뒤로하고 과연 주민등록증을 1억 장을 만들기 위해 2억 달러를 투자하는 데 회의적인 방글라데시 사무소 대표 등 내부적인 반발은 생각보다 단단했다.

그 후 3개월은 참으로 어려운 설득과 토론의 시간이었다. 왜 국민들에게 주민등록증을 나누어 주는 것이 단순히 편리함을 넘어 공공서비스의 투명성과 효율성을 높일 수 있는지, 왜 만연해 있는 부패를 줄이는 데 혁신적인 효과를 볼 수 있는지, 그래서 궁극적으로 사회 경제 개발에 기여할 수 있는지 많은 자료와 다른 나라 사례를 연구하는 시간이었다. 이런 노력을 통해 결국 본부에서 사업승인 허가가 났고 그 후 나와 거버넌스팀은 생소한 주민등록사업을 준비하기 위해 밤낮 없는 시간을 보냈다.

그렇게 시작해 1년 반이라는 시간이 흘렀다. 그리고 방글라데시 주민등록증을 통해 거버넌스와 공공서비스를 개선하는 2억 달러 차관이 세계은행 이사회를 통과했다. 사업의 이름은 아이디어(Identification

System for Enhanced Access to Services: IDEA)였다. 그 과정에서 수많은 에피소드가 있었다. 개발도상국의 주민등록증 사업을 참고하기 위해 파키스탄 등 여러 나라를 방문하며 주민등록증에 관련된 제도와 기술에 대한 공부시간을 가졌다. 또 어떻게 하면 방글라데시와 같은 열악한 상황에 맞는 주민등록증을 기획하며 집행할 수 있을지 다양한 기관들과 회의를 하고 지방을 다니며 현장 상황을 확인하였다. 문맹률이 아직도 상당한 방글라데시 국민들에게 어떻게 주민등록증의 내용과 진위를 증명할지, 또 1억 명에 이르는 방글라데시 성인들을 조사해서 하나의 주민등록부(civil registra)를 만들 수 있을지, 척박한 날씨와 환경에도 견디는 주민등록증 카드의 재료는 무엇이 있을지 등 정말 처음 사업을 시작할 때는 예상하지 못했던 수많은 문제들을 풀어가야 했다.

결코 혼자 할 수 있는 일이 아니었고 수많은 동료들의 열정과 헌신이 있어서 가능한 일이었다. 특히 나와 함께 방글라데시 사무소에서 선임 거버넌스 전문관으로 근무했던 찰리 언더랜드(Charlie Undeland)를 언급하지 않을 수 없다. 미국인인 그는 USAID(US Agency of International Development, 미국국제개발단/미국국제개발처)와 민간 기업을 통해 다양한 개도국 경험을 가지고 본부 경험을 거치지 않고 방글라데시로 첫 부임했다. 세계은행이라는 커다란 조직에 풍덩 뛰어든 그는 오래된 직원들에게 너무나도 당연한 제도와 절차들에 대해 질문했다. 자신이 보기에 합리적이지 않은 제도와 결정들은 하나도 그냥 넘어가지 않고 질문을 던졌다. 몇몇 직원들은 그의 비판적인 태도를 못마땅하게 여기기도 하였다. 나도 때때로 그냥 그렇게 알고 넘어가면 안 될까 하는 생각도 했지만 그의 질문 하나하나가 일리가 있었고 상식적인 수준에서 타당했기 때문에 그와 오랜 시간 토론하며 때론 내가 그를 설득하고 때론 내가 그에게 동의하며 깊은 신뢰와 우정을 쌓을 수 있었다.

아무리 권위가 있더라도 불합리한 제도와 상황에 비판적인 목소리를 내기를 서슴지 않았던 그였지만 옳다고 믿는 일에는 그 누구보다 열정적으로 노력했다. 많은 대화와 토론을 통해 수민능복사업이 방글라데시 사회를 보다 투명하고 공정하게 만들 수 있다는 확신이 든 뒤로는 그 누구보다 열정적으로 사업을 준비하는 든든한 동료였다. 같은 전문 분야, 같은 부서, 같은 직위에 두 사람이 있으면 종종 갈등과 경쟁으로 관계가 나빠지기도 한다. 하지만 그의 솔직하고 분명한 태도는 우리가 신뢰와 우정을 바탕으로 하는 둘도 없는 친구로 발전하는 데 큰 도움이 되었다.

그렇게 2년 10개월이란 시간이 지나 방글라데시를 떠날 시간이 왔다. 처음에는 너무나 어색하고 힘겹게만 느껴졌던 풍경과 사람들이 너무나 익숙하고 편하게 느껴지는 시간이었다. 과거에 일했었던 나라들처럼 방글라데시는 내가 그 나라에 해준 것보다 훨씬 더 많은 교훈을 가져다 주었다. 그중 두 가지만 여기서 나누고 싶다.

첫째, 아무리 복잡한 문제라도 그 해결책은 작은 곳에서 시작하며 모든 것은 연결되어 있다는 사실이다. 사회 곳곳에서 부패의 실타래가 너무 복잡하게 얽혀 있어서 어떻게 풀지 전문가들도 포기하는 상황이었다. 정치인들과 공무원들은 부패척결이란 공허한 구호만 외칠 뿐 뒤로 돌아서면 자신에게 주어진 공권력을 이용해 사리사욕을 채우기에 바빴다. 일선 공무원과 민간에서도 이에 질세라 지도층의 행태를 따라 하고 있었다. 그 어디에도 변화를 원하고 이끌어낼 챔피언을 찾을 수

방글라데시 재무부 관리들과 함께 남아공화국 재무부를 방문해서 남남 교류(South-South Cooperation)를 진행하던 중 기념촬영

없는 상황이었다. 이런 상황에서 자신의 이름과 생년월일 등 기본정보를 보장하는 주민등록증의 도입과 같은 변화로 굉장히 의미 있는 변화를 만들어낼 수 있다. 물론 그 변화가 사회 전체의 변화를 이끌어 내는 티핑 포인트(tipping point) 역할을 할 수 있을 경우에는 말이다.

이처럼 답이 없어 보이는 사회적 현상이라도 변화를 유발시키는 작지만 의미 있는 유인들(triggers)을 만들어낼 수 있다. 사회적 변화를 꿈꾸는 많은 사회과학자들과 정책자들 그리고 시민운동가들도 당장에 큰 싸움을 준비하는 것도 의미 있는 일이지만 이처럼 변화를 유인하는 동력들을 고민하며 실천하는 것도 매우 효과적인 방법일 것이다.

둘째, 명예와 편안함을 버리고 가장 낮은 곳으로 자신을 던졌을 때 비로소 큰 배움과 성장이 온다는 사실이다. 열악한 환경과 극심한 부패로 세계은행 직원이 아무도 지원하지 않았던 방글라데시는 너무나 큰 배움을 주었다. 처음 방글라데시로 향했던 발걸음에 불안과 걱정이 없었던 것은 아니지만 피부암 수술로 인생의 의미와 방향에 대한 큰 결정을 한 나에게는 너무나 당연한 선택이었다. 방글라데시 주민등록증 사업은 그 후 세계은행 거버넌스 분야의 대표 사업(showcase projects) 중 하나로 선정되었고 그 후 다른 많은 나라에서 세계은행이 적극적으로 주민등록증 관련 사업을 시작하게 된 시발점이 되었다.

아무리 큰 충격도
조금 지나면 일상이 된다

　방글라데시의 삶이 내게 준 또 하나의 깨달음이 있다. 아무리 비참한 광경에도 인간은 무덤덤해질 수 있다는 무서운 사실이다. 방글라데시의 수도 다카에는 수많은 사람들이 집이 없이 길거리에서 잠을 자고, 또 지나가는 차들을 향해 구걸의 손길을 내민다. 게다가 여성과 아이들은 물론이고 적지 않은 이들이 한쪽 손이나 발이 없거나 또 얼굴 중 눈과 귀가 없는 경우가 흔했다. 신호등을 기다리고 있으면 순식간에 나타나 창문을 손으로 두드리며 도움을 청한다. 처음 이 경험을 하는 외국인들은 그야말로 엄청난 충격에 빠지곤 한다. 나와 가족들도 길거리에서 맨발로 구걸하는 이들의 애처로운 눈길을 보며 시선을 가눌 곳이 없어 당황하곤 하였고, 차 안에 있던 두 딸들은 자기 손에 있던 모든 것들을 주고 싶어 하기도 했다.

하지만 시간이 흘러서 몇 주가 몇 달이 되어가자 차창 밖에서 손을 내밀던 이들의 모습은 나에게 더 이상 충격이지 않았고 오히려 익숙한 풍경의 일부처럼 느껴진다는 사실을 깨달았다. 다른 사람도 아니고, 돈 벌러 온 것도 아닌 국제 개발을 업으로 삼고 이 나라 경제발전에 이바지하기 위해 온 사람이 자신의 도움이 가장 절실히 필요한 사람들이 차 창 밖으로 지나가고 있어도 아무런 마음의 움직임이 없다는 사실이 정말 충격이었고 슬픔이었다. 게다가 이런 자신을 정당화하기에 매우 재빨랐다. 사실인지 확인도 할 수 없는 소문들, 즉 교차로에서 정지해 있던 차에 다가가 창문이 열리면 스프레이를 뿌려 운전자의 눈을 순간 멀게 하고 차에 있던 소지품을 강탈하는 사람들이 있다는 말을 기억하면서 그네들에게 눈길 한번 주지 않는 자신을 스스로 정당화했다. '절대 문을 열면 안 돼. 차 안에 우리 애들이 있으니까…….'

1년 뒤 이런 모습을 본 다른 직원이 어떻게 그럴 수 있느냐고 놀랐다. 나는 당신도 1년만 지나면 자연스럽게 그렇게 될 것이라고 얘기했다. 나도 처음에는 당신과 같았다는 말을 덧붙이면서. 아무리 큰 충격도 일상이 될 수 있다는 것을 방글라데시에서 몸으로 체험했다. 현지민의 충격적인 일상도 나에게는 그저 미팅과 미팅 중간에 만나는 생명 없는 풍경이었다.

그렇다. 어느덧 나의 삶은 정부 고위관리, 각 나라 대사관 직원, 그리고 국제기구 공무원들로만 구성된 '그들만의 리그' 속에 파묻혔다. 가난하고 어려운 이들을 돕는다는 명분으로 자기 자신을 남보다 귀한 일을 하는 존재로 여기면서 그 삶은 그들과 함께하지 못하는 나를 발견했다. 가난으로 힘겨워하는 개발 현장에 살고 있지만 그 안에는 한 발만 담가 놓고 나머지 한 발은 화려하고 편한 외교관과 주재원으로서 같은 외국인의 삶(expatriates' life)에 담그며 살고 있는 것이었다.

공항에서 줄도 서지 않고 외교관 라인을 통해 나오고 면책특권을 이용해서 현지 경찰 등 공권력으로부터 자유롭고 또 무엇보다 황금 수갑(golden handcuff)이라 불릴 정도로 넉넉한 연봉, 복지와 연금 혜택으로 안락한 삶을 누리는 동안 내 안에는 두 개의 세상이 자리 잡고 있었다. 돕는다는 것은 비를 맞는 사람에게 우산을 주는 것이 아니라 같이 비를 맞는 것이라는 신영복 선생님의 말씀이 떠올랐다. 참으로 부끄럽고 또 부끄러운 깨달음이었다.

또 정치와 국정을 책임지는 사람들 중에 국민들의 삶의 애환을 말이 아닌 피부로 느끼며 공감하는 사람들이 얼마나 될까 하는 의문도 들었다. 일반시민들과 동떨어진 세상에 사는 지도자들과 고위관리들이 과연 우리 사회의 산적한 문제들을 국민들이 원하는 방향으로 풀어낼 수 있을지 의문이었다. 자기 자식들은 어려서부터 유학 보내며 자신의 업으로 국내 교육 개혁을 말하는 사람들, 한 번도 지하철을 타 본 적이 없으면서 대도시 교통정책을 말하는 사람들, 고위 공무원 절반 이상이 강남에 살면서 강북 개발을 말하는 사람들에게서 과연 어떤 정책 대안들이 나올 수 있을지 의문이 들었다.

이처럼 낮아지고 싶다는 마음으로 찾아간 그곳은 내게 참 많은 삶의 경험과 교훈을 준비해 놓고 있었다. 낮아지는 것이 옳은 길임을 다시 한 번 확인하는 시간들이었다.

개발의 첫째 원칙,
해를 끼치지 마라(Do No Harm)!

　국제 개발을 업(業)으로 하는 이들에게 몇 가지 원칙이 있다. 그중 으뜸이라고 하면 바로 'Do No Harm(해를 끼치지 마라)'라는 원칙일 것이다. 남의 인생에 내 손을 올려놓는 게 업의 본질인 국제 개발은 항상 지금과는 다른 '변화'를 가져오기 마련이다. 현 상황을 보존하기 위한 개발 사업은 거의 없기 때문이다. 물론 개발이 추구하는 변화는 지금보다 나은 변화일 것이다. 하지만 현실은 항상 그렇지만은 않았기에 최소한 지금보다 나쁘게 만들어서는 안 된다는 다짐이자 각오의 표현이다. 하지만 그곳에서 나는 이 원칙을 지키지 못했다.

　방글라데시 주재 기간 중 내가 했던 사업 중의 하나는 방글라데시 정부의 재정의 효율성과 투명성을 높이는 정책 자문 사업이었다.

부패가 극심한 곳이라 많은 공여국들이 관심을 가지고 지원하고 있는 핵심사업이었다. 특히 그 당시 국가재정을 이끌고 있던 핵심관료들도 나름 개혁에 관심과 의지가 있던 터였다. 이를 반영하듯 세계은행 자금뿐만 아니라 영국 덴마크 노르웨이 일본 등 여러 나라에서 출자한 다자신탁기금(Multi Donor Trust Fund)으로 운용되고 있었다. 규모가 거의 1억 달러(한화 1100억 원)에 이르는, 재정개혁 분야에서는 개발원조 프로그램상 세계에서 가장 큰 규모의 사업이었다.

하지만 규모가 큰 만큼 기대도 컸다. 기금에 출연한 국가들의 변화에 대한 요구는 방글라데시 재정 운영의 열악한 현실에 비추어 볼 때 굉장히 크고 전폭적인 것이었다. 하지만 재정운영의 최고 의사결정 권자들인 재무부 차관과 예산실장이 개혁에 대한 의지가 분명해서 소위 개혁의 챔피언 역할은 하고 있었다. 특히 예산의 투명성을 높이기 위해 재정시스템을 전산화하는 사업은 많은 비용과 노력이 드는 사업이었다. 게다가 방글라데시 국내에는 전산화시스템을 담당할 전문가가 없어서 대부분 해외에서 파견된 전문 컨설턴트들이 정부 관료들의 도움을 받고 시스템을 구축하고 있었다.

내가 방글라데시에 도착했을 때는 이미 1년 정도의 시간이 흐른 뒤였다. 그 동안 사업은 막대한 비용이 드는 재정 전산화사업에 세계은행 및 5개 국이 100만 달러에 달하는 무상원조를 제공해 주어 고마워하는 한편, 또 세계은행 및 공여국이 요구하는 전폭적인 개혁의 수준에 관해서는 매우 부담스럽게 여기는 상황이었다.

그런 상황에 프로그램의 총책임자로 부임한 뒤 얼마 지나지 않아 두 사이의 의견 차이가 매우 크고 또 이로 인해 관계도 점점 불신과 갈등으로 가고 있음을 발견할 수 있었다. 특히 몇몇 공여국 관리들은 방글라데시 정부의 개혁 노력이 기대에 미치지 못하면 자금지원을 중단할 수 있다는 노골적인 발언들도 공개 회의장에서 나올 정도로 상황은 나빠져 있었다. 기술적인 문제는 둘러볼 여유도 없이 둘 사이를 화해시키기 위해 모는 시간과 노력을 들이고 있는 상황이었다.

그러던 어느 날, 청천벽력 같은 일이 터졌다. 전체 사업을 진두지휘하고 있었던 방글라데시 재정부 예산실장이 해임되었다. 다른 보직으로 옮겨간 것이 아니라 정리해고(redundancy)를 받았다. 방글라데시 공무원 규칙에 의하면 대기발령 이후 60일 이내 보직을 받지 못하면 자동 해고가 된다. 실력도 뛰어나고 대인 관계도 원만해서 장래가 촉망되는 그가 대기발령을 받았다는 것이 믿기지 않았다.

더 놀라운 것은 그 이유였다. 그가 대기발령을 받았다는 사실을 알고 한 시간도 안 되어서 그에게 전화가 왔다. 그는 울고 있었다. 그 내용인즉 세계은행이 추진 중인 개혁프로그램에 반대하는 관리들이 총리에게 가서 자기를 모함했다는 것이다. 자기가 미국과 서방 국가들의 하수인 노릇을 하며 방글라데시 정보시스템을 망치고 있다고 주장했다는 것이다. 재무장관은 이 사실을 알고 총리에게 가서 사실을 전하고 그의 대기발령을 막으려 했지만 총리의 확신은 확고했다고 한다.

믿을 수가 없었다. 세계은행이, 아니 내가 책임지고 운영했던 사업 때문에 해를 입은 사람이 생긴 것이다. 그것도 장래가 촉망되고 부정과 부패가 만연한 방글라데시 정부 안에서 나름대로 개혁의지를 가지고 변화를 이끌어 오던 몇 안 되는 개혁의 챔피언이 쫓겨난 것이다. 또 당장 사업의 존재가 위태로워졌다. 물론 개혁의 챔피언이 사라졌다.

그 후임이 지금까지 진행해온 개혁들을 관심 있게 밀고 간다는 보장이 전혀 없었다. 하지만 더 중요한 것은 그 이하 수많은 관료들에게 미칠 영향이었다. 세계은행과 서방 나라들이 끌고 가는 개혁에 적극적으로 가담하다가는 예산실장처럼 된다는 분명한 메시지를 받은 것이다.

즉시 이 일을 방글라데시 사무소 대표와 상의를 했다. 그녀도 무척 당황하고 안타까워했다. 그리고 총리에게 급하게 면담을 신청했다. 하지만 예상대로 총리의 결정을 되돌릴 수는 없었다. 해임된 예산실장을 반대하는 세력의 목소리가 센 것도 있지만 그보다 더 결정적인 것은 총리가 한 번 내린 결정이 세계은행의 '압력'에 의해 뒤집었다는 사실이 알려지면 그녀의 정치적 입지가 매우 흔들릴 것이기 때문이었다.

하지만 가만히 손 놓고 아무것도 하지 않을 수는 없는 일이었다. 대표와 나는 총리와 장관 그리고 권력의 핵심에 있는 인사들을 일대일로 접촉하면서 예산실장의 복직을 호소하였다. 그 동안 맺어온 인간관계에 호소하기도 하고 또 세계은행 사업에 참여했다는 이유로 불이익을 받는 관료가 발생하는 것은 세계은행 본부도 매우 심각하게 받아들이고 있다는 암묵적 압력도 넣었다. 한 달여간의 시간이 지나 그는 국가개발부 실장으로 다시 발령을 받을 수 있었다. 간신히 해고라는 최악의 사태는 막을 수 있었다.

하지만 쉽게 충격에서 벗어날 수가 없었다. 아무리 많은 돈을 제공한들 개혁을 추진하고 지속할 수 있는 리더의 역할을 대신할 수는 없는 일이었다. 돈으로 살 수 없는 일이 개혁의 챔피언을 만드는 일이었다. 결국 나는 방글라데시 재정개혁을 오히려 후퇴시키는 역할을 한 셈이 되었다. 또 이로 인해 앞으로 새로운 개혁을 원하는 이들에게도 두려운 마음을 가져오는 선례를 만든 셈이다.

왜 이런 일이 발생한 것일까? 지난 일들을 하나씩 하나씩 복기해 보았다. 결국 개혁을 추진할 수 있는 내부의 힘에 대한 잘못된 예상과 또 외부 주도의 개혁이 가져오는 태생적 위험을 무시했던 탓이다. 내부의 힘, 즉 방글라데시 정부와 시민사회 내에 존재했던 친개혁세력과 반개혁세력들에 대한 분석과 예측이 잘못되었던 것이다. 특히 자기 선택(self selection)의 오류에 빠졌다. 세계은행에 호의적이고 또 적극적인 이들은 비교적 개혁에 우호적인 관료들이었다. 자연스럽게 이들과의 접촉이 많아지면서 보이지 않지만 개혁을 반대하는 많은 세력이 존재한다는 사실을 잊었던 것이다.

또한 외부 주도의 개혁의 한계이기도 했다. 재정운용이 보다 투명하고 효율적이어야 한다는 명분에는 방글라데시 관료들과 세계은행 그리고 공여국 관료들 간에 아무런 이견이 없었다. 하지만 개혁의 내용과 속도에 관해서는 서로의 견해가 매우 달랐다. 이런 깊은 의견의 차이들을 개발자금이란 레버리지(leverage)로 무시하고 소위 국제관행(international practice)/모범 관행(Best Practice)이라는 명목으로 밀고 나갔던 결과가 바로 이런 조직적 저항과 반발이었다. 이러한 변화와 개혁의 과정을 깊이 연구하는 정치경제학(political economy)에 대해 학교와 본부에서 그렇게 많이 읽고 또 읽었지만 막상 현실에 닥치고 보니 이런 뼈아픈 과오를 저지르고 만 것이다.

3년 임기의 시간이 흘러 방글라데시를 떠나는 날, 전 예산실장을 찾아가서 인사를 했다. "내 진심을 모두 담아 다시 한 번 당신한테 미안하다는 말을 전합니다." 내가 그에게 한 말이다. 1년 이상이라는 시간의 약을 먹은 그였는지 그도 차를 마시며 미소로 화답했다. "나도 그 사건 이후 많이 힘들었다. 하지만 최소한 당신한테는 아무런 서운한 감정이 없다. 진정으로 우리나라를 도우려고 했다는 것을 나는 알고 있기 때문이다." 그 말을 듣고 건물을 나오면서 고마운 마음과 미안한 마음이 교차해서 돌아오는 차 안에서 아무 말도 할 수가 없었다. '다시는 이런 실수를 저지르지 않으리라.' 다짐하고 또 다짐했다.

인도······ 큰 나라,
조각난 사회, 앓고 있는 개인

　방글라데시에서 2년 10개월이라는 시간을 보낸 나를 기다리던 나라는 바로 이웃나라 인도였다. 같은 서남아시아에 위치한 나라였지만 인도는 방글라데시와는 다른 세상이었다. 방글라데시가 국가 전체가 못사는 극빈의 사회였다면 인도, 특히 수도 뉴델리는 극빈(極貧)과 극부(極富)가 공존하는 공간이었다. 별 다섯 개짜리 호텔들이 즐비하며 고급 외제차들도 어렵지 않게 볼 수 있었다. 외교관들이 주로 거주하는 지역의 월세는 쉽게 1만 달러(1000만 원 상당)를 훌쩍 넘고 있었다. 그렇다고 수영장 달린 으리으리한 집이 아니라 방 3~4개의 아파트 월세 가격이었다. 또 고급식당들이 즐비하며 음식들의 가격도 소위 국제 가격과 크게 다르지 않았다.

하지만 여전히 사회 밑바닥에는 방글라데시와 같은 빈곤의 모습들이 존재하고 있었다. 그림 같은 집과 아파트 단지 바로 옆에는 끝도 없는 빈민가가 펼쳐져 있었다. 번쩍거리는 외제차가 신호를 받고 멈춰 있으면 신발도 없는 아이를 든 엄마가 창을 두드리며 애처롭게 구걸하는 곳이 바로 인도였다.

또 사회 전반에 존재하는 부패도 매우 심했다. 내가 살고 있던 집은 비싼 월세에도 불구하고 물과 전기 공급이 안정적이지 않았다. 그래서 집집마다 큰 가구별 물탱크를 비치해 두고 또 여건이 되면 발전기를 따로 설치해서 물과 전기를 공급하고 있었다. 그러던 중 하루는 매주 정해진 날에 오기로 한 물탱크가 오지 않았다. 큰일이었다. 아내와 두 아이가 함께 살고 있어서 당장 집에 물이 한 방울도 없다는 것은 정말 급한 일이었다.

다급하게 경유를 알아보았다. 아파트를 관리하는 경비는 내게 왜 안 오는지 자신도 모르겠다고만 했다. 하지만 조금 뒤 옆 건물 관리인이 오더니 그 사정을 설명해 줬다. 실은 우리 건물의 경비원이 매주 오는 물탱크 운전자에게 너무 과도한 '복시시(뇌물)'를 요구해서 운전사가 화가 나서 이 집은 다시는 안 올 것이라고 했다는 것이다! 아무리 외국인으로 살면서 어느 정도 외국인 프리미엄은 받아들이고 있었지만 해도 해도 너무한 경험이었다.

또 인도에는 계급제도의 잔재가 아직도 남아 있었다. 인도의 계급제도, 즉 카스트제도하면 떠오르는 것은 인구의 약 15%에 대답하는 소위 '불가촉천민(Untouchable)'들이다. 길거리 청소, 도축장, 오물 수거, 동물가죽가공, 시체 처리, 도살 등의 일에만 종사할 수 있어 절대적 빈곤 속에서 엄격한 차별대우를 받으며 살고 있는 사람들이다.

하지만 외국인으로 살면서 이들을 자주 만나지는 않았다. 그 대신 소위 엘리트 계층 안에 숨어 있는 계급의식의 민낯을 더 쉽게 볼 수 있었다. 대화와 식사 중에 은연중 자기가 특정 계급 출신이라는 말을 흘린다. 또 자기가 아는 누구누구는 브라만 계급이 아니라서 정치나 정부의 어떤 직위 이상 올라갈 수 없을 것이라는 말들을 곧잘 하곤 한다. 또 방글라데시 사회가 극빈자들에 대해 어느 정도 동정과 연민의 정서를 가지고 있는 반면 인도 사회에서는 길거리에서 구걸하고 또 여러 이유로 죽어가는 하층민들에 대한 진정 어린 관심을 찾아보기 어려웠다.

기득권, 특히 자신의 핏줄에 대한 선민의식은 쉽게 없어지지 않는 것 같다. 뼛속까지 배어 있는 인간의 교만함 때문일 것이다. 계층 의식에 사로잡혀 나와 가족만 챙기는 사회적 인식이 팽배해 있어 인도라는 국가의 정체성과 공동체성이 많이 없는 듯했다. 게다가 거대한 영토에 수백 가지의 인종과 언어, 그리고 다양한 종교가 이런 상황을 더욱 고착화시키는 듯했다.

이처럼 계급 간 차별과 만연한 부패로 신음하는 인도와 함께 하루가 다르게 발전하고 성장하는 인도도 공존하고 있었다. 내가 관리하던 사업 중 하나를 집행하고 있던 인도 남서부에 위치한 카르나타카(Karnataka) 주가 그 좋은 예이다. 카르나타카 주의 수도 뱅갈로(Bangalore)는 현대식 공항과 별 다섯 이상의 호텔들 그리고 수많은 국제기업들이 공장이나 지사를 설립하기 위해 바쁜 움직임을 보이고 있었다. 도시에는 IT업계에 종사하는 많은 젊은이들로 활기가 넘쳐났고 경제적으로도 다른 주들에 비해 빠른 성장을 하고 있었다. 말레이시아나 베트남과 비교해도 전혀 손색이 없을 정도였다.

또한 카르나타카 주에서 반가운 분을 만났다. 주정부 서열 2위에 올라 있었던 K. 자이라지(K. Jairaj)라는 분이었다. 그는 인도 중앙 정부 고위관료로 2004년 세계은행에 파견근무를 나와 내가 근무하던 거버넌스 국에서 일하게 되었다. 나는 그분을 모시고 아프리카 여러 나라를 다니며 많은 시간을 같이 보낼 수 있는 기회를 가질 수 있었다. 특히 수천 명의 종업원을 거느린 세계 최대였던 뱅갈로 버스회사를 개혁했던 그의 경험은 공공부문 개혁의 훌륭한 성공 사례였다. 공무원의 타성에 젖어 시민들의 원성이 자자했던 버스회사에 서비스 정신과 효율적 운영의 시스템을 도입하는 과정에서 벌어졌던 갈등들, 또 이를 설득하고 극복하기 위해 최고경영자인 그가 했던 여러 가지 조치들이 내겐 학교 수업보다 훨씬 더 흥미롭고 의미 있었다.

수년이 지나 인도에서 다시 만난 그는 이미 은퇴를 해서 지방에서 조그만 기숙사 학교를 운영하고 있었다. 주말에 시간을 내어 학교를 방문해서 만난 그는 더없이 즐겁고 행복한 얼굴을 하고 있었다. 내가 물었다. 2004년 워싱턴에 파견근무 왔을 때 세계은행에 더 남을 생각이 없으셨냐고. 월급도 카르나타카 주정부 월급보다 몇 배 많고 또 선진국 미국의 워싱턴에 살 수 있는 기회를 왜 포기했는지에 대한 궁금한 마음이었다. 그의 대답은 간단했다. "내 조국이 아니니까." 그의 표정은 아주 당연한 것이 아니냐고 내게 묻고 있었다. 그를 만나고 돌아오는 차 안에서 '나도 미국이 내 조국은 아닌데' 라는 생각을 하면서 그의 결정과 답변이 내 가슴속에 긴 울림을 내고 있었다.

아삼, 공산주의, 그리고 세계은행

　　인도에서의 주요 업무 중 하나는 차로 유명한 아삼(Assam) 주를 비롯하여 미조람(Mizoram)과 트리프라(Tripura) 주 등 인도 동쪽의 낙후한 지역의 공공서비스의 효율성과 투명성을 높이는 정책 자문과, 각종 IT회사들과 창업회사들로 눈부신 발전을 이루고 있던 카르나타카 주정부에게 효율적인 전자정부 도입에 관한 정책 자문이었다.

　　아삼 주를 비롯한 인도 동부는 신비의 땅이었다. 경제적으로는 많이 낙후되어 있고 또 인종적으로도 뉴델리가 위치한 북서 인도사람들과는 많이 달랐고 오히려 미얀마나 중국 등 '동양'적인 인상이 짙게 풍겼다. 하지만 인도에서 독립해서 자치 국가를 이루려는 노력들과 또 공산주의를 신봉하는 많은 젊은이들이 아직도 존재하고 있었다. 세계은행에 관심을 보이면서도 서방 중심의 세계질서에 대한 강한 불신과 저항의 목소리를 분명히 냈다.

　　그러던 중 아삼 주에 있는 현지 대학을 방문해서 국제 경제에 대한 특강을 할 기회가 있었다. 세계은행은 아웃리치(outreach) 프로그램 일환으로 종종 현지 학교들을 방문해서 학생들과 교류하고 또 컴퓨터와 세계은행 연례보고서 등을 기증한다. 이미 아프리카와 동유럽 대학들에서 몇 번 이와 같은 강의를 한 경험이 있어서 이번에도 별다른 생각 없이 강의실에 들어갔다. 150명 이상을 수용하는 대강의실에 학생 뿐만 아니라 경제학과, 행정학과, 국제관계학과 교수들이 모두 와 있는 것이었다. 조금 놀랐지만 주어진 시간에 맞추어 준비해 간 강의를 마쳤다.

문제는 그 다음부터였다. 작정한 듯 교수들과 학생들이 세계은행에 대해 격한 목소리로 비난하는 발언들을 쏟아내었다. "세계은행은 결국 미국과 서구 자본의 앞잡이가 아닌가?", "세계은행이 개발 재원을 해서 성공한 나라가 하나라도 있는가?", "왜 인도 정부는 아직도 세계은행을 인도에 끌어들이고 있는가?" 등등, 날 선 질문들이 쏟아졌다.

순간 당황스럽고 외국에서 온 손님에게 너무 무례하지 않은가 하는 생각이 들었다. 그렇다고 그런 내색을 할 수는 없었다. 또 틀에 박힌 답변들은 오히려 그들의 의심을 더욱 확고하게 할 수도 있다고 생각했다. 잠시 생각을 정리한 후 나는 답변을 시작했다.

"여러분들이 왜 그런 질문을 하셨는지 충분히 공감이 갑니다. 소위 제3세계 출신인 저도 그런 질문들을 해본 적이 있습니다. 또 완전히 개인적인 자격으로 말씀드리면 세계은행과 국제통화기금이 운영되는 모습을 바라보면서 미국과 서구에 경도된 의사결정 구조에 대해 아쉬움과 불만이 없다면 거짓말일 것입니다.

하지만 1만 명이 넘는 세계은행 직원들 중에 반 이상이 저처럼 개발도상국과 미국 유럽 밖에서 온 사람들입니다. 나름 열정과 헌신하는 마음을 가지고 공부를 하고 경험을 쌓아서 들어온 사람입니다. 수천 명이 이르는 그들이 세계은행에 몸담고 일 년에 100일 이상씩 출장을 다니는 이유가 정말 미국과 서구 중심의 세계금융질서를 더욱 확고히 하기 위함이라고 생각하십니까? 최소한 저와 제가 아는 동료들 중에는 그런 목적에 도움을 주고자 자신의 삶을 바치는 사람은 없습니다. 오히려 조금이라도 나은 세상, 가난 때문에 일찍 죽지 않고, 가난 때문에 교육도 못 받고, 가난 때문에 병에 걸려도 치료도 못 받는 그런 사람들이 줄어들었으면 하는 바람으로 이렇게 여기까지 왔습니다.

같이 고민하고 바꾸면 어떨까요? 여러분들이 아실지 모르지만 인노는 세계은행 내부에서 막강한 영향력이 있습니다. 아직 채권국은 아니지만 가장 큰 금액의 차관프로그램을 운영하는 나라로서, 또 수백 명에 달하는 인도 출신 직원들이 세계은행 곳곳에서 중역을 맡으며 활동하고 있습니다. 아무런 대안도 없이 세계은행과 같은 개발은행을 없애자고 주장하는 것보다 수십조 원에 달하는 개발자금을 어떻게 더 공평하고 투명하게 그리고 효과적으로 사용할지 대안을 제시해 주십시오. 인도 정부에 전달하시고 또 저희처럼 직원들에게 알려 주십시오. 시간이 걸리겠지만 바뀔 것입니다."

세계은행에 대한 강연과 증정품 증정이라는 간단한 행사를 예상하고 간 나는 그들 앞에 감정이 북받친 연설을 하게 되었다. 물론 내 연설로 청중의 세계은행에 대한 부정적인 견해가 한 번에 바뀐 것은 아니었다. 하지만 강연 후 앞으로 나와서 인사를 청하는 교수들과 학생들의 얼굴에는 분노와 경멸보다는 서로의 속마음을 나눈 사람들 간에 느끼는 인간적인 유대감 그리고 존중하는 감정이 배어 나왔다. 참 다행이었고 감사하고 기쁜 순간이었다. 또 이날 강연의 분위기와 질문들은 내 가슴에 오래 남아서 세계은행의 막대한 개발 자금이 발전의 거름이 아니라 독약이 될 수 있다는 사실을 되새기는 계기가 되었다.

3년을 예상하고 시작한 인도의 생활은 6개월의 짧은 시간으로 끝이 났다. 본부에서 예루살렘에 있는 팔레스타인 자치지구 사무소 부

인도 동부에 위치한 아삼 주, 마니푸르 주 풍경. 인도 파견 시 근무했던 주

대표로 발령을 냈기 때문이다. 그래서 이제 갓 시작한 여러 사업들을 서둘러 후임자에게 물려주고 나와 가족들은 예루살렘으로 향하는 비행기에 몸을 실었다. 짧은 인도의 시간을 한마디로 정리하기는 어렵다. 수백 개에 이르는 인종과 언어만큼 다양한 인도 사회를 6개월의 시간으로 다 안다는 것은 불가능한 일이다. 하지만 서남아시아의 맹주국으로서 식민지의 굴욕을 뒤로하고 새롭게 성장하고 있는 큰 힘을 느끼기에는 충분한 시간이었다.

하지만 인도가 과연 미국 중국과 어깨를 나란히 하는 대국으로 성장할 수 있을지는 의문이 들었다. 광활한 영토와 뛰어난 인재풀과 값싼 노동력 등 외적인 조건들에도 불구하고 이들에게는 아직까지 국가라는 공동체적 가치보다는 나와 내 가족이라는 단위로 생각하고 행동하는 모습이었다. 국가를 위해 희생을 하는 모습들을 쉽게 찾아 볼 수 없었고 또 극심한 빈부격차를 해결하기 위한 국가적 노력이나 국민적 차원에서 각성의 목소리가 두드러지지도 않았기 때문이다. 어쩌면 이들에게 줄 수 있는 가장 큰 교훈은 경제정책이나 전자정부를 구성하기 위한 기술적 자문이 아니라 국가라는 공동체 정신을 가지는 것이 얼마나 중요한지, 또 이를 통해 빈부격차를 극복하고 지역 간의 불균형을 해소하는 것이 얼마나 중요한지 일깨워 주는 일이 아닐까 하는 생각을 하며 짧은 인도의 생활을 마감했다.

평화의 도시 예루살렘은
왜 폭력적일까?

국제우편을 보낼 경우 편지 봉투의 수신자 란에 도시와 국가를 적는 것이 상식이다. 서울에서 보낼 때 ○○구 ○○동 ○○○ 한 뒤에 Seoul, Korea라고 적어야 한다. 하지만 이런 규칙에서 예외가 되는 곳이 한 곳이 있으니 바로 예루살렘이다. 예루살렘은 그냥 예루살렘이다. 왜냐하면 국제사회에서 아직도 분쟁지역으로 분류하고 있으며 이스라엘과 팔레스타인 양측이 한 치의 양보도 없이 자기의 영토, 게다가 수도라고 주장하고 있기 때문이다. 히브리어로 평화를 의미하는 살렘과 도시를 의미하는 예루의 합성어, 즉 평화의 도시를 의미하는 예루살렘(히브리어: יְרוּשָׁלַיִם)이 오늘날 세계의 가장 복잡하고 심각한 분쟁지역의 하나가 되고 있다.

예루살렘 전경

예루살렘에 위치한 세계은행 사무소는 공식적으로 '세계은행 서안 및 가자지구 사무소(World Bank West Bank and Gaza Office)'이다. 세계은행 사무소는 1993년 설립되었다. 1993년은 라빈(Yitzhak Rabin) 총리가 이끄는 이스라엘 정부와 야서 아라파트(Yasser Arafat)가 이끈 팔레스타인 해방기구(Palestine Liberation Organization: PLO)가 오슬로 협약(Oslo Accords)에 서명한 해이다. 이 조약은 팔레스타인 자치정부의 설립을 인정하고 서안과 가자지구의 통치권을 인정한 것이고 또 협상을 통하여 팔레스타인 주권국을 설립하기 위한 양자 간 협상을 시작한다는 내용을 담았다. 또 이를 지원하기 위해 유엔, 유럽연합, 미국 그리고 러시아의 4주체가 모인 Office of the Quartet이라는 기구를 만들어 오슬로 협약에 근거한 이스라엘-팔레스타인 간의 협상 과정과 서안과 가자지구의 발전을 지원했고, 유엔 시스템의 일부로 속해 있는 세계은행도 경제개발을 담당하기 위해 설립되었다.

그 당시 오슬로 협약은 드디어 수천 년 묵은 이스라엘과 팔레스타인의 갈등을 종식하고 분쟁의 화약고라는 중동지역에 평화를 가져올 것으로 전 세계의 주목을 받았었다. 하지만 그 후 20년이 훨씬 넘은 오늘날도 협상은 진행 중이다. 더 정확하게 말해서 협상은 동력과 방향을 잃은 채 방황하고 있다. 하지만 영국의 팝 그룹 퀸(Queen)이 〈The Show Must Go On〉이라고 했던가? 일 년에 두 번, 유엔 연차 총회와 유럽연합 회의기간 중 열리는 양자 간의 만남은 한 번도 예외 없이 계속되었고 세계은행의 지원도 20년 이상 계속되고 있었다. 이를 위해 세계은행에서는 계속 분야별 전문 자문관들을 파견하고 있었고 2012년부터는 내가 부대표로 사무실을 운영하게 되었던 것이다.

극동(Far East), 즉 동쪽의 끝에 위치한 한국에서 중동(Middle East)에 도착한 나에게 이스라엘, 팔레스타인 그리고 중동 문제는 너무나 생소하고 낯설었다. 오른쪽에서 왼쪽으로 쓰는 아랍어, 얼굴 생김새와 체구가 동양인들과는 너무나도 다른 유대인과 중동인들, 또 가도 가도 끝이 없는 사막으로 둘러싸인 지형들이 완전히 새로운 세상으로 다가왔다. 또 나를 대하는 세계은행 사무소의 현지 직원, 이스라엘 정부와 팔레스타인 자치정부 인사들도 종종 동양인인 나를 신기한 듯이 쳐다보곤 하였다.

모든 부임지가 그렇지만 낯선 곳을 가장 빨리 배우는 방법은 발로 다니며 사람들을 만나는 것이다. 이스라엘로, 팔레스타인으로, 또 가자지구로 다니며 사람들을 만났다. 예루살렘은 유대교, 기독교 그리고 이슬람교 모두의 성지이다. 성지답게 각 교파에서 가장 열성적인 신자들이 모여 살면서 세상 다른 어떤 곳에서도 보기 힘든 모습들을 연출한다. 예루살렘 시내 각 지역은 유대인, 기독교, 이슬람 지역으로 철저하게 나뉘어져 있고 또 이들 간에 각종 분쟁과 충돌이 빈번히 일어나기도 한나. 유대인과 팔레스타인 사람은 서로 사용하는 버스조차 다르고 다니는 상가들도 다르다. 또 뿌리 깊은 적대감과 불신이 사회 전체에 팽배해 있다. 물론 몇몇 지식인들과 정치인들이 평화와 공존을 주장하고 있지만 이들은 절대 소수자이다. 형식적으로 보면 예루살렘도 이민자들이 세운 성지로 여러 가지 종교와 인종들이 함께 모여 사는 소위 'Melting Pot(용광로)'이지만 내면을 들여다보면 미국의 그것과는 완전히 다른 모습을 보여준다.

미국과 예루살렘 두 곳에서 삶을 살아본 경험을 바탕으로 문득문득 미래 통일 한반도의 모습을 생각해 보았다. 70여 년을 각기 다른 체제 아래 살면서 쓰는 말도 많이 다르고 문화적 이질감도 커져 있는 남과 북이 과연 미국과 같은 진정한 'Melting Pot'을 이루어 낼 수 있을까, 아니면 예루살렘과 같이 무늬만 하나로 합쳐졌으나 뿌리 깊은 불신과 반목으로 한 국가 두 사회로 살아갈 것인가? 물론 그 누구도 후자를 바라는 사람은 없을 것이다. 하지만 70여 년의 분단의 시간을 극복하고 다시 하나가 되는 일은 저절로 이루어지지 않을 것이다. 이를 위해 대한민국 사회의 공동체성을 다시 회복하고 사회적 다양성을 존중하고 경제적 약자를 품어내는 제도와 마음가짐이 준비되지 않는 한 통일 한반도는 미국이 아니라 예루살렘의 모습이 될 가능성이 더 많아 보인다.

가자(Gaza),
인류가 만든 가장 큰 감옥

　가자지구의 첫 방문은 잊을 수 없는 충격이었다. 가자지구는 팔레스타인 자치정부의 통치 지역으로, 이집트와 이스라엘에 접해 있다. 요르단 강 서안지역과 함께 팔레스타인 독립 국가의 잠재적 영토로 상정된 곳이다. 성경에도 몇 번 언급될 정도로 역사가 오래 되었으며, 고대 필레스타인의 거주지였다.

　예루살렘에서 자동차로 2시간이면 충분히 갈 수 있는 거리에 있는 가자지구였지만 그곳에 들어가기 위해서는 이스라엘 군대의 허가를 비롯해 매우 까다롭고 복잡한 절차를 거쳐야 했다. 세계 어디나 비자 없이 통과할 수 있는 공용 유엔 여권을 가지고 있는 나에게도 번거롭기는 마찬가지였다. 복잡한 과정을 거쳐 사전 허가를 받은 후 가자

팔레스타인 가자지구의 유일한 항구 풍경

지구로 들어가기 위해 '에레즈 검색 터미널(Erez Check Point Terminal)'
에 도착했다. 터미널은 마치 중형 사이즈의 국제공항을 방불케 할 정
도로 컸지만 이용하는 사람들은 거의 없을 정도로 한산했다. 유엔 공
용 차량인 방탄차량이 운행하고 있었지만 차량과 사람에 대한 검색이
이중삼중이었고 또 마지막에는 잘 훈련된 개를 통해 폭탄물을 가지고
있는지 확인했다. 태어나서 이처럼 많은 검색을 받기는 처음이었다.

　이처럼 삼엄한 검색을 거치고 들어간 가자지구는 한마디로 비참
그 자체였다. 우선 180만 정도의 인구가 정말 발 디딜 틈도 없이 빼꼭
히 살고 있었다. 이곳이 국가였다면 단연 세계에서 인구밀도가 가장
높은 지역이라고 했다. 또 경제적으로도 팔레스타인 지역에서 가장 낙
후된 곳이었다. 이스라엘의 봉쇄로 인해 모든 물자의 출입이 제한되고

특히 휘발유의 반입이 어려워 자동차를 운행하기 위해 식용유를 사용하는 경우도 종종 있고 또 차 대신 당나귀가 끄는 수레가 곳곳에서 보이는 곳이었다.

폭격 이후 폐허가 된 가자지구의 풍경

가자지구의 가장 큰 문제 중의 하나는 물 부족이었다. 도착해서 처음으로 방문한 지역정부 사무실에서 맛본 물은 매우 짰다. 수돗물이 아니고 병에 담긴 물을 내 앞에서 바로 열어서 부었는데 그렇게 짤 수가 없었다. 나중에 설명을 들으니 상황은 처참했다. 가자지구는 역사적으로 물이 매우 귀해서 주민들이 아주 깊이 우물을 파야 마실 물이 나오는 지역이라고 했다. 하지만 180만이나 되는 인구가 계속 우물물을 파내어 쓰고 나니 우물물은 거의 고갈되고, 텅 빈 지하수 층으로 바로 옆에 있는 지중해 바닷물이 들어와서 지하수 층을 오염시키고 있다는 것이었다. 그래서 식수 회사에서 염분을 빼는 과정을 거치지만 시설과 약품이 턱없이 모자란다는 것이었다. 그래서 병에 든 식수를 사 마실 여력이 없는 가자 주민들은 짠맛을 잊기 위해 식수에 몇 스푼씩 설탕을 넣어서 마신다고 했다. UN 보고서에 의하면 가자지구는 물 부족으로 인해 2020년이 되면 사람이 살 수 없는(uninhabitable) 지역이 될 것이라는 충격적인 보고서가 이미 나와 있는 상태이다.

충격의 연속인 첫날을 보내고 지중해가 바라다보이는 호텔방에 들어왔다. 밤이 되어 시원한 바람과 지중해의 물소리가 나름 운치 있다고 생각한 순간 오른쪽 시야에 들어온 불빛들에 또 한 번 충격을 받았다. 바로 가자와 이스라엘을 가로막은 국경 너머 이스라엘 해변 지역의 전깃불이었다. 불과 1킬로미터도 되지 않는 두 지역이었지만 한쪽은 전기가 없어서 호텔도 몇 시간만 자가발전으로 불을 켠 상태인데 장벽 넘어 저쪽에는 호텔 레스토랑 등등이 불야성을 이루고 있었다.

영국 맨체스터 대학의 존 오네일(John O'Neill)이 쓴 논문에 의하면 현대사회에 태어난 한 인간의 운명을 가장 잘 예측할 수 있는 변수는 지능지수, 성별, 가족 상태가 아니다. 다름 아닌 그 사람이 가지고 태어난 국적이라고 한다. 가자지구도 사람이 만든 빈곤이고 감옥이었다. 어떤 쪽이 옳고 그른지를 떠나서 한 사회가 다른 사회를, 한 인간이 다른 인간을 이처럼 피폐하게 할 수 있다는 사실에 한없는 슬픔을 느꼈다.

그렇다고 하마스 정권이 일방적으로 이스라엘의 야만적이고 비인도적인 만행에 희생당하고 있다고 할 수도 없었다. 매일 밤마다 이스라엘 도시를 향해서 적게는 수십 발 많게는 수백 발의 수제 로켓포를 발사하며 온 이스라엘을 공포로 몰아넣었다. 그뿐만 아니라 가자 봉쇄로 가자 주민들은 그야말로 처참한 삶을 살고 있었다.

특히 이집트와 가자를 연결한 비밀 터널은 하마스 지도자들의 이중성을 적나라하게 드러냈다. 서쪽은 지중해로 그 나머지 경계는 이스라엘과 이집트 정부가 설치한 장벽으로 완전히 봉쇄된 가자에는 음성적으로 물자를 전달하는 터널들이 있었다. 이 터널들은 가자 주민들이 자체적으로 판 터널로서 수백 개에 달하고 큰 터널은 자동차도 통과할 수 있을 크기였다고 보고되었다. 이를 통해 로켓을 만드는 재료들뿐만 아니라 휘발유를 비롯해 온갖 물자가 가자로 유통되고 있었다. 직접 눈으로 확인하지는 않았지만 페이스북을 통해 메시지를 보내면 이집트 쪽 터널의 끝에 위치한 KFC(Kentucky Fried Chicken)에서 치킨도 가자지구로 배달할 수 있다고 했다.

이런 터널 비즈니스를 통해서 소위 밀리어네어들, 수백만 달러의 부를 축적한 가자 사람들이 수백 명 탄생했고 이들 대부분은 하마스 정권의 고위 관료나 이들과 줄이 닿아 있는 사업가들이었다. 주민들을 위해 목숨 바쳐 싸운다는 하마스 리더들의 메시지가 더없이 공허해지는 상황이었다. 주민들도 이런 상황을 잘 알고 있었다. 폭력의 서슬이 퍼런 정권이 무서워 그 앞에서는 아무 말 못 하지만 개인적으로 만난 그들의 입에서는 저주 섞인 말들이 튀어 나왔다. 허술하게 만든 땅굴에서 물건을 나르다가 땅굴이 무너져서 목숨을 잃은 어린 아이들 앞에서 수백만 달러의 부를 축적한 하마스 지도자들은 어떤 해명을 늘어놓을 수 있을까?

입으로는 국민을 위한다고 외치면서 뒤돌아서서는 자신과 가족을 위해 공권력을 사용하는 이들이 하마스 리더들뿐일까? 공권력의 남용과 악용은 인간이 인간을 지배하는 한 없어질 수 없는 필요악일까? 물론 지도자들이 국민들의 삶을 나의 책임이라고 여기는 책임의식이 답일 것이다. 하지만 지도자에게 이런 책임의식을 요구하는 것이 오늘날처럼 이기적인 사회에서 너무 현실적이지 못한 요구라면 보다 더 현실적인 방법은 지도자의 삶이 국민들의 삶의 수준을 넘지 않게 만드는 것이 아닐까 싶다. 아무리 마실 물이 짜고 휘발유가 없어 식용유로 차를 운전하는 국민들의 고통이라도 내가 마시는 물이 달고 내가 타는 차가 휘발유로 편안하고 안락하게 달리면 국민들의 삶을 진정으로 이해할 수는 없을 것이다.

또 어쩔 수 없이 한반도와 북한이 떠올랐다. 가자와 이스라엘 해변의 대조가 마치 남한과 북한의 저녁을 찍은 위성사진과 흡사했다. 또 지속된 경제 제제 및 봉쇄조치로 인해서 신음하고 있을 북녘의 동포들을 생각하니 마음이 너무 안타까웠다. 도대체 누구에게 다른 사람과 사회를 이처럼 불행하게 만들 권리가 있는 것인가? 도대체 어떤 명분을 가진 지도자가 국민을 이처럼 비참한 상태로 몰아넣을 권리를 가진단 말인가?

20년을 이어온
평화협상의 공허함

　가자지구와 서안지역(West Bank) 방문을 마칠 무렵 유엔총회 기간 중 있을 이스라엘과 팔레스타인 특별연락위원회회의(Ad-hoc Liaison Committee: AHLC) 준비를 시작하였다. 무언가를 배우는 가장 좋은 방법은 아무 생각 없이 그냥 해보는 것이라고 했던가? 지난 수년간의 보고서들을 밤낮없이 검토하고 또 이스라엘과 팔레스타인 정부 관리들을 만나면서 현 정황에 대한 분석을 하고 진전 없이 맴돌기만 하고 있는 협상을 위해 양측에 던지는 제안서 초안을 만들어 이스라엘과 팔레스타인 측에 비공식적인 피드백을 요청했다.

　사전 준비를 위해 만난 양측의 반응은 매우 격했다. 보고서에서 자신들에게 조금이라도 불리한 내용이 있으면 이를 뒤집는 자료와 논

2015년 팔레스타인-이스라엘 관련 유엔 주재 회의에 참석해서 찍은 사진(필자는 단상 아래 앉아 있었고 그 자리에서 촬영). 왼쪽부터, 함달라 팔레스타인 총리, 존 케리 전 미국 국무장관, 노르웨이 외교부 장관, 반기문 전 유엔사무총장, 이스라엘 부총리, 케서린 애쉬턴 전 유럽연합 외교장관이다.

리를 들고 나와 반박했다. 돌아 보건대 아무래도 약자의 위치에 있었던 팔레스타인에 대해서 조금 더 온정적으로 보고서가 작성될 수도 있었을 것 같다. 그래서인지 이스라엘 측의 반발이 팔레스타인보다 몇 배는 더 격했다. 재무부 중앙은행 법무부 국방부 등등 주요기관들이 세계은행의 보고서를 한 줄 한 줄 줄을 쳐가며 반박의 논리와 증거를 준비했다.

동료들로부터 조심하라는 조언은 받았지만 막상 1대 10 이상의 상황에서 파상공세를 당하다 보니 당황하지 않을 수 없었다. 사실관계에 대한 확인을 하면서도 속으로는 이들이 왜 이렇게 민감하게 반응할까 하는 의문과 또 한편으로는 일개 보고서조차도 전심을 다해 검토하고 자신들의 입장을 정당화시키기 위해 노력하는 모습에 놀라기도 하였다. 자신들에게 더 큰 책임이 있다는 것을 알면서도 우기는 것 같을 때는 화가 나기도 했지만 공동의 목표를 위해서 다 함께 노력하는 모습에는 솔직히 존경하는 마음이 들기도 하였다.

그렇게 힘든 과정을 거쳐서 보고서를 마무리하고 회의에 참석하기 위해 유엔본부가 위치한 뉴욕으로 향하였다. 본 회의에 앞서 이스라엘과 팔레스타인 대표단들은 오슬로 합의를 이끌어 낸 뒤 이스라엘-팔레스타인 협상의 후원자 역할을 자처해온 노르웨이 대표단과 Office of the Quartet의 해당국인 유엔, 유럽연합, 미국, 러시아, 그리고 IMF와 세계은행 대표단과 개별적인 미팅을 갖는 것이 오랜 관습이었다. 각국은 외부장관들이 대표단으로 참석하고 세계은행은 중동지역을 담당하는 부총재가 단장이 되어 참석한다.

과거 코소보와 세르비아 협상에서도 경험해 보았지만 국제외교 무대에서 일어나는 일들의 이면에서는 우리가 알지 못하는 많은 일들이 벌어진다. 그 예로 공개적인 큰 회의보다도 회의를 준비하면서 또는 회의 중간에 복도에 서서 주고받는 대화와 협상을 통해 민감한 아젠다들이 해결되는 경우가 종종 있었다. 세계은행 대표단의 일원으로 다섯 번에 걸쳐 이와 같은 협상을 준비하고 참여하면서 힘과 논리 그리고 인간적인 유대감 모든 수단들이 목적을 달성하기 위해 숨 가쁘게 전개되는 외교의 세계에 대해 체험해 볼 수 있는 좋은 기회를 가질 수 있었다. 또 처음에는 힘들고 이해되지 않는 일들이 많았지만 동료들이 내게 세계은행이 아니라 전문 외교관이 되었어야 한다고 농담을 할 정도로 그 과정을 즐겼던 것 같다.

이틀에 걸친 일정은 크게 둘로 나뉘어진다. 하루는 AHLC 회의 참여국들 간의 비공개 회의이다. 팔레스타인과 이스라엘 대표단, 주관국인 노르웨이, 그리고 주요 미국, 유엔, IMF, 세계은행 팀들이 호텔의 컨퍼런스 룸에 각각의 캠프를 차리고 한 시간 단위로 양자 간 미팅을 하는 것이다. 이런 회의들을 통해 서로의 속내를 확인한 후에 그 다음 날 유엔 본부에서 모든 대표단과 많은 언론들이 참가한 가운데 공개적인 회의를 진행하는 것이다.

이틀간의 일정 중 하이라이트는 물론 첫날의 개별 참여국들 간의 비공개 회의였다. 지난 6개월 동안 벌어진 여러 가지 정치, 경제, 군사적 상황들에 대해 누구의 책임이고 어떻게 해결해야 하는지 저마다의 논리를 가지고 치열한 설전을 벌였다. 특히 이스라엘과 팔레스타인 대표단은 상대방의 과오에 대한 비난의 목소리를 높이고 자신들의 정책과 결정에 대한 정당성을 국제사회로부터 얻어내기 위해 온갖 자료를 제시했다. 객관적인 정보뿐만 아니라 감정에 호소하는 사진이나 동영상도 종종 등장했다.

이런 과정들을 제3자의 입장에서 바라보면서 얻은 교훈은 힘이 강한 상대와 겨루는 약자가 가진 한계가 얼마나 큰가였다. 팔레스타인 대표단은 서안지역과 가자에 대한 이스라엘의 봉쇄정책이 국제법상 많은 논란의 여지가 있음에도 불구하고 미국을 등에 업는 이스라엘의 강경한 입장을 봉쇄할 변변한 전략이나 수단을 내놓지 못하고 감정에 호소하는 접근에 의존하고 있었다. 또 자치정부 관리들의 자질과 시스템도 이스라엘과 비교해서 열악한 상태여서 변변한 보고서를 만들기도 어려운 상황이었다. 기업들도 아무리 마케팅을 잘해도 결국 팔 물건이 좋아야 잘 팔리듯이 아무리 외교역량이 뛰어나도 국가의 힘이 뒷받침

되지 않으면 활용할 수 있는 외교적 카드는 극히 제한된다는 것을 배웠다.

또 둘째 날 열린 공개회의에서 가장 중요한 합의는 바로 '다시 만나기로 합의한다(It is agreed to meet again).'는 협상문의 맨 마지막 문구였다. 비록 협상과정이 수십 년이 걸리고 뚜렷한 해결책이 보이지 않는 상황이었고 그래서 종종 이런 회의를 계속 해야 하는가라는 회의론도 나왔지만, 그래도 계속 대화를 유지하는 것이 얼마나 중요한지 양측과 국제사회는 충분히 이해하고 있었다. 외교전문가들이 항상 하는 격언인 '가장 중요한 정책은 계속 대화하는 것이다(Most important policy is to remain engaged).'는 것이 무엇을 뜻하는지 알 수 있었다.

그리고 다시 조국 대한민국과 북한을 생각해 본다. '다시 만나기로 합의한다'에 실패한 남과 북은 대화의 채널을 모두 닫은 채 서로에 대한 적대심과 불신만을 쌓아가고 있다. 휴전이 아니라 포탄과 미사일을 주고받았음에도 불구하고 지난 24년 동안 한 번도 빠지지 않고 일년에 두 번씩 만나면서 대화의 채널을 놓지 않았던 이스라엘과 팔레스타인에 비해 남과 북은 최근 변변한 대화 한 번 못 하고 서로에 대한 불신과 적대감만 쌓아가고 있다. 하루빨리 '다시 만나기로 합의한다'는 뉴스가 있기를 기대해 본다.

이스라엘과 팔레스타인 간의 협상 지원과 함께 세계은행 예루살렘 사무소의 또 다른 업무는 팔레스타인 지역의 경제 사회 개발 지원이었다. 팔레스타인은 2012년 당시에는 독립국가의 위치를 가지지 못했고 당연히 세계은행 회원국이 아니었다. 그래서 일반적인 지원 형태인 차관이 아니라 세계은행 운영 수익금의 일부를 무상증여하는 형식으로 지원하고 있었다. 또 세계은행은 노르웨이 영국 유럽연합 등이 조달한 무상 증여 기부금을 다자신탁기금(Multi Donor Trust Fund)의 형식으로 관리해서 팔레스타인 자치정부에 전달해 주는 역할도 하고 있었다.

재임 기간 중 가장 기억에 남는 것은 현대식 쓰레기 처리장 건설이었다. 팔레스타인 자치정부가 관리하는 서안지역은 각종 쓰레기를 처리할 변변한 시설이 없어서 곳곳에서 공중으로 소각해 버리는 현실이었다. 이로 인해 토양이 심각하게 오염되고 또 주변 주민들은 유해한 재와 연기에 무방비로 노출되고 있었다. 이를 해결하기 위해 세계은행과 유럽의 공여국들이 기금을 출연하여 현대식 처리장을 건설하는 것이었다.

겉으로 보기에 매우 타당하고 상식적인 사업이었지만 건설과정은 정치와 외교 싸움 그 자체였다. 건설에 사용되는 자재들 대부분을 외부로부터 들여와야 했는데 소위 이중목적제품(Dual List Restriction - 군수용 제품 생산에 사용할 수 있는 가능성이 있는 물건들에 대한 운송 규제)에 걸려서 파이프 한 개조차 길고 힘든 협상과 요청이 필요했다. 또 엄연히 팔레스타인 지역에 팔레스타인 사람을 위한 시설임에도 이스라엘은 이스라엘 정착촌(국제법상 불법 점거 시설) 주민들의 쓰레기도 같이 처리하게 해야 한다고 주장하면서 사업이 중단될 위기에 처하기도 했다. 이를 풀기 위해서 정말 수도 없이 이스라엘 당국자들, 특히 군 당국자들을 만나 항의와 설득을 해야 했던 기억들이 아직도 생생하게 남아 있다.

그렇다. 개발은, 특히 팔레스타인과 같은 분쟁과 갈등 지역의 개발은 매우 복잡한 요소들이 얼기설기 뭉쳐 있음을 명심해야 한다. 그래서 개발전문가가 되기 위해서는 그 무엇보다 문제를 풀어나갈 문제 해결 능력, 즉 일머리가 필요하다. 그리고 쓰레기 처리장 하나 짓기 위해서도 정치와 외교의 한가운데로 들어갔다 나올 수 있다는 인식과 준비가 필요하다. 또 이런 말도 안 되는 과정과 기다림에도 불구하고 꼭 해내야겠다는 의지와 인내심이 필요한 것은 물론이다. 그래서 개발 전문가는 어쩌면 인생전문가라고도 할 수 있을 것이다.

2014년 유엔에서 개최된 팔레스타인-이스라엘 국제회의(Ad-Hoc Liaison Committee Meeting)에 참석한 후 세계은행 동료들과 찍은 사진(오른쪽부터 Steen Jorgensen, Country Director for the West Bank and Gaza, Ranjana Mukherjee, Country Program Coordinator)

대한민국 공공 외교는
왜 일본에 밀리는가?

팔레스타인에서 활동하는 공여국 중에 일본의 활동과 존재가 특히 눈에 띄었다. 세계은행에 지원하는 대부분의 공여국들은 미국, 영국을 비롯한 서방국가나 팔레스타인을 종교적·정치적으로 지원하는 중동 이슬람권 국가들이었다. 한국도 비서방 공여국으로서 독자적으로 팔레스타인 자치정부에 개발지원을 하고 있었지만 그 금액과 위상이 그리 크진 않았다. 하지만 일본은 상당한 개발자금을 바탕으로 노르웨이 등 유럽 중심의 개발원조 리더십에 도전하고 있었다. 또 정치적인 리더십의 약세를 만회하기 위해 팔레스타인 기업인들을 일본 기업계와 부지런히 연결시키는 등 다각도의 공공 외교를 통해 일본의 존재감을 드러내고 있었다.

팔레스타인 서안지역에 유엔 구호물자를 받기 위해 몰려든 아이들

　나중에 들은 얘기로는 일본이 팔레스타인에 이처럼 관심을 쏟는 이유는 이스라엘-팔레스타인 중재와 같은 국제적으로 중요한 외교 이슈에 일본의 존재감을 강조함으로써 일본 외교의 위상을 높이고 또한 중동지역 국가들로부터 일본에 대한 호감을 증가시키기 위함이라고 했다. 이전에도 일본 공공 외교의 효과적인 전략과 운영의 치밀함은 경험해 보았지만 팔레스타인에서 일본 공공 외교의 활동과 존재감을 마주하면서 그 힘을 다시 한 번 실감했다.

　사실 공공 외교라는 것은 외교 정책의 이름이 아니다. 그냥 개념일 뿐이다. 현실주의, 자유주의, 구성주의 등이 국가정책이나 외교를 설명하는 개념의 틀이 되는 것이지. 어느 국가의 정책 이름이 아니라는 것이다. 공공 외교는 강제적인 것이 아니지만 오히려 이 비강제성이 현지 국민들에게 호감을 살 수가 있다. 한류, K-pop도 공공 외교의 일환이 될 수 있다. 국가가 강제적으로 K-pop을 좋아하라고 거래할 수 없다. 그 나라에 자연스럽게 스며들어야 하는 게 공공 외교다. 일본이 팔레스타인에 펼치는 외교가 물론 전략적일 수 있지만 정부가 강제한 것도 국가 간에 거래가 이루어진 것도 아니다. 그들의 아픔에 일본이 어느 정도 역할을 하고자 하는 게 기본 취지다. 다른 목적이 있는 것이 아니기에 거기서 호감을 이루어낼 수 있다.

지난날 외교의 주체는 오로지 정부 즉 국가였다. 그러나 오늘날 국가(정부)를 포함한 민간 그리고 비정부 행위체 역시 외교의 주체가 된다. '한류' 역시 여기에 해당이 된다. 사드로 인해 중국과 한국의 관계가 냉전으로 치닫고 있다. 명동에 발 디딜 틈 없이 많던 중국 관광객이 썰물 빠지듯이 사라졌다. 그러나 중국인들 내부에서 한류에 대한 동경은 여전하다. 한 나라의 문화는 국가가 강제적으로 누른다고 눌러지는 게 아니다. 그래서 공공 외교에서 비민간 주체의 역할이 그만큼 중요하고 한국 외교에 있어 한류는 나름 큰 역할을 한다. 공공 외교 중에는 '국경 없는 의사회'도 있고 재난 발생지역에 공공시설 건설 등의 지원도 있다.

우리나라는 전 세계로부터 도움을 많이 받은 나라다. 그 도움을 이제는 돌려주어야 할 시점이다. 그것이 공공 외교의 출발점이어야 하지 않을까 생각한다. 그런데 지금 우리나라의 모습은 어떤가? 뭔가 심각한 정체성의 혼란으로 스스로 앞가림하기도 힘들다. 지금 이 글을 쓰고 있는 2017년 봄의 대한민국은 미르재단, K스포츠, 코리아에이드 등 박근혜 정부에서 내세운 공공 외교 프로그램들이 큰 사회적인 논란과 파장을 일으키며 국민적인 지탄을 받고 있다.

국제 개발을 내세운 공공 외교는 미력한 대한민국 외교를 측면 지원하는 아주 효과적인 수단이 될 수 있다. 특히 후발 성장국으로서 개발도상국의 현실과 한계를 누구보다도 동감할 수 있어서 서구 선진국 중심의 경제개발 지원의 한계를 넘는 새로운 모델이 될 가능성이 충분하다. 또 2010년 대한민국은 세계 공여국 클럽인 OECD 개발원조위원회(OECD Development Assistance Committee)에 가입하여 국제 개발을 이끄는 리더십을 발휘할 수 있는 기회를 잡았다.

이처럼 외부적인 호기에도 불구하고 대한민국 공공 외교는 꽃도 피워보지 못한 채 국민들의 지탄을 받는 대상으로 전락했다. 블루오션에서 하루아침에 레드오션으로 변해 버린 공공 외교의 모습을 보면서 국제 개발에 오랜 시간 몸담고 있다 귀국한 사람으로서 안타까운 마음을 금할 길이 없다. 특히 어려운 환경과 대우에도 불구하고 뜨거운 열정으로 세계 각국을 돌아다니며 대한민국 공공 외교를 위해 뛰고 있는 수만 명의 개발전문가들에게 안타깝고 미안한 마음을 금할 길이 없다.

전쟁의 잔인함을 목격하다

    세계의 어떤 전쟁이든 전쟁이라는 말 앞에는 '잔인한' 이라는 수식이 붙는다. 전쟁 중에는 인간의 상식이 아니라 죽고 죽이는, 어찌 보면 동물적 생존 본능이 모든 도덕적 규범을 파괴한다. 또 그중에 정말 잔인한 건 전쟁을 직접 수행하는 성인 남자들보다 전쟁과 전혀 무관한 여자들과 아이들이 가장 큰 피해를 입는다는 것이다. 세계 역사를 돌아보면 단 하루도 전쟁과 분쟁이 없는 날이 없는 듯하다. 정말 이 싸움을 멈추게 할 수는 없을까?

    다행히 서로에게 엄청난 타격을 주는 전면전은 줄어들었다. 그러나 아직도 원시적인 폭격이 이루어지고 그 폭격의 위협에 떨며 정말 전쟁 같은 일상을 사는 사람들이 있다. 내가 두 눈으로 목격한 가자지구

이스라엘과 팔레스타인 주민들의 출입을 통제하는 분리장벽(Separation Wall)이다. 2013년 이스라엘이 세웠고 유엔과 국제사법재판소가 국제법 위반으로 규정한 상태다.

가 그런 곳이었다. 내 인생에서 잊을 수 없는 잔인한 경험으로 남아 있는 가자와 이스라엘 간의 폭격이었다.

가자지구는 팔레스타인 지역에 대한 이스라엘의 어떠한 소유권도 인정하지 않는 하마스 정권이 장악하고 있다. 이에 반해 서안지역을 장악하고 있는 팔레스타인 자치정부는 이스라엘과 공존을 인정하며 두 나라가 영토를 나누어 서로 함께(side by side) 상존하며 살아가려고 한다. 이스라엘 정부도 팔레스타인 자치정부에게는 비교적 유화적인 입장을 취하지만 하마스에 대해서는 일체의 대화를 거부하고 힘에는 힘으로 그들을 누르려고 한다.

2013년 가자지구에서 발사한 수제 포탄이 가자와 이스라엘 분계선 너머로 날아와 민간인이 희생당한 사건을 계기로 양측은 여러 주 동안 포탄을 주고받았다. 양측은 화력 면에서 비교가 되지는 않지만 하마스가 이집트와 연결된 지하터널을 통해 폭탄을 만들어 날리며 격렬하게 저항하는 시간이 몇 주간 계속되었다. 가자 분계선 근처에 살던 많은 이스라엘 사람들은 예루살렘으로 피난을 왔다. 그 동안의 충돌에서는 예루살렘은 양쪽 진영 모두의 성지인 까닭에 폭력으로부터 자유로웠기 때문이다. 하지만 이번 충돌에서는 예루살렘에도 폭탄이 날아 들어왔다. 며칠 간격으로 폭탄이 곧 떨어짐을 알리는 사이렌이 귓가를 때리는 경험을 했다. 폭력과 테러가 내 삶의 궤적의 가장 중심부로 침범한 경험이었다.

어렵사리 양측이 정전에 합의한 뒤 유엔지뢰대책기구(United Nations Mine Action Service: UNMAS)가 가자지구의 일부를 조사해서 폭탄이 없는 것이 확인된 지역으로 방탄차를 타고 가자에 들어가 폐허의 현장을 확인하였다. 반쯤 부서져 내린 벽들, 포탄이 떨어져 구멍이 파인 도시 곳곳에서 폭력이 할퀸 상흔을 생생히 볼 수 있었다. 또 몇 주 동안 그치지 않고 매일 밤 계속되었던 폭격의 공포 속에 정신병 증상을 보이는 여성과 아이들을 마주하며 눈시울이 붉어지는 경험을 하였다. 누가 옳고 그름을 따지기 어려운 싸움이었다. 양쪽 모두 목숨을 걸 만한 명분이 있다고 주장한다. 하지만 폭격으로 목숨을 잃은 부모의 심정이나 평생 잊지 못할 정신적 상처를 입고 살아야 하는 수많은 어린아이들의 희생은 누가 보상하는가? 전쟁을 경험해 보지 못한 지도자는 절대로 전쟁을 이끄는 통수권자가 되어서는 안 된다고 믿는다. 아무리 똑똑함과 용맹함을 지녔다 하더라도 말이다.

얼마 전 이스라엘 사람들이 언덕에 의자를 놓고 앉아 팔레스타인을 폭격하는 장면을 마치 영화를 보듯 관람(?)하는 보도사진을 본 적이 있다. 사진은 임팩트가 강하다. 사진은 한 방에 메시지를 전한다. 그래서 어떤 앵글로 어떤 사진을 보여 주냐에 따라 사람들에게 또 다른 편견과 오해를 불러올 수 있다. 그래서 이제는 사진의 이면을 보려고 노력한다. 하지만 이 보도사진은 아무리 봐도 이해가 되지 않고 안타까웠다. 남의 고통을 즐기는 자세는 어떤 이유에서든 옳지 않다. 모든 이스라엘 사람들이 다 그런 건 아니지만, 설령 그 사진이 다른 이유가 있다손 치더라도 그렇게 남의 아픔을 즐겁게 바라보는 사람이 있었다면 심각하게 반성해야 한다. 전쟁은 바로 이런 인간의 잔인성도 드러낸다.

대한민국은 이스라엘일까?
팔레스타인일까?

　예루살렘에서 만났던 이스라엘과 팔레스타인 사람들 중에 종종 이스라엘이 또 팔레스타인이 한국과 비슷하다고 말하는 이들이 있었다. 이스라엘 사람들은 국제질서를 무시하고 테러를 일삼는 북한을 상대해야 하는 한국이 팔레스타인, 특히 가자지구의 하마스를 상대해야 하는 자신들과 비슷하다고 한다. 또 팔레스타인 사람들은 중·일본·러시아·미국 등 강대국에 둘러싸여 자신의 운명을 자신의 손으로 결정할 수 없는 한국이 자신들과 비슷하다고 한다. 처음에는 공감이 가는 비유라고 생각했다.

　하지만 조금 더 곰곰이 생각해 보면 나의 조국 대한민국은 이스라엘과 팔레스타인보다 더 딱한 지경에 놓인 것 같다. 양쪽의 나쁜 상황을 모두 다 뒤집어쓰고 있는 '곱빼기'로 어려운 국제환경에 놓여 있는 것이다. 게다가 내부적으로는 비록 하마스와 팔레스타인 자치정부 관계까지는 아닐지라도 내부적으로 보수와 진보로 나뉘어서 그나마 있는 국력도 힘을 빼고 있는 형국이니 말이다.

우리는 이스라엘을 배워야 한다. 이스라엘이 어떻게 대화와 힘의 우위를 사용하며 자신의 생존과 안보를 확보하는지 또 국제사회에서 자신들의 행위에 대한 지지를 얻기 위해 얼마나 치밀하게 움직이고 있는지를 배워야 한다. 스스로를 지킬 수 있는 힘이 없는 민족을 영원히 도와주는 친구는 국제사회에 존재하지 않는다. 또 아무리 상종 못 할 적이라고 해도 실리를 위해서는 대화와 협상을 통해 받을 것은 받고 줄 것은 주는 실용주의(pragmatism)적 접근이 절실히 필요하다.

그리고 우리는 팔레스타인도 배워야 한다. 주권을 가진 독립된 나라를 만들기 위해 온 국민이 폭력과 위협에도 불구하고 뜻을 세운 용기와 희생정신을 배워야 한다. 또 그들을 역지사지해야 한다. 이스라엘과 미국이라는 감당하기 어려운 상대를 앞에 두고도 하마스와 자치정부로 나뉘어져 내분하는 모습이 국제사회에서 얼마나 자신들을 우습게 만드는지 또 자신들에게 얼마나 큰 손해인지를 깨달아야 한다.

한 가지 더 강조하고 싶다. 이스라엘과 팔레스타인은 한반도 상황과 비슷하지만 또 본질적으로 다르다. 이스라엘에게 팔레스타인은 그리고 하마스는 자신의 생존과 번영을 위해 없어져야 할 영원한 적이다. 따라서 전쟁도 불사할 수 있고 자신의 목숨을 위해 저들의 생명을 빼앗을 수도 있는 관계이다. 하지만 북한은 절대로 우리에게 그런 대상이 아니다. 비록 우리가 그들과 총부리를 겨누고 있으며 국가의 주적으로 간주되고 있지만 한민족의 생존과 번영을 위해서는, 미국, 중국, 러시아, 일본으로 둘러싸인 우리가 살아남기 위해서는, 반드시 하나로 품어야 할 우리의 동족이라는 사실이다. 이스라엘 친구들이 내게 이스라엘과 팔레스타인이 화해하는 날이 빨리 올지 남한과 북한이 통일되는 날이 먼저 올지 궁금하다는 말을 할 때마다 내 가슴 안에는 형용할 수 없는 슬픔과 아픔이 다가 오곤 했다.

마지막으로 이스라엘 사회를 보면서 깨달은 다른 한 가지가 있다. 바로 세대 간의 소통과 협력이다. 이스라엘 사회는 성경(토라)에 근거한 철저한 가족 중심의 사회이고 아버지 중심의 가부장적 사회이다. 아버지의 권위가 절대적인 사회이다. 하지만 이런 사회적 구조 속에서도 젊은이들은 기성세대와 자유롭게 소통한다. 동의하지 않는 의견에는 언제든지 반론을 제기한다. 한국 사회의 유교적 전통에 익숙한 내가 보기에는 너무나 무례하게 보일 정도로 자신들의 의견을 분명하게 표현하는 젊은이들이 놀라웠다. 또 그런 젊은이들의 반론을 나이와 권위로 누르지 않고 존중하며 들어주는 기성세대의 모습이 놀라웠다. 이런 비결이 무엇일까 곰곰이 생각해 보았다.

계층 간에 막힌 벽을 허물지 않으면 사회는 창의력과 에너지를 상실한다. 젊은 세대가 던지는 비판을 무시하면서 새로운 세상을 만들 수는 없다. 순식간에 그들이 사회의 주도세력이 된다는, 아니 되어야 한다는, 사실을 애써 외면하면서 자신들의 기득권을 권위로만 유지하려는 사회적 문화를 하루빨리 바꾸어야 한다. 이런 변화는 젊은이들이 아니라 기성세대가 동의하고 실천할 때만 가능하다.

CHAPTER
4

몸으로 부딪히며 본
국제사회의 민낯

"국제사회가 거대한 체스판 같지 않니?*"

자본주의에게 인권이란 낯선 존재이다.

자본주의를 전도하는 세계은행 직원이지만
방치된 인권 앞에서 차마 발길을 돌릴 수 없었다.
자신의 목숨을 걸고 남의 목숨을 구하는 인권단체를 만난 건 크나큰 배움이었다.

중앙아시아에서는 대한민국의
또 다른 아픔을 만났다.
대한민국이 외면한 카레이스키들이
자본주의를 넘어
또 다른 정글의 법칙에서
힘겨운 싸움을 하고 있는 것을 보았다.

자본주의로부터 혜택을 받기보다
상처받고 아파하는 그들,
그리고 한국인들에게는 참 아픈 이름인
카레이스키를 보면서
과연 지금의 시장경제가 과연
우리를 행복하게 할 것인가
고민하게 되었다.

그리고
우리 조국 대한민국의 자본주의는
또 어떤 방향으로 가야 하는지
고민하지 않을 수 없었다.

* 브레진스키의 책 『거대한 체스판』에서 인용

세계은행 우즈베키스탄 대표

이스라엘을 뒤로하고 중앙아시아에 위치한 우즈베키스탄 사무소로 발령을 받았다. 세계은행 영프로페셔널 프로그램으로 시작한 지 11년 만에 지역 사무소 대표가 되었다. 영프로페셔널 프로그램으로 같이 입사한 서른 두 명의 동기들 중에 가장 먼저 지역 사무소 대표가 되었고 나이로도 부임 당시에는 최연소 대표가 되는 영광도 누렸다.

하지만 사무소 대표로 임명되기까지 많은 우여곡절이 있었다. 일반적으로 세계은행 사무소 대표는 내부적인 선출과정을 거쳐 최종 후보를 택하여 주재국 정부의 협조 및 동의를 받은 후에 총재가 임명하도록 되어 있다. 일반적으로 외교가에서 아그레망이라고 부르는 과정을 거쳐야만 하는 것이다.

나중에 알게 되었지만 우즈베키스탄 정부는 자국에 주재하는 세계은행 대표를 매우 민감하고 신중하게 결정하기로 유명했다. 또 내가 최종 후보가 되기 전에 세계은행에서 1순위 후보로 제안한 후보에 대해서 이런저런 이유로 인해 우즈베키스탄 정부가 거부하였다는 것을 알게 되었다. 또 2009년 안디잔(Andijan) 시위에 대한 과잉 진압 등의 이유로 세계은행 우즈베키스탄 사무소가 폐쇄되었다가 최근 다시 사무실을 열었기 때문에 세계은행에 대한 정부의 의혹과 불신이 아직 강하게 존재하고 있었다. 그런 우여곡절 끝에 제2후보로 선택되어 세계은행에서 우즈베키스탄을 대표하고 국가 경제를 총괄하는 제1부총리와 면담을 하기 위해 우즈베키스탄의 수도 타슈켄트로 들어갔다.

우즈베키스탄 제1부총리 루스탐 아지모프는 여러 가지 면에서 주목할 만한 사람이었다. 우선 그는 젊은 나이에 발탁되어 정부 요직을 두루 거치며 우즈베키스탄 경제를 책임지고 있었다. 그의 명석하고 뛰어난 판단 능력과 의사결정 능력은 그를 차기 대통령 후보의 반열에 올려놓고 있었다. 하지만 그의 날카롭고 때로는 거친 발언들과 매너로 인해 그와 마주 앉는 것은 매우 두려운 일로 여기는 사람들이 많았다.

그런 그와 내가 잔뜩 긴장한 상태로 마주 앉았다. 많은 이들이 그에 대해 설명해주고 이렇게 저렇게 말하고 행동하라고 조언했다. 그래서 그랬는지 긴장감을 가득 가지고 그와 마주했다. 첫 인상은 듣던 대로 매서운 눈매와 태도였다. 그의 첫 질문은 "경제발전에서 민주주의의 역할이 무엇이라고 생각하는가?"였다. 이 질문에 대한 답변으로 내가 대표가 될 수 있을 수도 없을 수도 있다는 생각과 함께 왜 그가 이 질문을 했는지 그의 의중을 파악할 수 있었다. 우즈베키스탄은

우즈베키스탄 부총리 루스탐 아지모프와 첫 만남에서 찍은 사진

1991년 독립 이래 25년 동안 한 명의 대통령이 나라를 이끌면서 인권 및 언론탄압 등으로 인해 서방의 혹독한 비난에 시달리고 있었다.

"경제발전은 목적이 아니라 수단입니다. 또 국민의 행복을 위해서는 민주주의도 반드시 필요한 수단입니다. 경제발전이 민주주의를 대체할 수 없고 그 반대도 마찬가지입니다. 다만 이 두 가지 목표를 어떤 방식과 순서로 달성하는지는 국가마다 다를 수 있습니다." 내가 한 답변은 그가 예상했던 대답과 정반대가 아니었을까 싶었다. 하지만 내가 가진 발전에 관한 철학에 대해 거짓말을 하면서까지 자리를 얻고 싶은 마음은 없었다. 천천히 왜 그렇게 생각하는지 설명했다. 산업화와 민주화를 차례로 이루어낸 한국인으로서 민주주의 없는 경제개발이 개발의 최종 완결 모델이 될 수는 없다고 설명했다. 물론 두 가지 목표를 이루어 나가는 순서와 속도는 각 나라가 처한 상황에 따라 매우 다를 수 있다고 했다.

회의실을 나오면서 그와 다시 눈을 마주치고 악수를 했다. 짧은 시간이었지만 진심과 진심이 마주친 시간이었다고 생각했고 또 그럼에도 불구하고 이 만남이 처음이자 마지막이 될 수도 있을 거라 생각했다. 하지만 한 주가 지나서 정부가 나의 임명에 동의했다는 통보를 받았다. 기뻤고 또 그와 같이 보낼 3년의 시간이 기다려지기도 하는 순간이었다.

우즈베키스탄 사무실 사진. 주중에 처리하지 못한 일들을 조용한 토요일 오후에 나와서 처리하고 있는 모습

세계은행을 비난하던 사람들이
고마움을 표시하다

　　많은 사람들의 축하를 받으며 도착한 우즈베키스탄에는 참으로 많은 일들이 나를 기다리고 있었다. 하지만 2조 원이 넘는 자금으로 집행하는 수많은 차관 사업들을 제치고 가장 급하고 중요하게 처리해야 할 문제는 목화 재배에 동원되는 아동노동과 강제노동이었다. 우즈베키스탄은 세계 6위의 목화생산국이다. 구소련 시절 소련연방국가 전체에 목화를 공급하기 위해 전국적으로 확대되었지만 그전부터 역사적으로 목화를 재배하며 살아온 나라가 우즈베키스탄이었다. 문제는 목화 추수를 위해 아이들이 동원되고 교사와 의사 등 공무원들이 강제로 동원되는 아동노동 강제노동국가로 지목되어 국제사회의 지탄을 받고 있었다. 전 세계적으로 100여 개가 넘는 나라들의 의류회사들이

우즈베키스탄 목화산업의 강제노동, 아동노동 문제 해결을 위한 세계은행과 유럽연합(EU)의 공동사업양해각서 서명 후 기념촬영

우즈베키스탄 목화 수입을 금지하고 있었다.

　게다가 세계은행도 우즈베키스탄에 제공한 농업 차관이 아동노동 강제노동을 더 부추겼다는 시민사회의 고발로 인해 곤경에 처해 있었다. 세계은행 독립감사팀에서는 시민사회의 고발에 대해 세계은행 간부들의 해명을 요구하고 있었고 상황에 따라 진행 중인 모든 사업들이 중단 또는 취소될 상황에 놓여 있었다.

　이를 타계하기 위해 도입한 대응은 두 가지였다. 하나는 세계은행 차관으로 경작하는 목화에 관해서만은 전수검사 모니터링을 통해 시민사회의 비난에서 벗어나는 것이고, 두 번째는 우즈베키스탄 정부를 설득해서 전국적으로 아동노동과 강제노동 정책을 중단시키는 노력을 하는 것이었다.

상황의 심각성과 해결해야 할 문제의 생경함은 나를 매우 당황스럽게 만들었다. 특히 목화 생산과 아동노동/강제노동의 국제기준과 관행에 관해 전혀 아는 바가 없었던 나는 밤낮없이 목화 재배에 관해, 국제노동기구에서 제시한 아동노동과 강제노동 기준에 대해 익혀야만 했다. 하지만 이런 과정 중에 심각한 질문 한 가지가 가슴속에 남아 있었다. 아동노동은 그 어느 상황에서도 없어져야 하겠지만 강제노동의 이름이 풍기는 굉장히 부정적인 인상에도 불구하고 현실적으로 어느 정도 인정해 주어야 하지 않은가라는 물음이었다.

따지고 보면 한국도 6.25 전쟁 이후에 모내기와 수확 때면 학생과 교사들은 수업도 안 하고, 국방의 의무를 한 군인들도 논으로 '강제노동'에 투입되었다. 또 독일을 비롯한 유럽의 여러 나라도 얼마 전까지만 해도 감자 등 특정 작물의 수확을 위해 학생들과 동네 인력을 강제로 동원한 경험이 있지 않은가? 그렇다면 우즈베키스탄에 가해지는 보이콧 역시 서방, 특히 우즈베키스탄 목화 경쟁력을 악화시키려는 미국과 다른 서방 생산국의 전략에 세계은행이 이용당하고 있는 것이 아닐까? 라는 생각이 계속 들었다. 또 실은 우즈베키스탄 정부도 바로 이런 입장에서 목화 보이콧에 대해 격하게 반발하고 있었다.

여러 질문들이 몰렸다. 내가 왜 이 일을 해야 하는 것일까? 그리고 무엇이 최선일까? 그리고 이 문제를 과연 해결할 수 있을까? 세계은행이라는 국제기구에서 10여 년 넘게 일해온 나로서는 아동노동, 강제노동이라는 이슈가 얼마나 크고 민감한 이유인지 잘 알고 있었다. 인류의 보편적 가치라고 믿는 인권, 특히 아동의 인권이 훼손당하고 있다는 주장과 국제기구인 세계은행이 이를 조장하고 있다는 주장이 엄청난 파괴력을 지니는 상황이었다. 지난날 세계은행이 개발도상국에 댐 건설을 지원하는 과정에서 건설 지역 주변에 사는 지역주민의 의사 반영과 보상이 없이 진행했다는 주장으로 국제사회의 엄청난 비난을 초래한 사건에 견줄 수 있을 정도였다.

또 다른 한 편으로는 우즈베키스탄 정부의 강한 반발에 심정적 동정이 가는 것도 사실이었다. 우즈베키스탄 정부도 아동노동에 대해서는 강한 조치들을 취해서 미국을 비롯한 서방 중심의 시민 단체와 정부들도 많은 진전을 인정하고 있었다. 하지만 강제노동은 간단한 문제가 아니었다. 우선 과연 무엇이 강제노동인가 라는 정의를 두고도 많은 논란이 있었다. 국제노동기구(ILO)에서도 강제노동이라고 판단할 수 있는 원칙적 기준만 제시하고 있을 뿐 우즈베키스탄의 구체적인 실태에 관해 어디까지가 강제노동이고 어디까지가 아닌지 정확한 판단을 내리지 못하고 있었다. 또 형식적으로는 강제노동에 동원되는 공무원들은 입사 당시 고용계약서에 일 년에 특정 일수에 한해서 목화 재배에 투입할 수 있다는 조항에 동의했다. 또 이 기간 동안 일한 부분에 대해서는 많지는 않지만 평소에 받는 월급과 별도로 현금보상을 해 주고 있었다.

양자의 입장을 조율하고 중재하는 일이 과연 가능할까? 또 왜 내가 이런 일에 말려들어 내 시간과 노력을 들여야 하는가라는 의문이 들은 순간들이 있었던 것도 사실이다. 하지만 맹렬한 속도로 달려오는 두 기차가 충돌하도록 가만히 보고 있을 수는 없는 일이었다. 특히 내게 가장 중요한 미션, 내가 주재하고 책임지고 있는 우즈베키스탄의 경제 사회 발전에 많은 손해를 끼칠 수 있는 상황이었고 오늘의 나를 있게 해준 세계은행을 위해서도 노 액션(No Action)은 답이 아니었다. 결국 어떤 방식으로든 이 문제를 해결하고 넘어가야 한다는 결론에 도달했고 그다음부터는 실행이었다.

정말 셀 수도 없을 만큼의 대화와 협상의 시간들이었다. 우즈베키스탄 정부와 마주 앉으면 세계은행과 국제사회의 견해와 주장을 그들에게 설명하고 설득을 해야 했다. 그 과정에서 내가 그들의 상황과 주장에 충분히 심정적으로 공감하는 부분이 있다는 것을, 그래서 세계은행 대표이지만 내가 그들의 입장에서 그들을 위해 이 문제를 해결하기 위해 노력하고 있다는 것을 그들에게 증명해 보여야 했다.

또 미국 및 유럽 국가들의 정부 관리들과 시민단체들과 마주 앉으면 우즈베키스탄 정부를 무턱대고 비난하기보다 그들을 이해하고 시간을 가지면서 이 문제를 해결하는 것이 최선이라고 설득해야 했다. 그들의 주장, 즉 아동노동 강제노동이 얼마나 심각한 문제인지에 대해 충분히 공감한다는 확신을 주면서도 우즈베키스탄 정부의 입장도 그들에게 전달해야 했다.

이런 과정을 거치면서 전혀 불가능할 것 같았던 일, 즉 양측이 모두 참석하는 대화의 장을 마련할 수 있었다. 바로 내가 살고 있는 집, 세계은행 사무소 대표 관저에서 저녁 만찬을 주선하였다. 우즈베키스탄 정부에서는 노동부 장관, 상공회의소장, 무역협회장이 그리고 외교단 중에서는 미국대사, 유럽연합 대사, 그리고 스위스 대사가 초대되었다. 그 동안 한 테이블에 한 번도 같이 앉아 본 적이 없는 이들이었다. 이를 위해 아내는 정말 최고의 만찬을 준비하기 위해 일주일을 꼬박 할애했다. 당일 아침까지 정말 올까 하는 불안감을 가지고 있었다. 처

우즈베키스탄 정부가 개최한 2015 경제포럼에 초청되어 발표하고 있는 모습

음 도착해서는 정부 인사들은 그들끼리, 또 대사들은 대사들끼리 앉아서 서로 별 대화가 없었다. 하지만 음식을 나누면서 시간이 지남에 따라 서로에 대해 조금 더 이해할 수 있었다. 대단한 협의를 이룬 날은 아니었지만 그 날을 계기로 양자 간에 접촉의 면이 넓어지기 시작했다.

그런 과정을 통해 2015년 목화 추수에 대해서 국제노동기구 및 미국 그리고 국제 시민단체 등도 긍정적인 진전이 있었다고 인정하였다. 이와 함께 세계은행이 아동노동과 강제노동을 더욱 부추기고 있다는 고발도 큰 추가조치 없이 마무리 될 수 있었다. 또 이를 통해서 세계은행은 우즈베키스탄에 정부가 가장 믿고 의지하는 국제기구가 되었고 나도 그들이 가장 신뢰하는 국제기구의 대표가 되었다. 내가 떠난 지금도 국제사회는 우즈베키스탄의 강제노동에 대한 모니터링을 계속하고 있다. 하지만 서로가 정면충돌할 위기는 넘겼고 정부가 제시한

로드맵이 성실히 이행되는지의 모니터링이 진행되고 있다.

이 과정을 통해서 개인적으로 양측을 중재하는 중재인으로서 부총리, 재무장관, 노동장관 등 우즈베키스탄 정부와 우즈베키스탄에 주재하는 외교사절단들로부터 큰 신뢰를 받았다. 몇 달 후 워싱턴 본부에서 방문한 세계은행 부총재와 이사들이 우즈베키스탄 부총리가 나에게 표시한 칭찬과 신뢰를 듣고 매우 놀랐던 기억이 아직 생생하다. 몇 년 전만 해도 세계은행에 대한 온갖 비난 발언을 서슴지 않았던 아지모프 부총리였기에 더욱 그러한 것 같았다. 감사하고 소중한 경험이었다.

The Great Game! 중앙아시아

'The Great Game'이라는 표현이 있다. 19~20세기 초, 영국과 러시아가 중앙아시아 내륙의 주도권을 두고 벌였던 패권 다툼을 말한다. 당시 중앙아시아 내륙을 탐험했던 영국 동인도부대의 정보장교 아서 코널리(Arthur Conolly)가 명명했고, 이후 20세기 초 영국 소설가 러디어드 키플링(Rudyard Kipling)의 동명 소설로 더욱 유명해졌다. 그 이후 많은 이들이 중앙아시아뿐만 아니라 세계 곳곳에서 벌어지는 패권 다툼을 빗대서 'The Great Game'이란 표현을 쓴다.

1990년 초 소련연방이 붕괴되고 중앙아시아 지역에 5개의 독립국가들(우즈베키스탄, 카자흐스탄, 투르크메니스탄, 타지키스탄, 쿠르디스탄)이 들어선 이후 'The Great Game'은 더 치열한 양상으로 벌어지고 있다.

세계은행 상임이사들과 우즈베키스탄 사업장 방문 시

러시아는 구소련연방의 경험을 통해 중앙아시아와 무역 및 인적교류
를 지속 확대시키고자 애쓰고 있다. 실제로 중앙아시아인들이 가장 많
이 진출해서 사업과 노동을 하는 곳은 바로 러시아다. 하지만 우즈베
키스탄, 투르크메니스탄 등 러시아의 리더십에 반기를 들고 독자노선
또는 반러시아 노선을 취하는 입장도 만만치 않다. 유럽연합 및 미국
을 필두로 한 서방국가들은 러시아의 중앙아시아 패권을 저지하기 위
해 총력전을 벌이고 있다. 경제적으로는 러시아에 대한 가스공급 의
존도를 낮추기 위해 중앙아시아의 에너지 시장에 큰 관심을 보이고 외
교 안보적으로도 중동지역의 이슬람 과격 세력이 중앙아시아로 퍼지
는 것을 막고 또 중앙아시아를 통해 중국의 부상을 견제하려는 전략
적 의도도 숨기고 있는 듯하다.

여기에 또 새로운 플레이어가 나타나 게임을 흔들고 있다. 그것

도 아주 무서운 기세로 게임의 주도권을 쥐기 위해 달려들고 있다. 물론 중국이다. 가격 경쟁력을 앞세운 상품 공세에 이어서 중앙아시아 곳곳에서 대형 공공사업의 수주에 놀라운 성과를 올리고 있다. 그 여파로 중앙아시아에 중국인들이 쏟아져 들어오고 있는 상황이다. 중앙아시아 국가들의 정부 주도형 경세와 투명하지 않은 거래 방식에 대해 전혀 신경 쓰지 않고 실리를 챙기는 데 집중하는 양상이다. 중앙아시아 국가들에게도 중국의 영향력 부상은 중앙아시아 국가들에게 러시아와 서방의 양자 선택을 넘는 매력적인 대안으로 떠오르는 것 같다.

이들 나라 대사관의 외교관도 아니었지만 본의 아니게 나도 'The Great Game'을 눈앞에서 바라보고 또 그 게임에 휘말리는 경험을 하였다. 바로 세계은행의 우즈베키스탄 5개년 개발전략 수립과정을 통해서였다. 국가협력전략(Country Partnership Strategy: CSP)라고 불리는 개발전략서는 세계은행이 회원국의 경제 사회발전을 위한 지원프로그램 수립에 가장 중요한 바탕이 되는 전략서이고 사무소 대표인 나의 가장 중요한 업무였다. 더구나 지난 5년에 비해 거의 두 배에 가까운 2조 원에 달하는 지원 금액 증액을 제안하는 보고서라 세계은행 지도부와 우즈베키스탄 정부의 큰 관심을 받고 있었다.

그래도 그 동안 다른 나라에서 근무할 때 여러 번 해봤던 일인 터라 별 부담 없이 시작했던 이 일은 전혀 예상치 못한 방향으로 흘러갔다. 내부 전문가들과 정부 관료들 간의 토론 및 협상은 비교적 순탄하게 진행되었다. 또 많은 직원들이 걱정하고 정부도 매우 긴장했던 지방을 순회하는 시민 사회단체들과의 대화의 시간도 솔직하고 생산적인 의견을 주고받으며 마무리할 수 있었다. 또 세계은행 내부의 1차 검토

과정도 별 무리 없이 넘어갔다. 이 정도면 거의 80% 이상 진행된 것이고 나머지는 서류 작업과 내부 승인 과정만 남았다고 볼 수 있었다.

하지만 문제는 세계은행 이사회였다. 25명으로 구성된 이사회는 16%로 최대지분을 가진 미국을 필두로 각 회원국이 가진 지분에 따라 상임 이사회국과 비상임 이사국으로 나뉜다. 참고로 한국은 2016년 기준 1.64%의 지분을 가지고 있으며, 호주, 뉴질랜드, 몽고, 캄보디아, 그리고 태평양 섬나라들과 함께 한 자리의 이사회 자리를 공유하고 있다. 물론 이들의 주요 업무는 세계은행의 운영과 결정이 자국의 이해관계에 부합하도록 이사회 결의 등을 통해 영향력을 행사하는 것이다.

내부 최종 승인을 거친 우즈베키스탄 개발지원 전략서 초안을 받은 이사회는 두 개의 목소리로 첨예하게 갈라졌다. 중국, 인도, 한국 등 우즈베키스탄과 우호적인 경제 외교관계를 갖고 있는 나라들은 전반적인 지지를 보인 반면, 유럽과 미국 이사들은 매우 강한 불만을 표시하였다. 특히 미국은 재무부(Department of Treasury)뿐만 아니라 국무부(Department of State)와 노동부(Department of Labor)에서 세계은행이 우즈베키스탄 정부의 강제노동과 아동노동에 더욱 강경한 입장을 취해야 한다며 압박하였다. 이미 이들은 이런 이유로 우즈베키스탄의 차관사업들에 대해 몇 년째 반대나 기권의 입장의 취해 오던 터였다. 또 노르웨이, 덴마크 등 북유럽 국가들도 아동 노동 문제를 이유로 농업부문뿐만 아니라 다른 부분에서의 지원에도 비판적인 입장을 보였다. 어느 정도 반발은 예상했지만 이처럼 심각한 반대의사를 표명하리라고는 예상하지 못한 터라 무척 당황했다. 우즈베키스탄을 관할하는 동유럽과 중앙아시아 부총재도 무척 당황하고 긴장하는 모습이었다.

외교의 세계에서는 종종 공식적인 회의보다 그 회의를 준비하는 과정에서 열리는 비공식적인 회의가 더 중요하다. 세계은행 이사회 회의도 마찬가지다. 중요하고 민감한 사항들에 관해서는 행정부로도 볼 수 있는 세계은행 집행부(management)가 입법부라 볼 수 있는 이사회 이사들을 일일이 면담하면서 문서에 담을 수 없었던 배경을 설명하고 문서로 담을 수 없는 그들의 요구를 듣고 조정하는 과정을 거친다.

이를 위해 이사회가 열리기 2주 전에 워싱턴으로 돌아가 이사들 한 명 한 명과 협의하는 과정을 시작했다. 예상대로 이사회 임원들은 내게 날카롭고 비판적인 질문들을 쏟아 부었다. 왜 더 적나라하게 우즈베키스탄의 강제노동 상황을 보고서에 적시하지 않았는가? 어떻게 이런 나라에 개발자금을 두 배나 증액할 수 있는가? 과연 우즈베키스탄 정부가 국민들을 대표한다고 할 수 있는가? 등 정치적으로 민감한 질문들이 이어졌다.

속으로 되뇌고 또 되뇌었다. '참아야 한다. 싸우지 말자. 샌드백(sandbag)이 되어야 한다.' 내가 자존심을 세운다고 될 일이 아니었다. 타슈켄트에서 나를 믿어 준 부총리 및 정부 관리들과 우즈베키스탄 국민들에게 세계은행의 개발 자금을 통해 발전시키는 것이 나의 가장 중요한 미션이라고 되뇌면서 이 사실을 하나씩 하나씩 방문하며 설득작업을 폈다. 이런 과정을 거치며 드디어 우즈베키스탄 국가개발전략서 심의를 위한 이사회가 열렸다. 중앙아시아와 유럽을 담당하는 부총재의 모두 발언에 이어 전략서 수립 책임자로서 내가 발언을 했다.

"세계은행은 전 세계의 '빈곤탈취'와 '공동의 번영(shared prosperity)'

을 미션으로 지난 70여 년 동안 존재해 왔습니다. 오늘 여러분이 검토하는 약 3000만 명 인구의 우즈베키스탄은 경제적으로 아직 많은 도전을 감당해야 하는 저소득 국가입니다. 또 다른 한편으로 강제노동과 아동노동 그리고 투명하지 않은 정부재정 운영 등 수많은 문제들로 국제사회의 비난을 받고 있는 나라이기도 합니다. 그럼에도 불구하고 오늘 여러분 앞에 놓인 전략서는 우즈베키스탄은 세계은행의 지원이 반드시 필요한 국가이며 또 이러한 산적한 문제들을 해결하고 경제개발을 달성하기 위해서도 지원과 관계를 지속적으로 발전시켜야 한다는 믿음으로 준비되었습니다. 몇몇 이사들의 걱정과 부담감을 충분히 이해하지만 이 시점에서 지원과 관계를 중단하는 것은 아동노동 및 강제노동과 정부 투명성 등 민감한 문제에 관해 어렵게 이루어 온 진전을 하루아침에 무너뜨리는 것입니다."

속으로 격한 갑론을박을 예상하고 있었다. 하지만 뜻밖에도 이사회는 별다른 논쟁 없이 원안 그대로 통과시켰다. 또 우즈베키스탄 사무소 대표로서 나의 리더십과 우즈베키스탄 정부와 깊은 신뢰관계를 유지하는 점에 대해 공개적으로 칭찬하는 발언들이 이어졌고 회의가 끝나고 많은 이사들이 내게 와서 악수를 청하며 "멋진 발표였다. 수고했다. 앞으로 기대하겠다." 등등의 격려의 말들을 해 주었다.

많은 이들이 국제사회는 힘의 논리가 지배하는 정글이라고 한다. 하지만 무식한 힘이 아니라 세련된 힘이 필요하다. 그 힘은 무력과 경제력에서만 나오는 것이 아니다. 오히려 누구나 다 인정할 수 있는 보편적 가치에 근거한 명분에서 나온다. 누가 더 큰 명분을 만들고 차지하는가가 가장 중요한 문제이다. 그다음은 노련한 전략과 기술이다. 명분, 아니 그 속에 포장되어 있는 자기의 이해관계들을 상황과 상대에 맞게 풀어내는 능력과 경험이 필요하다. 나의 이해관계를 명분으로 전환하는 능력과 그 명분을 상대와 상황에 맞게 풀어내는 능력이 성공적인 국제관계를 주도할 수 있는 비결이었다.

또 한 가지는 'The Great Game'이 치열하게 전개되는 중앙아시아에서 나의 조국 대한민국은 무엇을 할 수 있을까였다. 중앙아시아의 양대 맹주라고 할 수 있는 우즈베키스탄과 카자흐스탄에서 한국이라는 존재는 매우 매력적이다. 러시아나 미국처럼 제국주의의 잔재를 염려할 필요도 없고 또 경제적으로도 한국의 자본과 기술이 중앙아시아의 지하 지원과 소비자 시장과 잘 어울려 상생의 무역과 협력을 가능하게 한다. K-pop과 한국 음식들에 대한 큰 관심과 1990년대 초 독립 이후 적극적으로 진출했던 한국 기업들도 나름대로 자리를 잡았다.

'한국 사랑'은 우즈베키스탄에서 더욱 유난했다. 독립 선언 이후 처음 유치한 해외 기업이었던 대우자동차 공장을 비롯해서 우즈베키스탄과 한국은 다른 나라들의 부러움을 살 정도로 특별한 관계를 유지해 오고 있다. 한국기업들을 위한 특별 경제구역을 설정하고 공항까지 새로 만들어 줄 정도였다. 일본 대사와 식사를 함께 할 기회가 있었는데 그가 한국 대사에게 물었다고 했다. "도대체 어떻게 한국 기업들은 우즈베키스탄에서 그렇게 성공적으로 사업을 하는지 모르겠다. 우리 일본 기업들은 이미 다 철수해서 다시 들어올 엄두를 못 내고 있다." 하지만 이런 특별한 관계도 결코 영원할 수는 없다. 서로가 서로에게 의미 있는 것을 주고받을 수 있을 때만 유지되는 것이 국제 관계이

우즈베키스탄 임기 마지막 날 우즈베키스탄 정부 관리들과 찍은 사진. 왼쪽부터 슈크랏 바파에프, 우즈베키스탄 개발기금 부대표, 사이도바 경제부 장관, 아지모프 부총리이다. 거의 매일 만나서 업무 협의를 했던 우즈베키스탄 정부 측의 관리 세 명이다.

기 때문이다. 러시아, 유럽 그리고 중국의 파상적인 러브콜을 바라보면서 지금의 한-중앙아시아 간의 특수 관계가 아무런 문제없이 지속될 것이라고 생각하는 것은 큰 오판이다. 다른 모든 나라들도 마찬가지겠지만 중앙아시아 국가들은 대대로 동과 서를 잇는 무역으로 살아온 민족들이다. 이해관계 손익계산에 누구보다 빠르고 민감하다.

앞으로 더 과감하고 전폭적인 중앙아시아 전략이 필요하다. 물량과 가격으로 절대로 이길 수 없는 상대인 중국과 유럽과 미국을 제치고 중앙아시아에서 우리의 위상과 국익을 확보하고 확장하기 위해서는 장기적인 관점의 투자, 특히 이들이 목마르게 원하는, 기술이전을 포함한 투자를 폭넓게 만들어야 한다. 한 해 손익계산서만 보고 일희일비까지 하지 않는 장기적 관점이 필요하다. 우리의 핵심 경쟁력을 훼손하지 않는 주변기술들을 과감히 공유해야 한다. 더 나누어야 더 많이 얻을 수 있다는 교훈을 중앙아시아에서 실천해야 할 것이다.

왜 세계은행이
인권단체를 만나느냐?

우즈베키스탄의 경험을 정리하면서 잊을 수 없는 한 사람이 있다. 엘레나 울라예바(Elena Urlaeva)가 바로 그 사람이다. 그녀는 우즈베키스탄 현지 인권운동단체를 이끄는 분이었다. 우즈베키스탄을 조금이라도 이해하는 사람이라면 그 땅에서 시민운동을 하는 것이 얼마나 위험한 일인지, 특히 인권운동을 하는 것은 자신과 주위 사람의 목숨을 걸고 하는 활동인지 쉽게 알 수 있다. 'Human Rights Watch' 등 여러 세계 인권단체들에 의하면 북한과 함께 세계에서 가장 극심하게 인권탄압이 이루어지는 나라가 우즈베키스탄이었다. 정부에 반대의 목소리를 내는 이들은 아무런 절차를 거치지 않고 쥐도 새도 모르게 사라질 수 있는 땅이었다.

우즈베케스탄 목화산업에 투자하는 다국적 기업 인도라마(Indorama)와 강제노동, 아동노동 문제 해결을 위한 협의각서 사인 후

　　엘레나는 처음으로 목화와 관련된 아동노동 강제노동을 국제사회에 고발하였고, 특히 세계은행의 차관이 아동노동 강제노동에 사용되고 있다고 주장하며 여러 지역의 시민운동가들과 함께 세계은행 이사회에 항의서를 제출함으로써 세계은행을 발칵 뒤집어 놓은 장본인이기도 했다. 그녀의 행동들은 국제사회에 알려졌고 미국과 독일 정부 및 시민단체들의 지지와 지원을 받고 있었다. 또 2015년 한국의 '지학순 정의 평화상'을 수상하기도 하였다.

　　처음 엘레나와 세계은행 우즈베키스탄 사무소와의 관계는 서로 매우 경계하고 거리를 두는 관계였다. 우선 그 세계은행을 고발한, 그것도 엄청난 심각한 문제를 고발한 장본인이었다. 또 우즈베키스탄 정부는 그녀의 활동을 철저히 부정하며 그녀를 매국자이며 또 정신이상자라며 매도하고 있었고 세계은행에게도 그녀와 접촉하지 말기를 당부하는 상황이었다. 그래서 나의 전임자를 비롯한 세계은행 직원들은 그녀와의 접촉을 극히 부담스러워 했고 미국대사관의 주선하에 일 년에 한 번 형식적으로 만나는 것이 전부였다.

부임 후 이런 내용으로 보고받았지만 솔직히 수긍하기 어려웠다. 세계은행의 미션은 전 세계에 사는 모든 사람들이 빈곤에서 벗어나고 또 불평등이 감소되는 것이다. 비록 회원국의 정부를 주요 파트너로 사업을 하고 있지만 궁극적인 고객(?)은 그 나라 국민이었다. 또 엘레나와 다른 국내 시민인권운동가들의 주장에 귀를 막고 정부의 목소리만 듣고 상황을 판단하고 일을 진행하는 것은 내가 그 동안 자랑스럽게 여겼던 조직의 태도가 아니었다. 그래서 엘레나를 만나기로 했다. 바로 내 사무실 안에서.

주위의 반발은 매우 격했다. 당장 우즈베키스탄 정부의 강력한 항의와 협박이 들어왔다. 노동부 장관은 "왜 세계은행이 그런 인권단체 인사들을 만나느냐? 경제문제만 다루는 세계은행의 월권이 아니냐?" 등 거친 질문을 퍼부었다. 또 세계은행 현지 직원들에게 협박에 가까운 메시지를 보내 그들로 하여금 나를 설득하게 만들었다. 인간적인 호소도 있었다. 나는 외국인으로 몇 년 있으면 떠날 사람이지만 자기들은 이곳에 계속 사는 사람으로서 정부에게 미운 털이 박히면 살기가 너무 힘들다고 했다. 그 덕에 내가 사는 집은 24시간 경호를 받는 호사를 누리기도 했다.

이렇게 어렵게 주선한 첫 미팅이 열렸다. 엘레나를 비롯한 여섯 명의 현지 인권운동가들과 미국 유럽연합 스위스 독일 대사 등 대사관 직원 여러 명이 참석했다. 경계의 눈빛이 역력했다. 우즈베키스탄 정부는 그들에게도 노골적으로 협박을 가해 절대로 세계은행과 접촉하지 말라고 했다는 사실을 나중에 알게 되었다. 하지만 두 시간 이상에 걸친 미팅이 끝날 무렵에는 서로의 입장에 대한 보다 솔직한 이해와 심정적 동의를 이끌어낼 수 있었다. 무엇보다도 엘레나와 다른 현지 인권운동가들은 세계은행과 대사 등 국제사회가 자신들의 목소리와 노력에 진심으로 귀를 기울였다는 사실이 기쁜 듯했다.

그 후 우즈베키스탄을 떠날 때까지 거의 매 달 그들을 사무실로 초대하여 그들의 활동과 조언을 들으며 아동노동 강제노동을 해결하기 위한 실질적인 정책을 만들어갔다. 또 우즈베키스탄 정부도 세계은행이 그달 초부터 정기적으로 정보와 자료를 받는다는 사실을 인정하고 눈 가리고 아웅 하는 식의 변명보다는 문제를 풀어내려는 방향으로 입장을 바꾸었다 .

고백하건대 그 때까지 나의 삶에서 시민사회는 매우 멀리 있었다. 1992년 대학 1학년 때 선배 따라 한두 번 학생시위에 나가 본 경험과 대통령 선거 감시단 봉사활동, 그리고 유학 당시 국제 투명성 기구에서 인턴십을 한 경험이 전부였다. 지난 10여 년 이상 거버넌스 전문가로 일하면서도 주요 상대는 중앙정부와 지방정부였다. 형식적으로는 시민사회가 국가 거버넌스의 중요한 축이라고 말하면서도 속으로는 그들이 과연 무슨 일을 할 수 있을까? 결국 정부가 사회 변화와 발전의 주역이 아닌가 하는 생각을 굳게 가지고 있었다.

하지만 엘레나와의 만남은 이런 생각을 완전히 뒤집었다. 그녀와 다른 인권운동가들의 목숨을 건 열정과 헌신은 진심으로 고개를 숙이게 만들었고, 또 그들의 역할이 우즈베키스탄과 같은 인권의 불모지에서도 국제사회를 움직이고 결국은 정부를 움직여 의미 있는 변화를 만들어내는 과정을 눈으로 목격할 수 있었다. 시민들의 자발적인 목소리를 바탕으로 억압적인 정권에 도전하는 시민사회의 역할과 의미에 대해 큰 교훈을 얻을 수 있었다.

오늘날 많은 사람들이 민주주의, 특히 간접 민주주의의 위기라고 한다. 대한민국도 정치, 특히 국회에 대한 불신과 혐오가 그 어느 때보다 심한 듯하다. 많은 이들이 기존의 정치구조와 다른 새로운 시스템이 필요하고 시민사회가 더 큰 목소리와 역할을 해야 한다고 주장한다. 또한 더 앞을 보는 사람들은 급속한 디지털 기술의 발전과 확산은 직접민주주의를 가능하게 할 수 있다고 주장하기도 한다.

어쩌면 이런 대한민국 정치의 위기의 핵심은 우리 국민들의 시민성(civility)의 결핍이 아닌가 한다. 『정의란 무엇인가』로 한국에 널리 알려진 하버드 대학 마이클 샌델 교수의 저서 『돈으로 살 수 없는 것들』에 의하면, 미국 민주주의의 위기는 미국 시민들의 시민성이 급격히 떨어지고 있기 때문이라고 한다. 개인과 국가 사이에 있었던 다양한 형태의 기관과 조직들이 하나둘씩 미국 사회에서 사라지고 있다고 한다. 교회, 주민자치모임, 학생-학부모회의 등 개인들이 시민성을 훈련하고 키울 수 있는 기회들이 사라지고 있다는 것이다. 몇 년에 한 번씩 투표장에 가서 투표하는 행위만으로는 진정한 민주주의를 할 수 없다고 한다.

미국이 이럴진대 대한민국의 시민성은 어떠한가? 미국의 민주주의가 풍부한 시민성을 바탕으로 발전했다가 지금은 쇠퇴의 길로 접어들었다면 대한민국은 이제야 시민성을 만들어 가는 과정에 있는 듯하

세계은행 사무실에서 바라 본 우즈베키스탄 타슈켄트 전경

다. 하지만 시민성을 키우기 위한 토양은 무척 척박해 보인다. 1980년
대 말 국민 모두의 힘으로 이루어 낸 민주화는 이제 거의 30살이 되어
간다. 하지만 민주화 이후 우리 사회는 시민성의 기반을 이루는 정신
적, 제도적 모습들을 빠르게 잃고 있다. 나름 활발했던 시민사회는 쇠
퇴의 모습이 역력하다. 국민들은 주위를 돌볼 여유가 없이 나 자신 그
리고 기껏해야 내 가족만을 위해 앞만 보고 달려간다. 이웃과 지역 공
동체를 위한 관심과 노력은 이제 점점 더 찾아보기 어렵다.

과연 이런 척박한 시민성으로 진정한 민주주의를 실현할 수 있을
까? 국회의원이 되려는 사람들도 결국 우리 사회의 일원이고 사회의
이런 흐름에 영향을 받는다. 작은 문제조차 토론과 타협을 통해 해결
해 본 적이 없는 이들에게 국가의 어렵고 복잡한 막중지사를 조율하고
풀어낼 능력이 있을까? 사업에서 성공한 사람들이 국회에 갔다고 좋

은 국회의원이 되리라는 보장이 있을까? 또 유명한 변호사나 언론인을 과연 시민성이 풍부한 사람들이라고 보장할 수 있을까?

어쩌면 대한민국 정치의 위기는 국회의 위기가 아니라 사회의 위기다. 이웃과 지역을 돌아보는 관심을 갖고 또 작은 이해관계의 충돌부터 합리적인 대화와 토론으로 풀어가고 또 승복해 가는 교육과 훈련이 민주주의의 위기를 구할 가장 빠른 길일 수도 있다. 아무리 제도를 이리 바꾸고 저리 바꾼들 그 제도를 운영할 사람들이 준비되지 않으면 무슨 소용인가? 너무 많은 제도들이 물 건너 한국에 들어오면 귤이 탱자가 되는 경험을 하는 것은 바로 이 이유 때문이 아닐까?

카레이스키,
그 아프고 가슴 저린 이름

우즈베키스탄은 20만 명 이상의 카레이스키의 고향이기도 하다. 카레이스키는 러시아, 우즈베키스탄, 카자흐스탄을 비롯한 구소련에 살고 있는 한국인 교포를 통틀어 일컫는 러시아 말이고 한국어로는 고려인이라고 한다. 이들은 1937년 스탈린의 이른바 대숙청 당시 유대인 체첸인 등 소수민족들과 함께 가혹한 분리·차별 정책에 휘말려 1937년 중앙아시아로 강제 이주되었다. 이들은 화물열차에 짐짝처럼 실려 중앙아시아의 황무지에 내팽개쳐졌다. 살라고 보낸 것이 아니라 가서 죽으라고 보냈다고 하는 편이 더 정확할 것이다.

그러나 고려인들은 강한 생명력을 바탕으로 중앙아시아의 황무지를 개척하고 한인 집단농장을 경영하는 등 소련 내 소수민족 가운데

우즈베키스탄 고아원 방문

서도 가장 잘사는 민족으로 뿌리를 내렸다. 그러나 1992년 1월 구소련이 붕괴되고 러시아 외에 11개 독립국가로 분리되면서 고려인들이 거주하는 국가에서는 배타적인 민족주의 운동이 확산되었다. 이로 인해 고려인들은 직장에서 추방당하고, 경제적으로도 어려운 처지에 놓이게 되자 다시 연해지방으로 이주하는 사람들이 늘어나기 시작하였다.

　우즈베키스탄에 사는 카레이스키와의 첫 만남은 집에서 이루어졌다. 아는 교민분의 소개로 집에서 일하게 된 아주머니와 운전을 담당하시는 아저씨가 바로 카레이스키셨다. 얼굴 생김새는 우리와 전혀 다르지 않았지만 이름은 러시아 이름을 쓰고 한국말도 서툴기만 하신 분들이었다. 이분들을 통해서 들은 우즈베키스탄에 사는 카레이스키의 삶도 결코 쉽지는 않았다. 우즈베키스탄 정부의 노골적인 차별정책으로 인해 정부와 공공기관의 취직이 거의 불가능해졌다. 그래서 기회만 되면 자신과 가족들을 한국에 보내서 일자리도 잡고 삶의 터전도 옮기고 싶어 하시는 분들이었다.

한국국제보건의료재단은 우즈베키스탄에 남아 있는 카레이스키들을 위해 2010년 아리랑 요양원을 지어서 그분들을 지원하고 있었다. 그 요양원을 섬겼던 송용근 원장님의 소개로 아리랑 요양원을 방문할 수 있었다. 요양원은 대한민국 정부의 정책으로 1937년 강제이주 대상자분들만을 모시고 있고 그들의 자녀와 후손들은 입소할 수 없는 상황이었다. 그래서 대부분은 80세가 넘은 노인분들이셨고 송 원장님에 따르면 일 년에도 몇 번씩 장례식을 치르고 있었다. 그래서 현재는 서른 명 남짓 한 분들만 남아 있는 상태라고 했다. 눈물이 나고 숙연해지는 경험이었다. 청춘, 아니 그보다 어린 나이에 영문도 모르게 수천 킬로미터가 떨어진 중앙아시아의 사막에 떨어져서 한평생을 타향에서 살아오신 조국의 어르신들을 보고 한없이 슬프고 부끄러운 마음이 들었다. 힘이 없는 나라에서 태어난 설움을 이보다 더 아프게 경험할 수 있을까 싶었다.

또 조국 대한민국에 대한 아쉬운 생각이 밀려왔다. 같은 시기에 중앙아시아로 강제 이주당한 일본인들은 2차 세계대전 이후 일본이 이미 다 본국으로 데려갔다고 한다. 패전국인 일본은 하나의 국가를 유지할 뿐 아니라 오늘날 세계 경제대국으로 발돋움했고 또 군사적으로도 정상 국가를 회복하려고 하고 자국 보호의 명분으로 동북아의 안보 질서에 중요한 변수가 되고 있다. 반면 2차 세계대전의 희생자인 한반도는 아직까지 분단의 아픔을 지니고 20만 명이 넘는 동포들을 이처럼 방치해 두고 있는 것이다. 국가란 무엇일까? 왜 국가가 존재하는 것일까? 헌법이 규정하는 의무, 즉 국방 납세 등등의 의무가 신성한 이유가 무엇일까? 그건 국가가 국민 하나하나의 방패막이가 되어주겠다는 약속 때문이 아닐까? 하지만 대한민국의 역사는, 아니 조선과 그 이전 시대에도, 국민은 국가를 위해 모든 것을 바치지만 국가는 국민을 종종 버리지 않았던가?

이스라엘이 떠올랐다. 독립 이후 팔레스타인 그리고 중동의 여러 국가들과 대치 상태인 이스라엘에서는 이스라엘 군인 및 민간인들이 여러 가지 이유로 팔레스타인에게 납치되거나 인질로 잡혀가는 경우가 종종 있었다. 이럴 때마다 이스라엘 정부는 예외 없이 사정없는 공격으로 상대방에게 몇 배 아니 몇십 배의 보복을 가했다. 마지막 남은 한 명의 국민까지 구하기 위해서였다. 자국민의 안전이 걸린 문제는 국력을 총동원해서 반드시 해결한다는 원칙을 지켜 나감으로써 국민들에게 국가에 대한 신뢰를 받고 또 국민들에게 헌신을 요구할 수 있는 도덕적 권위(moral authority)가 생기는 것이다. 아리랑 요양원에는 한국에서 방문한 국무총리, 국회의원 및 여러 국가지도자들의 방명록이 놓여 있다. '너무 늦게 와서 죄송합니다.' '마음이 찡합니다.' 등등의 소감이 적혀 있다. 다시는 힘없는 국가의 국민으로 태어난 설움을 당하게 하지 않겠다는 결의가 국가를 이끄는 모든 이들의 마음속에 있기를 기원해 본다. 그렇지 않으면 나와 내 아내가, 또 사랑하는 우리의 자식들이 아리랑 요양원에 계신 카레이스키 할머님 할아버님의 뒤를 밟을 수 있다고 역사는 우리에게 분명하게 경고하고 있다.

정치는 부엌이다

아동노동 강제노동 그리고 5개년 개발계획서 같은 굵직굵직한 일들을 수행하면서도 신경이 많이 쓰였던 부분은 바로 사무실 직원들의 관리였다. 50여 명 규모의 사무실은 전원이 현지 직원이었다. 세계은행의 대부분의 사무소는 현지인과 워싱턴 본부에서 파견된 외국 직원이 섞여 있는데 우즈베키스탄은 매우 예외였다. 그때까지 진행했던 프로그램 규모가 너무 작은 이유 때문이었다. 많은 외국계 기업들이 그렇듯이 세계은행도 현지 직원과 외국 직원 간에 알게 모르게 많은 알력들이 있곤 했다. 그래서 현지인들만 있는 사무실이어서 별 문제 없겠다는 기대가 있었다.

하지만 상황은 정반대였다. 현지 직원들 간에 출신 지역과 입사 시기 등을 기준으로 여러 파벌로 나뉘어 노골적으로 서로 서로 헐뜯고 반대하는 상황이었다. 게다가 직원 중 한 명은 여러 가지 부정을 저질러서 윤리위원회에 제소되어 내가 부임하기 바로 전에 해고되어 사무실 분위기는 더욱 나쁜 상태였다. 또 내 선임은 특정 직원 몇 명만을 신뢰하고 편애해서 다른 직원들의 불만이 매우 큰 상태였다. 부임 첫날부터 현지 직원들의 눈초리는 부드럽지 않았다. 나이도 전임보다 무척 어린, 새로운 대표는 어떤 식으로 사무실을 운영할지 궁금해 했다. 다른 한편으로 선임의 이너서클 즉 측근들은 나와도 그런 특별한 관계를 유지하기 위해 설득과 회유를 노골적으로 해왔다.

부임 후 한 달이 지나고 이런 상황을 어느 정도 파악한 후 직원회의를 소집하였다. 그리고 선언했다. "나는 여러분 모두의 대표가 될 것입니다. 그 누구도 저의 이너서클이 아닙니다." 하지만 직원들의 분위기는 반신반의였다. 또 전임의 측근 직원들은 믿을 수 없다는 표정을 지었다. 회의를 마치고 방으로 돌아와 문을 닫고 속으로 되뇌었다. '이제부터 시작이다.'

외로운 시간들이었다. 왜 리더들이 자신들 주위에 측근을 만드는지 그 이유를 너무 잘 알 수 있었다. 그 어느 직원들과도 특별히 가깝게 지낼 수 없었다. 다른 직원들의 감시의 눈초리 덕분이었다. 시끌벅적한 사무실 안에서 외로울 수 있다는 것을 배운 것이다. 결정에 책임을 져야 한다는 무게감과 함께 리더의 외로움을 경험할 수 있었다.

하지만 조금씩 시간이 지나면서 내가 말한 것을 지켜내고 있다는 것을 직원들이 믿기 시작하였다. 무엇보다 선임의 측근들이 더 이상 내가 자신들에게 특별한 관심과 호의를 베풀지 않는다는 것을 인정한 것이다. 그러니까 다른 직원들도 더 이상 멀리서 지켜만 보지 않고 조금씩 나에게 다가왔다. 그리고 자신들의 업무에 대해 솔직하고 진지하게 나에게 보고하고 상의하기 시작했다. 우즈베키스탄 부임을 마칠 때까지 이런 입장을 바꾸지 않았다. 그 때문에 사무소마다 한두 명씩 생기는 끈끈한 친구를 얻을 수는 없었다. 하지만 그 넉에 사무실 분위기는 백팔십도 바뀌었다.

사무소 내부 관리에서 빼놓을 수 없는 것은 부엌이었다. 부임할 당시 타슈켄트 사무실은 직원들이 변변히 앉아서 식사할 만한 공간이 없었다. 대신 세 명이 앉으면 꽉 차는 비좁은 창고 옆 공간을 이용하고 있었다. 공간 여유가 없어서 별수가 없다는 게 사무실 관리 직원의 답변이었다.

그러던 차에 그 동안 사용하던 도서관 공간을 폐쇄하기로 하였

세계은행 사무소에 부엌을 만든 것에 감사하는 마음으로 현지직원들이 부엌에 붙인 감사패를 기념하면서

다. 그 동안 세계은행 출판물을 일반 시민들에게 공개하는 공간이었는데 인터넷으로 거의 세계은행의 모든 자료를 볼 수 있게 되어 사용자가 거의 없는 상황에서 본부에서 내린 결정이었다. 직원들에게 이 공간을 식당으로 바꾸자고 제안했고 직원들의 반응은 뜨거웠다.

하지만 도서관을 식당으로 바꾸는 일은 녹록치 않았다. 일단 건물주인 공공기관이 반대했다. 구조물에 변경이 필요하다는 이유 때문이었다. 또 공사 자금도 적지 않았다. 포기할까 하는 생각을 몇 번이나 할 정도로 건물주는 비협조적이었다. 또 다른 예산을 아껴서 공사대금을 만들기 위해 많은 행사와 운영비는 줄여야 했다. 또 공사 담당 직원이 조달과정에서 별로 좋지 않는 일들을 하는 등 산적한 문제가 나를 기다리고 있었다. 목화 사업과 다른 업무도 넘쳐 나는데 포기하는 편이 낫지 않겠냐는 의견들이 본부와 사무소 행정직원들에게서 나오기 시작했다.

하지만 포기하지 않았다. 할 수 있다는 자신감보다 이 일을 해내지 못하면 직원들의 신뢰에 큰 금이 갈 것이라는 염려 때문이었다. 하나씩 하나씩 문제를 직접 풀어갔다. 건물주와 몇 번이고 필요한 대로 만났다. 리모델링이 왜 건물의 안전에 전혀 위험이 안 되는지 건축학을 전공한 직원과 함께 설득 또 설득하였다. 또 총리실에 허가 절차가 빨리 진행될 수 있도록 부탁하기도 했다. 세계은행 본부 예산실에 몇 번이고 하소연을 하면서 공사에 필요한 예산을 확보했다. 부엌의 디자인은 세 개의 모델을 받아서 직원 노조대표들에게 주며 직원들의 의견을 반영해서 선택할 권한을 주었다.

이런 노력 끝에 일 년 남짓한 시간이 지난 후 직원 식당을 만들

우즈베키스탄 환송식 장면

수 있었다. 큰 공간은 아니었지만 직원들 모두가 들어가서 음식을 나누며 행사를 할 수 있고 또 키친 아일랜드 공간을 포함해서 서양의 바와 흡사한 나름 매력적인 공간으로 바뀌어 졌다. 직원들의 반응은 생각 이상이었다. 또 식당에서 서로 마주보며 차를 마시고 점심을 하면서 대화하는 시간이 늘어나면서 직원들 간의 팀워크도 눈에 띄게 좋아졌다.

우즈베키스탄을 떠나며 직원들이 환송식을 해 주었다. 3년 부임기간을 채우지 못하고 떠나는 미안한 마음에 환송회를 최소한으로 해주기를 부탁했다. 환송회 날이 되어서 직원들이 한마디씩 덕담을 건네는 시간이 왔다. 내심 아동노동 강제노동 문제를 해결한 것과 2배가넘는 개발자금을 확보한 개발전략서가 주요한 업적으로 인용될 것으로 생각했다. 하지만 내 예상은 완전히 어긋났다. 바로 부엌이었다. 거의 모든 직원들이 내가 수많은 난관에도 불구하고 도서관을 부엌으로 만든 나의 노력에 가장 감사하는 것이었다. 그것으로 모자라서 부엌 입구에 내 이름을 새긴 표구를 만들어서 영원히 내 노력을 기억하겠다는 현판식도 준비해 주었다.

'아 그렇구나. 정치라는 것이 별개 아니구나. 빈곤탈출 강제노동도 다 중요하지만 그들의 삶에 가장 와 닿는 것을 줄 수 있는 것이 가장 의미 있고 중요한 것이구나. 정치는 바로 부엌이다.'는 확신이 들었다. 내가 앞으로 한국에 들어가서 새로운 길을 걸으면서 평생 가슴 깊이 간직해야 할 교훈이었다. 우즈베키스탄이 내게 준 가장 좋은 선물이었다.

자본주의와 세계화를 관통하다

　　돌아보면 세계은행 15년의 시간은 자본주의와 세계화의 '중심'을 경험한 시간이었다. 세계은행의 출발은 1944년 브레튼 우즈(Bretton Woods) 회의이다. 미국 뉴햄프셔 주 브레튼 우즈에 자리 잡은 마운트 워싱턴 호텔(Mount Washington Hotel)에서 개최된 이 회의에서 2차 세계대전의 승전국들은 전쟁으로 파괴된 세계경제를 다시 회복시키기 위해, 특히 패전국인 독일과 일본의 경제를 회복시키기 위해 세계은행과 국제통화기금을 설립하기로 결정하였다. 그 후 독일과 일본 등 패전국들의 경제가 회복되자 그 미션을 확대해서 전 세계의 빈곤 탈출과 경제 개발이란 미션을 가지고 오늘날까지 활동하고 있다.

　　이를 위해 소위 선진국들 클럽이라고 할 수 있는 G20 회원국들

세계은행 내부 회의를 주관하고 있는 모습

이 자본을 투자해서 최빈국들에는 무이자로, 개발도상국들에게는 낮은 이자로 개발자금을 제공하고 있다. 또 세계은행은 길 하나를 두고 마주 보고 있는 국제통화기금과 함께 세계금융질서를 유지하는 주요한 역할을 하고 있다. 이처럼 인류 보편적 가치에 부합하는 미션을 실현하기 위해 시장의 역할을 그 무엇보다 신뢰하는 (신)자유주의적 경제 운용과 세계화라는 슬로건으로 상징되는 개방과 경쟁 중심의 사회 운영 원칙을 가지고 세계은행은 회원국들의 경제와 사회 운영을 분석하고 정책자금지원 등을 통해 변화시키려고 하고 있었다.

처음에 나는 큰 그림을 전혀 볼 수 없었다. 큰 프로젝트 중에 내가 맡은 작은 분야를 담당하기도 벅찬 시간들이었기 때문이다. 하지만 시간이 지나고 조금씩 많은 책임을 지면서 큰 그림들이 보이기 시작했다. 그러면서 갈등도 시작되었다. 과연 세계은행이 제시하고 권장하는-실은 거의 요구에 가깝다. 권장하는 정책을 집행해야 개발 자금이 지원되기 때문이다-정책들이 그 나라 경제에 가장 최적의 정책인지에 대한 물음이 끊임없이 들었다.

특히 시장중심의 자본주의적 경험이 일천한 아프리카, 동유럽, 중앙아시아와 같은 나라들에게 시장의 결정을 따르는 것이 가상 효율적인 경제정책이라고 주장하는 목소리는 쉽게 동의하기 어려웠다. 특히 선진국을 따라잡아야 하는 후발주자들에게 국가의 역할을 줄이고 시장에 맞서야 한다는 주장은 선뜻 동의하기 어려웠다. 특히 이런 나라일수록 시장이 제대로 작동하기 위한 조건들이 갖추어져 있지 않았기 때문이다. 또 개방과 경쟁이라는 원칙이 모든 경우에 적용되는 만병통치약인지도 의심이 들었다. 세계화의 열매가 국민들에게 골고루 나누어지는 경우를 보기가 힘들었기 때문이다. 오히려 이미 엘리트의 지위를 가지고 있는 이들이 세계화를 통해 자신들의 지위를 더 확고히 하는 경우들을 종종 보았기 때문이다.

세계화는 각 나라가 비교우위에 있는 재화와 서비스를 주고받음으로써 전체의 이익을 극대화한다는 순기능을 가지고 있다. 하지만 세계화는 필연적으로 승자독식의 결과를 낳기도 한다. 글로벌 기업들이 들어와서 한창 기반을 닦고 있는 현지 기업들을 무너뜨리는 경우는 너무 흔한 예가 되었다. 기업뿐만 아니라 개인의 경우에도 세계화의 혜택을 본 이들이 자생적으로 성장한 현지 인력들보다 훨씬 더 좋은 조건과 존경을 받는 경우가 비일비재하다. 아무리 장기적으로 지향해야 할 방향이 시장중심의 경제이고 개방과 경쟁에 바탕을 둔 사회 운영이라 할지라도 그곳을 향해 가는 과정과 속도는 각 나라마다 다를 수 있다는 인식이 참 아쉬운 시간이었다.

하지만 세계은행이—국제통화기금과 함께—선진국의 헤게모니를 개발도상국과 후진국에 심어서 경제적으로 사회적으로 그들을 식민지화하려 한다는 일부의 비난에는 동의할 수 없다. 15년 동안 세계은행에 몸담고 있는 동안 한 번도 그런 생각과 주장을 하는 총재와 이사진 그리고 동료들을 만나지 못했다. 아마도 그러한 의심과 비난은 미국과 서방 국가 출신들이 대다수를 차지하는 직원 구성에 그 원인이 있지 않나 싶었다. 결국 자신이 자라면서 직접 경험한 경제와 사회가 세계은행 직원으로 다른 나라를 분석하고 판단하는 데 무의식적으로 큰 영향을 미치기 때문이다. 내 자신이 개발도상국의 현실을 미국과 서방 출신의 직원들보다 조금 더 깊게 이해할 수 있는 것은 내게 무슨 특출한 능력이 있었던 게 아니라 한국의 경제개발—그것도 아주 빠른 속도로 축적된 과정—을 직접 경험했기 때문이듯이 선진국 출신의 직원들도 그들이 태어나 자라면서 경험한 선진국의 모습이 너무나 당연하게 느껴지는 것이다. 결국 사람은 머리로 배운 내용보다 몸소 체험한 경험에 더 많이 영향을 받는 것이다.

이런 갈등은 세계은행뿐만 아니라 국제기구에 근무하는 개발도상국 출신의 직원들이 공통적으로 느끼는 갈등일 것이다. 나 또한 그 갈등에서 자유로울 수 없었고 주어진 위치와 권한 안에서 나름대로 역할을 해보고자 노력했다. 하지만 1만여 명의 직원과 국가들 간의 치열한 헤게모니 경쟁에서 그 한계도 분명히 보이는 시간이었다.

CHAPTER
5

가난 그 무겁고,
무서운 굴레

"가난을 아무나 극복할 수 있다고 누가 그래?"

전쟁으로 폐허가 된 땅에서
과연 가난을 극복할 수 있을까
의심했던 나라들이 대부분이었다.
그러나 한국은 해냈다.

우리 부모 세대가 그 주역이다.
그런데 우리는 그 공을 인정하지 못한다.
그것은 한 세대의 희생이 있었기에 가능했다.
그런 한평생 희생을 부정당하니 얼마나 억울하실까!
가난은 극복했지만 세대 단절이라는
새로운 문제지가 한국의 손에 쥐어졌다.

세계은행 모자를 쓰고서
세계 곳곳의 가난을 만났다.
그리고 가난은 쉽사리
한 세대에 해결될 수 없다는 걸 확인했다.

한국은 물질적으로는 풍요해졌다.
더 이상 가난 때문에 싸구려 취급당하는
나라는 아니었다.
그러나 정신적인 가난과 나눔이 우리를 다시 아프게 하고 있다.

가난한 나라의 인생은 싸구려다!

Life in developing country is cheap, indeed!

　　17년. 1999년 한국을 떠나 2016년 여름 다시 돌아오기까지 걸린 시간이다. 응시한 모든 학교로부터 낙방한 부끄러운 마음을 가지고 도 망가다시피 미국으로 떠난 뒤 나의 삶은 전혀 예상하지 않은 모습으로 전개되었다. 미국 안에서만 타코마, 보스턴, 워싱턴을 다니며 살았고, 나이지리아, 방글라데시, 인도, 예루살렘과 가자지구, 그리고 우즈베 키스탄에 터를 잡고 삶을 살았다. 또 워싱턴에 있던 동안에는 일 년에 100일이 넘는 날들을 비행기에 몸을 싣고 세상 구석구석을 다녔다. 처 음부터 의도한 것은 전혀 아니었지만 한국인들이 많이 다니는 선진국, 중국, 동남아시아가 아니라, 갈등과 분쟁, 가난과 피폐함이 가득한 땅 들을 다녔다.

큰 배움의 시간들이었다. 단순한 관광이 아닌, 특정한 개인 사업을 위한 출장이 아닌, 나라 자체를 바라보고 그들의 삶의 모습을 큰 시각에서 바라보는 기회였다. 또 30대 초반의 어린 나이 때부터 국가의 운영을 책임지고 있는 이들과 어깨를 나란히 하며 이야기를 나누고 또 나름대로 작지만 의미 있는 변화를 만들어 보기 위해 노력하는 여러분의 경험도 있었다.

첫째로, 가난이 얼마나 무서운지 알 수 있었다. 하버드 케네디 스쿨에서 국제 개발을 공부할 때 제프리 삭스(Jeffrey Sachs) 교수의 강의를 들을 기회가 있었다. 한국에도 잘 알려진 그는 29세 때 하버드에서 교수 임명을 받을 정도로 어려서부터 학문적 탁월성을 입증받았다. 그의 노벨 경제학상 수상은 시간문제라는 것이 대세였다. 하지만 어느 순간부터 현실, 특히 개발도상국과 후진국들이 왜 못사는가 라는 문제에 몰두하며 학교보다 현장을 다니며 탐구하고 대안을 제시하고 있었다. 그의 마지막 수업에서 그가 한말이다. 'Life in developing country is cheap.'

정말 그랬다. 나이지리아에서, 방글라데시 그리고 많은 나라들에서 만난 가난의 민낯은 참으로 무서웠다. 한국을 비롯한 선진국에서는 너무나 당연한 먹고사는 문제, 그리고 삶을 연장하는 행위, 그것이 요구하는 대가는 잔인했다. 남편이나 아내가 낯선 나라로 돈 벌러 가서 일 년에 한 번 얼굴을 볼까 말까 하고, 아이들이 배움을 포기하고 공장으로 향하고, 작은 이익을 위해서 남을 칼로 찌를 수도 있게 만드는 것이 가난이었다. 그 앞에서 인간의 존엄은 사치였고 자아실현은 그들의 어휘에 존재하지 않았다.

가난의 파괴력은 먹고사는 문제에 멈추지 않는다. 어쩌면 그보다 더 무서운 것은 하루하루 한 끼 한 끼 먹는 문제를 해결하기 위해 너무나 많은 기회들을 포기해야 하는 것이다. 6살부터 공장에서 벽돌을 찍어 내는 방글라데시의 아이는 교육을 통해 자신의 잠재력이 무엇인지 알아볼 기회조차 없다. 가까스로 먹고사는 문제를 해결했다 해도 그의 삶의 기적은 이미 결정되어 버린 것이다. 또 집에 모기장을 갖출 능력조차 안 돼서 수많은 모기의 공격에 무방비로 노출되는 아이들은 말라리아, 뎅기 등 수많은 질병과 싸워야만 할 질고를 진다. 비록 생존한다 하더라도 평생 장애를 지니고 살거나 아니면 허약해진 육체로 하늘이 허락한 삶을 다 못 마치는 경우가 비일비재했다.

마지막으로 가난은 종종 사람을 비굴하게 또 거칠게 만들었다. 나와 가족의 생존이 달린 상황에서 자존심은 정말로 사치였다. 반대로 거짓말이나 그보다 더한 생각과 행동도 정당화했다. 또 같은 처지에 있는 주위 사람들을 돌아볼 순간의 여유도 허락하지 않았다.

방글라데시에서의 일이다. 음식과 집안일을 도와주는 현지인들이 두 명 있었다. 아내가 국제학교에서 교사로 일하기도 했고 또 한 달 인건비가 100달러 안팎이어서 한국인을 포함한 외국인들은 거의 다 가사노동을 위해 현지인들을 고용하고 있었다. 그러던 중 언젠가부터 집안에 있는 음식들이 조금씩 없어지기 시작했고 유심히 관찰한 결과 현지인들이 음식을 가져다가 현지 시장에다 팔고 있었던 것이다. 왜 그랬냐고 추궁을 했다. 그네들의 반응은 놀라웠다. 입으로는 미안하다고 하면서도 그 태도는 뭐 이런저런 것 가지고 그러느냐 하는 듯했다. 주위 교민들에게 들어보니 이런 일들이 비일비재하다고 했다. 졸업 후 내가 직접 15년 동안 세상을, 특히 가난한 나라들을 다니며 직접 눈으로 본 후에 나도 말할 수 있다. Life in developing country is cheap, indeed!

둘째로, 국민이 진정한 국가의 주인이 되는 나라도 흔하지 않다는 것을 깨달았다. 물론 형식적으로는 거의 모든 국가가 민주주의의 형식을 지니고 있었다. 아니 더 구체적으로 말해 선거라는 구색을 갖추고 있었다는 표현이 더 정확할 것이다. 하지만 선거가 치러진다는 사실 자체가 결코 국민이 국가의 주인임을, 국민의 뜻대로 국가가 운영됨을 의미하지는 않는다는 사실을 직접 볼 수 있었다.

독립 이후 수십 년 동안 한 사람의 대통령이 통치를 하는 벨라루스와 우즈베키스탄에도 선거는 있다. 대통령과 국회의원을 뽑는 선거를 한 번도 거르지 않고 치렀다. 하지만 이 나라에서 진정한 민주주의가 이루어지고 있다고 믿는 사람은 아무도 없다. 우즈베키스탄의 경우 1991년 독립 이후 최근 타계한 대통령이 국가의 아버지로 존재하며 매 선거마다 90% 이상의 투표율과 90% 이상의 득표율을 보이며 당선됐다. 벨라루스도 마찬가지였다. 개인적으로 이들 나라들을 방문해서 회의를 하고 거리를 걸으면서 분명하게 받은 인상은 감시였다. 비밀경찰(KGB)이 아직도 사회 곳곳을 감시하고 국민들은 국가와 정치에 대한 이야기를 하는 것은 불문율이 되어 있었다. 비록 치안이 유지되고 어느 정도 경제적인 성장을 이루었다고 하더라도 국가의 주인이 국민이라고 할 수는 없었다.

하지만 선거가 제대로 이루어지는, 아니 더 구체적으로 총리나 대통령이 선거에 의해 바뀌는 나라라고 해도 국민이 국가의 주인이라고 할 수는 없었다. 국민들의 뜻대로 국가를 운영해 줄 지도자가 없었기 때문이다. 극소수의 엘리트층과 가난하고 교육받지 못한 대다수의 국민들 간에는 엄청난 괴리가 있었다. 하루하루 먹고살기에도 벅찬 대다수의 국민들에게 선거란 공허한 잔치였다. 투표용지에 적혀 있는 엘리트 후보 중 그 누구도 대다수 국민들의 힘겨운 삶을 진심으로 이해하고 해결해 주고자 하는 사람은 없었다. 그냥 선거를 통해 후보들이 주는 돈봉투나 받고 잔치에서 배부르게 먹는 기회를 선거라고 생각하는 것 같았다. 또 그런 과정을 통해 선출된 후보들에게도 다음 선거 때까지 국민이란 존재는 없었다. 아니 어쩌면 국민들의 존재는 몇 년마다 한 번씩 돈 봉투를 돌리고 잔치를 베풀어 주어야 하는 존재 정도가 아니었을까?

그렇다. 국민이 주인이 되는 나라를 만들기 위해서 필요한 것은 때에 맞추어 선거를 치르는 제도적 정치만이 아니다. 특정 엘리트 계층만이 국민의 대표가 될 기회를 갖는 것이 아니라 그 누구에게도 가능성이 열려 있는 사회여야 한다. 그러기 위해서는 우선 국민들의 먹고사는 기본적인 문제들이 해결되어야 한다. 앞서 말했듯이 가난의 굴레를 벗어나지 못하면 사회와 국가를 돌아볼 여유는 없다. 또 국민들의 시민성을 기르는 교육 및 제도가 필요하다. 개발도상국에서 선진국으로 넘어가는 그 긴 장정에서 꼭 필요한 과정인 것이다.

우리는 왜 부모 세대의 희생을
무시하는가?

　다시 한 번 말하지만 세계은행에서 보낸 15년을 통해 가난이 얼마나 극복하기 힘든 일인가를 알게 되었다. 한 나라의 가난은 세계화를 해도 쉽게 해결이 안 된다. 사실 세계화를 통해서 잘살게 된 나라도 몇 손가락에 꼽는다. 한 나라의 가난은 40~50년 안에 극복될 문제가 아니다. 그렇다면 가난을 극복한 한국의 기적, 그 힘은 도대체 어디에서 나온 것일까? 나도 한국인이지만 참 불가사의한 일이었다.

　한국인이 가난을 극복할 수 있는 힘은 역설적으로 한국전쟁이 만들어줬다. 정신없이 돌아가는 오늘날 한국 사회의 모습을 보면 믿기 어렵지만, 한국전쟁 이전에 그렇게 게을렀던 우리 조상들은 전쟁 이후 180도 달라졌다고 한다. 전쟁은 나라를 폐허로 만들었지만 사람들을 깨웠다. 한국인의 성격은 6.25 이전과 이후로 나뉜다. 6.25 이전에는 느리고 게을렀다. 그러나 전쟁을 겪고 나서 사람들이 달라졌다. 총알이 빗발치는 곳에서 생존을 해야 하니 마음이 급해졌고, 고등어자반 뒤집 듯이 좌우에 맞추다 보니 눈치도 빨라졌다. '빨리빨리'가 성격으로 자리 잡게 된 것이 전쟁 때문이었다. 구한말 한국 사람을 본 잭 런던이라는 외국인은 너무 느려터진 한국인을 보고 살인 충동까지 생긴다고 했다 (잭 런던의 『조선사람 엿보기』 참조). 조선인들은 혼자서 충분히 할 수 있는 일을 여러 사람이 달려들어 반나절이나 걸렸다고 했다. 말의 안장을 싣 는 데만 잡담 하느라 30분이나 걸린다고도 했다. 서양인들이 볼 때 한 국인은 시간에 쫓겨 살지 않는 전근대적인 여유를 가지고 살던 나라의 국민들이었다. 그렇게 느린 한국인이 전쟁 이후 달라졌다.

시인 고은은 이런 말을 했다. "전쟁을 겪으면서 어느 샌가 사람들 의 눈빛이 달라졌다. 느린 말씨도 순한 말씨도 사라졌다. 말들이 빨라 졌고 낯설어졌다." 문학가 권정생은 이렇게 회고한다. "석 달 동안 피난 을 마치고 돌아왔을 때 보니 마을의 모습은 별로 변하지 않았는데 사 람들이 모두 변해 있었다. 서로 믿고 얘기를 나눌 이웃이 없어져 버렸 다. 형제나 사촌, 사돈 간에도 입을 다물고 지냈다." 한국전쟁 이후 한 국 사회는 극단적인 개인주의가 자리 잡아 갔다. 전쟁은 모두를 똑같 이 가난하게 만들었다. 전쟁은 자연스럽게 신분제를 해체했다. 견고한 신분 체계가 한순간에 무너졌다. 하층민이 완장을 차고 떵떵거리는 시 대가 왔다. 고시만 패스하면 신분상승이 이루어지는 시대가 왔다. 도 시는 영국처럼 산업화가 이루어지지 않는데도 사람들이 모여들었다.

전쟁에서 살아남아 도시에 모여든 사람들은 다시 먹고사는 전쟁 에 휩쓸렸다. 공장으로, 짐꾼으로, 버스차장으로 닥치는 대로 일을 했다. 나는 못살지만 자식은 잘살게 하고 싶어 자신의 청춘을 다 희생해 가며 돈을 벌었다. 그렇게 눈물겨운 희생, 배고픔을 참아가며 만든 희생이 지금의 우리나라를 만들었다. 그리고 한국전쟁이란 트라우마를 겪으면서 세상에 유례없는 경제개발을 해낸 분들이 우리 할머니 할아버지, 우리 부모 세대들이었다.

아무리 생각해도 우리 부모님 세대는 정말 대단한 일을 해 내셨다. 그 기적 같은 노력에 대해서 그 누구도 빈정거릴 수 없다. 한국의 가난 극복은 박정희 정권의 그 유명한 '경제개발 5개년 계획'이 만든 게 아니다. 한강의 기적, 아시아의 네 마리 용이라 불리는 그 업적은 오직 부모님 세대의 무한한 희생이 있었기에 가능했다. 세계 어느 나라를 가도 가난 극복을 위해, 자식 세대의 행복을 위해 한국의 부모님 세대처럼 자기 청춘을 아낌없이 희생하는 세대를 만나지 못했다. 가끔씩 개인의 희생은 있어도 한 세대의 희생은 아니었다. 대부분은 조금 못살아도 희생하지 않고 그냥 즐기면서 산다. 사실 그게 정상이다. 우리 부모들이 비정상이다. 그러나 당시의 상황은 비정상이 정상인 시대였다. 그 시대를 온전하게 건너오려면 그렇게 할 수밖에 없었다. 그래서 비정상이라고 손가락질 할 게 아니라 정말 대단한 일을 했다고 박수를 쳐 주어야 한다. 그 박수는 박정희에게 보낼 것이 아니라 우리 부모 세대들에게 바쳐야 한다.

그런데 세계가 감탄사를 쏟아내는 이 기적을 자식 세대인 우리들은 그렇게 대단하게 생각하고 있지 않은 듯하다. 지금 우리들은 부모님 세대를 깎아 내리기 바쁘다. 무시 정도가 아니라 적대적이기까지 하다. 하지만 솔직하게 스스로에게 물어보자. 지금의 우리들이라면 부모님들처럼 그렇게 할 수 있겠는가? 내 자식 세대를 위해 내가 하고 싶은 거 참고, 내가 먹고 싶은 거 참아가며 희생할 수 있는가? 지금의 30~40대에게 이 질문을 하면 열이면 아홉은 부정적일 것이라고 단언한다. 그런데 그걸 우리 부모가 했다. 우리가 감히 못 할 일을 했다. 그러니 당연히 박수쳐야 하는 것 아닌가?

우리는 곰곰이 생각해 보아야 한다. 왜 부모 세대가 박정희-그리고 박근혜-라는 이름에 그렇게 의존할까. 이 휩쓸림 속에 각인된 하나의 키워드가 있었다. 박정희와 새마을운동. 그 당시의 험한 파도를 건너온 사람들은 이 두 개의 키워드를 고향처럼 간직한다. 자기 세대의 희생을 증명할 신분증이라고 생각했다. 박정희가 자신들에게 해준 게 있든 없든 박정희라는 이름은 그냥 자기 인생의 상징이었다. 그래서 정치를 잘 모르는 사람도 박정희와 자기 인생을 동일시하였다. 그의 철학과 리더십이 마음에 들어서가 아니라 자기 청춘을 희생했던 그 시기의 상징이었기 때문이다. 이건 보수라는 정치논리의 개념이 아니라 자기희생에 대한 보상의 개념이라고 봐야 한다. 그걸 들여다 볼 수 있어야 앞 세대와의 소통이 가능하고 그 소통을 통해 다음 세대로의 계승과 발전을 이루어낼 수 있다.

부모 세대가 촛불을 싫어하는 이유는 무엇일까? 아마도 자기 인생이 부인당하는 느낌이 들어서일 것이다. 세대가 완전히 부인되는 느낌, 이 느낌은 참 비참하고 억울하다. 억울함은 쌓이면 한이 되고 원망이 되고 단절이 된다. 이걸 풀지 않으면 사회가 건강하게 조화를 이루기는 쉽지 않다.

나는 우리 부모님 세대가 참 억울할 것이라고 생각한다. 고맙다고 인사는 못 받을망정 자식 세대에게 매도당할 분위기이니 얼마나 억울하겠는가? 그래서 소주 한잔 하면서 "내가 네 놈들 잘살게 하려고 얼마나 힘들게 살았는데."하며 한탄을 쏟아 놓는다. 난 그게 너무나 안 타깝다. 우리가 아무리 삭막해졌다고 해도 이러면 안 된다. 혼자서 울컥하며 마시는 소주잔에 아들이 슬며시 다가가 잔을 채우면서 "아버지, 고생하신 거 잘 알아요. 아버지 때문에 우리가 이렇게 살게 된 건데. 고마워요." 이런 말 정도는 건네야 한다.

바로 그 말에서 세대 잇기는 시작된다. 세대교체가 아니라 세대 잇기가 먼저 되어야 한다고 본다. 앞선 시대를 무시한 세대교체는 사회적 갈등만 초래할 뿐이다. 더 이상 자식 세대가 부모의 공을 깎아 내리지 않았으면 한다. 내가 부모에게 칭찬받고 싶듯 부모도 우리에게 칭찬받고 인정받고 싶어 한다. 거기서 내가 앞에서도 소개한 세대 잇기의 기본 정신이 나오지 않을까. 부모님 세대는 한 세대를 통째로 희생해서 지금의 풍요를 만들어 냈다. 우리는 적어도 이 부분에 대해서는 감사하는 마음은 가져야 한다. 당신들 덕분에 우리가 이만큼 산다는 헌사를 보내야 한다.

한반도는 단절이 많은 땅이다. 남북 간, 지역 간, 세대 간, 빈부 간의 단절. 이 단절 사이사이에 억울함이 숨어 있다. 이 억울함을 어떻게 풀어야 할까? 바로 거기서 '세대 잇기'의 숙제가 나온다.

기독교가 유대교로부터 독립할 때 유대교가 지니고 있던 공통적인 가치를 다 버렸다. 살려도 될 만한 유대인 예식들도 다 버렸다. 꼭 그럴 필요가 있었을까? 과거와의 단절을 위해 자기 살을 베어 버렸는데 그중에 가족중심 문화도 있다. 지금 이 이야기를 하는 이유는 우리도 산업화를 통해 경제성장을 이루면서 산업화 이전의 모든 것은 나쁜 것인 양 다 버렸다는 것이고, 그중에 가족 문화도 있음을 부인하지 못한다. 우리는 물질적 성장만 추구하다보니 공동체 가족에 관한 모든 것이 단절된 느낌이다. 우리의 경제성장은 단절된 성장이다. 이것에 대한 반성과 회복이 필요하다.

　한반도의 성장과정은 유럽의 성장과는 비슷한 듯하지만 자세히 보면 다르다. 파괴된 농촌을 뒤로하고 도시로 몰려든 사람들을 바탕으로 유럽의 도시는 산업화가 되어 있었지만 우리나라의 도시는 산업화가 채 이루어지지 않은 미성숙한 곳이었다. 그럼에도 도시로 몰려들어 새로운 가치를 만들어 냈다. 우리는 성장 중심의 개발로 가난을 해결할 수 있다는 믿음을 가졌다. 먹고살 만하게 되기까지의 과정이 너무나도 강렬했고 눈물겨웠다. 그래서 더욱 그때의 가치를 인정받고 싶은 것이다. 그걸 인정하고 박수 쳐주는 게 그렇게 힘들까?

　우리는 지금 물질적으로 잘살게 되었지만 잘사는 것 같지 않다. 삶의 질이 썩 좋아진 느낌은 안 든다. 앞만 보고 달리면서 무언가 잃어버린 것들이 너무 많다. 아파트에서 앞집 초인종을 눌러 인사하는 게 당연한데 그게 너무 어색하고 이상하게 보이는 사회가 되었다. 어느 정도 먹고살게 되면 삶의 여유를 찾고 옆을 돌아볼 줄 알아야 하는데 우리는 돈이면 다 되는 사회, 입금만 하면 무슨 일이든 다 하는 사회를 만들어 놓았다. 우리는 경제라는 이름으로 모든 인간생활의 패턴을 끼워 맞추고 있는 것이다.

　대학생들에게 자신의 상품성을 높이라고 얘기한다. 스펙이 그 상품성이다. 시장에서 거래된 그 상품성이 인간의 가치를 깎아 내리고 있다. 우리 이렇게 살아도 되는 걸까 하는 의심은 돈이 최고로 인정받는 사회가 만든 그늘이다. 배고픈 걸 해결하면 모든 게 다 해결된다는 프레임은 깨져야 한다. 지금 대한민국을 사는 대부분의 사람들이 그

프레임 속에 갇혀 살고 있다. 어떤 아파트에 살고 어떤 차를 타는가가 중요한 시대다. 사회가 방향성을 잃은 느낌이다. 사회가 저질화되는 느낌이다. 나는 우리가 덴마크 이상의 소득을 얻는다고 해도 덴마크 이상으로 행복하게 살 수 있다고 장담하지 못한다.

물질적 가난은 극복하면 된다. 그러나 정신적 가난은 쉽게 헤어날 수 없다. 생각이 단단해지면 소통이 어려워진다. 소통이 막히면 단절이 된다. 이 세상에 없는 좋은 나라를 만들려면 이 단절부터 풀어야 하지 않을까?

지금의 우리 사회를 들여다보면 억울함이 곳곳에서 느껴진다. 부모님 세대는 인정을 못 받아 당연히 억울하고 청춘은 청춘대로 억울하다. 그 억울함을 어디 가서 하소연 할 데가 없다. 들어줄 사람이 없으니 공허하다. 한평생의 희생에 대해 고맙다는 말 한 마디 못 듣는 세상은 참 잔인한 세상이다. 상처를 자기 속에 쌓아가는 기성세대는 그래서 그런지 청년들에게 엄청 잔인하다. 애를 낳아서 키울 경제적 여건은 만들어주지 않으면서 결혼을 재촉하고 애를 낳으라고 한다. 세대와 세대가 힘을 합쳐 어려움을 극복해가는 게 아니라 서로 으르렁거리며 맞선다. 이게 2017년의 우리 사회의 모습인 듯하다.

인수인계를 못하는 기업은 곧 시들해지고 만다. 마찬가지로 인수인계를 못하는 사회는 세대를 넘어 발전할 수 없다. 앞 세대의 희생과 지혜를 존중하지 않는 나라는 다음 세대가 온전한 행복을 누릴 수 없다. 혼자 가면 빨리 가지만 같이 가면 멀리 간다는 말을 난 '세대 잇기'에 적용했으면 한다. 세대와 세대는 손을 잡아야 한다. 그래야 멀리 행복하게 갈 수 있다.

우리를 지배하는
시장(市場)이라는 괴물

　　시장경제는 기본적으로 보이지 않는 시장의 손이며 수요와 공급의 법칙에 의해 움직인다. 애덤 스미스로부터 내려온 경제학의 원리는 오늘날 우리 사회를 확고히 지배하는 경제적, 아니 사회적 논리로 자리 잡았다. 하지만 소위 시장의 자율조정 기능을 경제와 사회의 가장 중요한 운영원칙으로 간주하는 사람들은 시장에 대한 어떠한 견제에도 눈을 찌푸린다. 그들은 말한다. 시장이 잘 작동하게 해야지 딴지 걸면 안 된다. 한걸음 더 나아가 정부의 개입은 시장을 잘 작동하게 하는 목적으로만 정당화 될 수 있다고 주장한다. 하지만 정말 그럴까?

　　우선 오늘날 가장 큰 이슈 중 하나인 일자리를 생각해 보자. 자유주의 경제학적 견해에 의하면 모든 실업은 일자리를 원하는 게 아니라 임금을 원한다. 난 이 논리가 틀렸다고 본다. 이 논리는 시장경제의 논리이지 사람의 논리가 아니다. 어떻게 보면 지금 청춘들의 스펙 경쟁도 시장경제가 한몫 한 것이다. 역사적으로 보면 지금 아이들처럼 스펙이 화려한 시대는 없었다. 그럼에도 취직은 더 힘들다. 시장의 법칙에서 스펙은 상품이고 거래 대상인데 공급량이 많으니 경쟁만 치열하고 값은 당연히 떨어질 수밖에 없다. 내가 가진 스펙이 내 삶의 가치를 전부 좌우하지 않을 텐데 시장경제는 한 사람의 인간적 가치를 스펙과 동일화시켜버렸다. 바로 여기서 이렇게 살아도 되는가 하는 비명이 튀어나오는 것이다.

정부 그리고 사회는 시장이라는 존재를 마치 핵발전소 다루듯이 해야 한다고 생각한다. 핵발전소는 잘 운영하면 많은 시민들에게 전력을 제공해 주고 환경에 대한 부담도 최소화시키는 매우 강력한 역할을 한다. 하지만 그 뒤에서는 한 도시, 한 나라를 폐허로 만들 수 있는 잠재적 파괴력을 지니고 있기도 하다. 시장도 마찬가지이다. 시장의 기능에 대해 어떤 견제도 하지 않는다면 우리들의 삶은 시장에 잡혀 먹고 말 것이다.

특히, 노동, 토지, 화폐는 시장의 논리에 완전히 맡겨두면 안 된다고 생각한다. 우리나라는 다른 나라보다 유독 부동산 문제가 심각하다. 집으로 큰돈을 벌어보니 그 맛에서 빠져 나오기 힘들다. 집으로 돈을 버는 세상이 되면 안 된다. 주거는 인간 행복권의 기본 조건이다. 집으로 누가 큰돈을 벌었다는 건 반대편의 누군가가 큰돈을 잃었다는 얘기일 수도 있다. 물론 자본주의 자체를 반대하지 않는다. 다만 시장이라는 존재는 양날의 칼을, 그것도 사람과 사회를 단칼에 살리고 죽일 수 있을 만큼 날카로운 칼을 가진 존재라는 것을 기억해야 한다는 것이다.

최근 발표된 각종 수치가 보여 주듯이 우리 사회는 분배 문제가 참으로 심각하다. 이 문제를 푸는 해답이 왜 반드시 성장일까? 돈을 조금 더 받으면 행복해진다는 근거는 무엇일까? 이미 2006년 미국 프린스턴 대학의 경제학자 앨런 크루거(Alan B. Krueger)와 심리학자이자 노벨상 수상자인 대니얼 카너먼(Daniel Kahneman)이 소득과 행복 간에 상관관계가 있다는 믿음은 허상이라는 것을 계량적으로 밝혔는데도 말이다.

시장경제를 맹신하면 안 된다. 시장경제를 방치하면 안 된다. 시장경제는 모두를 다 행복하게 해 줄 수 있다고 생각하지 않는다. 시장이란 존재는 본질적으로 비인간적이다. 사람이 사람답게 살려면 우리가 시장에 종속되는 것이 아니라 시장을 우리의 삶에 맞게 다루어야 한다. 가장 효율적인 시장사회에서 사는 가장 비참한 사회가 되서는 안 될 것이다.

CHAPTER
6

보편적 가치가
무너진 조국

"입금만 되면 다 하는 사회에서 우리는 정말 행복할까?"

돈 앞에서 언어도 인격을 잃고 있다.
흙수저라는 말은
사람을 참 비참하게 한다.

17년 동안 밖에 있다가
다시 돌아와 본 한국은
가치와 기준이 무너진 사회가 되었다.

교실부터 직장까지 곳곳에서
무한 경쟁이 벌어지고
더불어 잘사는 고민보다
나만 먼저 잘사는 고민이 우선이 되었다.

여전히 혈연, 지연이 중요했고
영어만이 모든 것을 해결해줄 것처럼
영어 학원으로 불나방처럼 모여든다.

왜 우리가 돈 앞에서
이렇게 비참해지고
이기적이 되었을까?

시장경제가 자본주의가
돈이 사람 앞에 있어서는 안 된다.
그런 나라가 되어서는 안 된다.

보편적 가치를 세우고 지켜야 할 숙제가
이제 다시 우리에게 주어졌다.

열린 소통,
수직적 대화에서 탈피하자[*]

"저, 어떻게 불러드려야 할까요?"

한국 사람들은 필자를 처음 만나 영어와 러시아어만 적힌 명함을 본 후 종종 이렇게 묻는다. 이름은 알겠는데 그다음 따라오는 영문 직책을 어떻게 번역해야 할지 곤란한 것이다.

입은 옷이 그 사람의 행동에 영향을 미치듯이 말도 그 행동에 큰 영향을 미친다. 게다가 한국에서 사회생활을 하는 사람이면 누구나 자신과 상대방에게 붙은 호칭이 얼마나 중요한지 알 것이다. 이름 다음에 오는 호칭에 따라(또는 나이에 따라) 쓰는 어휘와 문장뿐 아니라 생각과

---

[*] 이번 6장에 쓴 글은 마지막 항목인 "유럽의 질곡을 새로운 시대정신으로 풀어낸 나라, 미국"을 제외하면 2015년~2016년 매일경제신문 '글로벌 포커스' 코너의 정기 필진으로 참여한 저자의 칼럼을 편집한 것입니다.

행동 양식도 완전히 달라지기 때문이다. 그래서 상대방과 내가 주고받을 호칭을 적절히 정하는 것은 한국 사회생활의 기본 중 기본이다.

반면 국제기구에 몸담으며 일한 시간이 쌓이다 보니 필자에겐 이제 그냥 이름만 부르는 경우가 익숙하다. 직속 상사뿐 아니라 국제사회에서 국가 최고통치자의 의전을 누리는 세계은행 총재도 사내 토론과 메일에선 종종 'Jim(김용 총재의 영문 이름)'이라고 부른다. 물론 필자의 직원들도 필자를 이름만으로 부르고 장차관 같은 정부 관계자들과도 첫 만남에서나 'Mr. Cho'이지 다음번부터는 그냥 이름이다.

이런 수직적 대화법과 수평적 대화법 모두 장점이 있다. 공적인 모임이나 협상 같은 경우 이름에 직책이나 존칭을 붙여 사용하면 대화가 보다 진지해지기 마련이다. 또 매번 상대방을 부를 때마다 직책이 갖는 권위를 되새김으로써 상대방에게 존중을 표하게 된다. 이에 반해 서로의 이름만 부르는 수평적 대화법은 관계를 더 친근하게 하고 자유로운 의사소통을 가능하게 하는 효과가 있다. 따라서 이 둘 가운데 우열을 가릴 필요는 없다.

문제는 오늘날 한국의 수직적 대화법이 건강한 토론과 논쟁에 미치는 영향이다. 다들 한 번쯤은 경험했듯이 서로가 존댓말을 하다가 한쪽에서 반말을 하는 순간 관계는 수평에서 수직으로 순식간에 돌변한다. 이러한 수직 관계에서는 일방적인 결정이 이루어지는 경향이 크다. 이 때문에 자기는 상대에게 높임말을 쓰고 상대방은 나에게 반말을 쓰는 관계라면 어차피 결정능력이 상대에게 있다고 인정해버리고 가급적 대화를 안 하려고 한다. 이렇게 권위와 나이에 눌린 일방적 소통에 젖어서 건강한 토론과 논쟁의 경험이 부족하기 때문에 자유로운 창의력과 소통능력이 필수인 국제사회에서 크게 어색해하며 가진 실력을 다 펼치지 못하는 것이다.

새해에는 호칭의 거품을 걷어내고 서로에게 존칭하기를 제안해본다. 갑의 위치에 있고 나이도 지긋한 사람들이 먼저 솔선수범해서 자신의 호칭을 던지고 상대방에게 같이 존칭하면 어떨까. 이를 통해 실타래처럼 얽혀 우리를 죄고 있는 갑을 관계, 상하 관계가 조금은 느슨해지지 않을까 싶다. 또 이를 통해 다음 세대를 책임 질 청년들이 보다 자유로운 창의력과 소통능력을 가질 수 있을 것이다. 또 진정한 권위는 호칭과 존댓말이 아닌 인품과 실력의 진검승부를 통해 나오기 때문이다.

40대 중반의 나이. 연배가 높으신 어른들과 나이는 어리지만 의젓하게 사회생활을 하는 젊은이들도 많이 만나는 나이다. 그냥 아무개 씨라고 부르고 불리기에 조금 어색한 나이일 수 있다. 또 박사 학위도 없는 필자가 박사님으로 불리는 황송함부터 여러 호칭이 주는 편안함을 누려왔음도 고백한다.

하지만 나부터 호칭이 주는 사고의 경직화에서 벗어나 내 주위의 동료, 이웃들과 보다 자유롭고 넓게 생각하고 소통하고 싶다. 우리 아이들이 발 딛고 살아갈 한국 사회가 그렇게 변했으면 좋겠다. 모두가 서로를 박사님, 사장님이라고 부르면서도 철저한 수직 관계에 갇혀 있는 사회가 아니라 서로 이름을 부르면서도 존중하는 사회, 또 그 안에서 더 자유롭게 소통하고 듣기에 불편한 의견들도 권위로 눌러버리는 것이 아닌 논리와 설득으로 풀어내는 사회가 되었으면 좋겠다.

한국 사회는 호칭이 중요하다. 특히 국내에서 누구를 만나면 서로 나이를 확인하고 또 직업을 고려해 적절한 호칭을 불러주는 것은 한국 사회 인간관계의 기본이다. 그래서 종종 나를 만나는 분들이 당혹해 하는 모습을 보곤 한다. 처음 만나 내가 드린 명함에 적혀 있는 세계 은행에 있는 직책들(young professional, (senior) governance specialist, country manager)을 어떻게 한국어로 부를지 내게 오히려 묻는다. 또 그중 많은 분들이 어림짐작으로 세계은행에서 간부까지 하려면 당연 히 박사려니 하고 "조 박사님"으로 부르곤 하신다. 그럴 때마다 나는 웃 으면서 자신 있게 대답한다. "저는 박사가 아닙니다. 그냥 조정훈 씨라 고 불러 주세요."

대한민국 흙수저가
글로벌 금수저가 되려면

"국제기구와 같은 글로벌 일자리도 결국은 어려서부터 외국물 먹은 금수저들에게나 해당하지 않나요?" 필자가 얼마 전 국내 한 대학에서 국제기구와 국제사회에 관해 특강한 후 받은 첫 질문이다. 총 맞은 것처럼 가슴이 내려 앉아 한참 동안 답을 할 수 없었다.

오늘날 한국의 많은 젊은이들이 국제기구 진출을 꿈꾼다. 국제기구 설명회에 구름 같은 인파가 몰리는 것은 더 이상 놀랍지도 않다. 빡빡해진 한국의 현실에 대한 실망이고 또 품은 꿈을 더 넓은 세상에서 펼쳐보려는 희망의 표현이기도 하다.

필자가 받은 질문이 "그 흔한 어학연수나 해외유학도 못 가본 나도 가능할까요?"라며 희망의 메시지를 구하는 흙수저 청년의 절박한 질문임을 알기에 "그럼요."라고 하고 싶었다. 하지만 현실은 해외에서 다양한 경험과 배경을 갖지 않은 한국 직원들을 찾아보기 쉽지 않다. 또 어렵게 입문했어도 맨땅에 헤딩하는 기분으로, 마치 어색한 옷을 억지로 입으며 힘겨워 하는 긴 시간들을 경험한다. 왜 그럴까? 언어의 장벽이 높긴 하지만 다양한 악센트를 가지고 서슴없이 토론하는 국제기구에서 콩글리쉬가 치명적인 약점이 되지는 않는다. 그렇다면 무엇이 문제인가?

첫째는 국제적 이슈를 나의 이슈로 보는 주인의식의 부족이다. 작고 먼 나라에서 왔지만 기죽지 않고 당당히 국제기구의 리더로 자라나기 위한 내공의 핵심은 국제적 사건과 현상들에 대해 큰 시각과 관점으로 대안을 제시할 수 있는 능력이다. 한국도 세계 곳곳의 뉴스와 이슈들을 실시간으로 접하고 있다. 하지만 아직도 한국 사회에 미치는 영향만 분석할 뿐 국제사회의 주인으로 대안을 제시하려는 노력은 많이 부족하다. 아직도 국제 이슈의 주인이 되지 못한다.

둘째는 다양성에 대한 인정과 존중의 부족이다. 국제기구의 일원이 된다는 것은 국제사회라는 커다란 퍼즐의 한 조각으로 살아가는 것이다. 다양한 의견과 행동, 그리고 생각의 틀에 익숙해지고 가다듬어져 가는 것이다. 과연 오늘날 한국 사회와 교육이 이런 다양성을 얼마나 받아들이는가? 아직도 서양인들을 보면 주눅 드는 열등감과 피부색이 검은 외국인들에게 드는 우월감 사이에 갇혀 있지 않은가?

마지막은 소통과 대화 능력의 부족이다. 권위와 나이에 눌린 일방적 소통에 젖어서 건강한 토론과 논쟁의 경험이 부족할 수밖에 없는 현실이다. 국제사회는 자신의 주장을 효과적으로 펴면서도 외골수로 보이지 않는 세련됨과 자신의 의사를 적극적으로 전달하며 지지를 얻어내는 능력을 필요로 한다. 학기 내내 침묵했지만 필기시험으로 숨은 실력을 보여주겠다는 소위 유학생 전략도 국제기구에서는 먹혀들지 않는다.

오늘날 많은 젊은이들이 할 수만 있으면 조기유학으로, 아니면 국제학교, 어학연수, 해외봉사활동 등으로 '외국물'을 먹고 있다. 한국 사회가 제공하지 못하는 큰 공백을 값비싼 보충수업료를 내며 스스로 메꾸어 나가는 형국이다. 결국 이런 추가비용을 부담할 수 없는 젊은이들에겐 국제기구와 국제사회 진출은 그림의 떡이 된다. 선택된 몇몇만 탈출하고 나머지는 '최선을 다해서 우물 안 개구리가 되는' 현 교육과 사회에서는 대다수의 젊은이들은 나가고 싶어도 나갈 수 없다. 이런 현실에서 외치는 국제화는 결국 계층의 고착화만 확대시킬 뿐이다.

선택된 일부만이 국제기구와 국제사회에 진출하는 것은 진정 후진국 현상이다. 국제기구 취업설명회를 여는 정부의 노력도 좋지만 이는 이미 잘 준비된 자들에게 날개를 달아줄 뿐이다. 의도하지 않는 박탈감과 좌절감을 초래할 수 있다. 그러므로 하루빨리 교육과 사회 전체적인 시스템이 글로벌화해야 한다. 인천공항이 세계 기준을 뛰어넘어 글로벌 공항의 새 기준을 제시하듯 교육과 사회 각 분야에서 글로벌 기준과 수준에 이를 때 비로소 금수저, 흙수저 가리지 않고 글로벌 인재들을 쏟아 낼 것이다. 선진국은 별개 아니다. 흙수저가 열심히 노력해서 글로벌 인재로 자랄 수 있는 나라가 진짜 선진국이다.

왜 모두가 영어를 잘해야 할까?

대한민국에 돌아와 느낀 것 중에 하나가 영어가 권력이 되어버린 세상이다. 영어를 잘하면 뭔가 있어 보이는 세상, 종로나 강남에 가 보면 성형외과만큼이나 영어학원이 많다. 왜 이렇게 되었을까? 왜 모두가 영어를 잘해야 할까? 개인적으로 분명히 반대다. 우리 모두가 영어를 다 잘해야 한다고 결코 생각하지 않는다. 그리고 오히려 영어가 우리 사회를 망치고 있다고 생각한다.

영어는 어느덧 우리 사회의 우열을 가리는 변별력의 척도가 되었다. 영어를 잘하고 못하느냐가 실력이 되고 있다. 사법고시 행정고시 심지어 9급 공무원 시험에도 영어 과목이 시험에 들어 있다. 영어가 시험과목에 들어가 있지 않은 것이 거의 없다. 우리나라 공무원들이 그렇게 영어를 잘해야 할 이유가 뭘까? 그 업을 수행함에 있어 영어가 필요 없음에도 영어시험이 변별력이 된다는 이 아이러니는 도대체 누가 만든 것이고 누가 이것을 용인하는 것일까?

영어를 가장 잘하는 방법은 어릴 때부터 영어를 쓰는 외국에 나가서 살면 된다. 그러면 공부라고 생각 안 하고 자연스럽게 영어가 몸에 배고 한국 사람이 감탄사를 보낼 정도로 버터 발음이 줄줄 나온다. 그런 현실을 너무 잘 알기에 그런 영어 발음을 듣고 '와' 하며 부러움의 대상이 되는 것이 이해하기 힘들다. 그래서 우리나라 영어교육에 대한 문제를 얘기하면서 영어는 고려장이라는 얘기를 하게 된다. 솔직히 이 말은 우리나라의 유명한 영어학원에서 토익을 가르치는 강사가 한 이야기다. 우리나라 젊은이들이 무분별하게 돈을 싸 들고 영어의 불바다에 뛰어들고 있다. 영어는 부모의 재력의 기준이 되고 변별력이 된 것이다.

우리 사회에서 변별력을 가질 수 있는 것으로 영어와 수학이 있다. 사실 수학은 어떻게 보면 나름 가치가 있다. 수학을 잘할수록 창의력이 높고 머리가 좋다고 볼 수 있다. 그러나 영어는 그저 소통할 수 있는 능력이다. 영어 95점, 97점, 98점이 무슨 차이가 있을까? 95점 받아도 충분한 아이가 98점을 받기 위해 돈을 쏟아 붓는 사회가 우리나라 사회다. 그 3점을 더 얻기 위해 몇백만 원이 아깝지 않은 것이다. 아무리 억만금을 쏟아 부어 영어공부를 한다고 해도 초등학교 때 외국 나간 아이를 이길 수 없다. 영어에 국가적 사회적 비용이 너무 많이 빠져나가고 있다고 생각한다.

영어가 꼭 필요한 직업은 그 종류와 숫자가 한정되어 있다. 그렇다면 직장을 구하는 청년들이 모두 다 영어를 잘할 필요가 없다. 농사를 짓는 사람에게, 집을 짓는 사람에게 왜 영어가 필요한가? 외국 자료를 보기 위해 꼭 영어가 필요하다면 구글 번역도 있고 심지어 요즘은 음성 번역도 나오지 않은가? 반기문 전 유엔 사무총장도 원어민 수준의 영어를 구사하지 않는다. 어떤 사람은 그분의 영어를 듣기가 고통스럽다고까지 했다. 그럼에도 그분은 유엔 사무총장직은 나름 잘 수행하고 은퇴하지 않았던가!

대한민국은 맹목적인 사회다. 하나에 꽂히면 사회가 우르르 그곳으로 몰려간다. 영어가 그렇다. 이 맹목적인 현상을 바꾸어야 한다. 변별력으로서의 영어를 빨리 다른 것으로 대체시켜야 한다. 대학입시도 등급제로 바꾸고 영어도 90점 이상만 받으면 아예 시험과목에서 없애야 한다. 분명히 강조하건대 변별력으로서의 영어는 우리 사회를 갉아먹는다. 누군가가 나서서 이 사회적 거품을 걷어냈으면 좋겠다. 사회적 맹목은 사회적 아편이다. 변별력이 아니라 분별력을 갖추어야 한다. 뭐가 올바른 길인지를 판단할 사회적 지혜가 필요한 때이다. (뒤늦게 최근 영어시험을 단계별 등급제로 바꾸었다는 소식을 들었다. 늦었지만 반가운 소식이 아닐 수 없다.)

더 나누면 더 잘살 수 있다,
모두 다!

　예전 중국 베이징에서 59개 국이 모여 아시아인프라개발은행(AIIB) 정관에 협정을 할 때, 세계은행(World Bank)과 아시아개발은행(Asia Development Bank)에 버금가는 국제 개발의 주역이 새로 등장하였다. 또한 인도, 중국, 러시아를 중심으로 한 신개발은행(New Development Bank) 역시 기지개를 펼 준비를 하고 있다. 신흥 개발도상국가들과 저개발 국가들의 인프라 개발을 위해 추가적으로 필요한 자금이 연간 1.5조 달러(약 1700조 원, 세계은행 추정)에 이르는 오늘의 현실에서 AIIB의 출범은 환영할 일임이 분명하다.

　동시에 AIIB라는 새로운 국제금융기구의 탄생을 맞아 세계 각국은 저마다의 실익 계산에 분주하다. 아시아의 국제금융질서의 주도권을 쥐고 있는 기존 국가들과 새로운 맹주로 발돋움하려는 나라들과의 힘 싸움이 어떻게 전개될지, 또 엄청난 개발자금을 활용하여 경제개발에 박차를 가하려는 신흥 개발도상국들과, 또 아시아 시장 진출을 노리는 17개 회원국까지 AIIB의 등장으로 각국은 분주히 이해득실을 계산하며 예의 주시하고 있다.

그렇다면 한국에게 어떤 기회를, 또 어떤 위기를 가져올 것인가? 우선 필자는 현 국제금융질서의 지각 변동을 통해 한국처럼 직간접적 혜택을 볼 수 있는 나라는 드물다고 확신한다. 국제기구의 원조에 의지하던 최빈국에서 40년이라는 짧은 시간 안에 국제 개발의 최고회의체인 OECD 개발원조위원회(OECD Development Assistance Committee)에 가입한 국가는 29개 회원국 중 한국이 유일하다. 개발도상국과 선진국의 입장을 모두 이해할 수 있는 한국이야말로 국제금융질서의 변화 속에서 중요한 역할을 수행할 수 있을 것이다. 하지만 현실은 절대 녹록하지 않다. 3.8%의 지분율로 AIIB 내부 의사결정에서 주도적 목소리를 내는 것은 쉽지 않을 것이며, 북한의 경제개발에 AIIB 개발자금을 활용하기까지는 수많은 난관이 놓여 있다. 결국 기회와 위기는 동일한 환경적 요인을 어떻게 수용하고 활용하느냐에 따라 달라진다고 볼 수 있다.

우선, 한국기업들에게 가장 현실적이고 급박한 것은 AIIB를 통해 새로운 해외시장에 진출하고 사업을 확장할 기회이다. 하지만 두 가지 이유 때문에 현실적으로 쉽지만은 않을 것이다. 첫째, 가격을 중시하는 국제금융기구들의 조달 정책 특성상 가격경쟁력 측면에서 상당한 비교우위가 있는 중국과 인도 등의 다른 AIIB 회원국의 기업들과의 경쟁이 쉽지 않을 것이다. 둘째, 영국, 독일, 프랑스 등 AIIB의 역외 회원국들 역시 선진기술을 앞세워 아시아 시장 진출을 위해 치열하게 노력할 것이기 때문이다. 그렇다면 가격과 기술력을 앞세운 경쟁자들 앞에 한국의 기업들이 승리할 길은 무엇일까?

필자는 나누어 줌에 길이 있다고 생각한다. 10여 년 넘게 개발도상국들의 개발에 직접 참여하면서 아시아, 중동, 아프리카 국가들이 한국의 개발 경험에 얼마나 많은 관심을 가지고 있는지를 직접 경험하였다. 한국처럼 이들의 입장을 이해하며, 정치적으로 위협적이지 않고, 성공적인 개발 경험이 있는 나라를 찾는 것은 결코 쉽지 않기 때문이다. 필자는 이 같이 한국의 개발경험에 대한 호의와 관심을 발판으로 국가와 기업 차원에서 윈-윈(win-win)할 수 있는 전략을 세워야 한다고 믿는다. 이를 통해 가격과 기술력의 열세를 뛰어넘는 경쟁력이 한국과 한국의 기업들에게 생길 것이다.

이를 위해 정부와 기업 모두에게 숙제가 있다. 우선 정부는 보다 적극적이고 전략적인 차원에서 개발 경험을 전수하는 노력을 해야 한다. 단순히 개발도상국 관료들을 한국으로 불러서 몇 주 동안 강의실에서 교육을 하고 현장을 방문하는 차원을 넘어야 한다. 한국의 고속성장 기간 동안 현장에서 직접 실무를 담당한 전현직 관료들과 민간 전문가들을 개발도상국에 장기 파견하여 그들과 깊은 신뢰관계를 쌓게 해야 한다. 이를 통해 한국의 개발 모델을 나라별로 적절히 적용하여 그 나라에 맞는 최적 개발전략을 쌓는 노력을 빨리 강화해야 한다. 오늘날 선진국들이 개발원조사업들을 국익과 절묘하게 연동시키는 사례들을 철저히 분석하고, 그들보다 더 매력적인 개발 스토리를 가진 한국의 개발 경험이 아시아 각국의 개발 모델로 발전할 수 있도록 치밀하게 노력해야 한다.

기업들 역시 정부의 이러한 노력에 발맞춰 아시아 개도국들이 그토록 원하는 기술 이전을 과감히 진행해야 한다. 단순히 특정 사업에 입찰하여 계약을 따내어 단기간 이익을 내고 빠지는 식민지적 접근 방식이 아니라, 전력 및 재생에너지, 도시개발, 교통망, 수자원관리, ICT 등 한국의 우수한 기술력을 보다 더 적극적으로 아시아 국가들에게 과감히 이전하여 한국적 모델에 바탕을 둔 경제개발을 유도해야 한다. 이를 통해 상대적으로 높은 가격을 극복할 수 있고 또 장기적으로 기술과 시스템의 잠금 효과(lock-in effect)를 기대할 수 있을 것이다. 특히 특정 기술 방식의 선택이 관리 정비 및 후속 사업에 장기간 영향을 미치는 인프라 및 ICT 사업분야에서 이러한 잠금 효과는 더욱 큰 가치를 지닐 것이다. 이러한 경험을 바탕으로 국가 간 또는 기업 간의 전략적 동반자 관계를 구축할 수 있다. 아시아와 중동 국가들이 상호신뢰에 기반한 전략적 동반자 위치 구축에 높은 가치를 둔다는 점은 해외에서 기업을 하는 모든 이들이 동감하는 사실이다.

이안 브레머 유라시아 그룹 회장의 2015년 6월 30일자 매경 칼럼의 발언처럼, 앞으로 10년의 세계 경제는 신흥개발국이 주도할 것이다. 새로운 성장 동력 확보를 위해 필사적으로 노력하고 있는 한국에게 신흥 개발국은 절대로 놓칠 수 없는 시장이자 기회이다. 승자가 모든 것을 가지는(Winner-takes-it-all) 해외 시장에서 한국 기업들이 살아남고 승리하는 비밀은 역설적이지만 우리의 개발경험을 배우고 싶어 하는 나라들에 진심으로 화끈하게 나누어 주는 것이다. 우리에게는 다른 나라들에게 나눠줄 수 있는 살아 있는 개발경험들이 풍부하게 있고, 이를 적극 활용한다면 우리 기업들은 해외 시장에서 놀라운 경쟁력을 가질 것이다. 나누어 줌을 통해 한국은 국제 사회에서 다시 한 번 세계 인의 선망의 대상이 될 수 있을 것이며 한국의 기업들도 살 길이 열릴 것이다. 나누어 줌이, 넉넉히 나누어 줌이, 살 길이다.

감성 소프트파워,
연성 국가 대한민국을 꿈꾼다

하버드 대학교 정치학 석좌교수 조지프 나이(Joseph S. Nye)는 군사력이나 경제력과 같은 하드파워에 대응하는 힘으로 소프트파워(Soft Power)라는 개념을 처음 소개했다. 소프트파워는 강제력보다는 매력을 그리고 명령이 아닌 자발적 동의를 통해 얻어지는 힘을 가리킨다. 그는 21세기는 부국강병을 토대로 한 하드파워, 곧 경성(硬性) 국가의 시대로부터 문화를 토대로 한 소프트파워, 곧 연성(軟性) 국가가 주도하는 시대가 될 것으로 전망하였다. 실제로 오늘날 선진국에서 신흥개발국으로 소프트파워의 이동이 빠르게 진행되고 있다. 최근 남북 대치상황에서도 확성기 방송이 대포보다 더 효과적인 수단임이 입증되었다.

그렇다면 개인적인 차원에서 대한민국에서 살고 있는 한국인들의 하드파워와 소프트파워의 수준은 어느 정도일까? 일단 하드파워는 막강한 것 같다. 높아만 가는 청년실업률의 그림자 속에서 자신의 꿈을 실현할 일터를 위해 남들보다 나은 스펙을 쌓으려고 무한 노력을 하고 있다. 그 결과 만점에 가까운 언어능력 점수는 기본이고 각종 자격증 및 인턴십 경험으로 무장한 이력서를 손에 쥐었다.

하지만 필자를 비롯한 세계 각지에서 일하는 소위 토종 한국인들의 경험은 완벽에 가까운 스펙을 가졌음에도 불구하고 새로운 사회와 문화에 적응하려는 능력과 경험 면에서 다른 나라 출신들보다 많이 뒤떨어진다는 점이다. 자신의 의견을 어떻게 효과적으로 주장하고 설득해야 하는지 망설인다. 일 자체보다 퇴근길 외국인 동료들과 함께하는 회식 시간이 더 힘들다. 언어라는 큰 산을 겨우 넘었지만 새로운 환경과 사고방식에 유연하고 빠르게 적응하며, 또 자신의 장점을 자연스럽게 부각시키며 자신의 주장을 펼 수 있는 능력, 즉 소프트파워가 하드파워에 비해 턱없이 부족해서 어렵게 쌓은 하드파워가 무용지물이 되는 경우가 많다. 그렇다면 부족한 소프트파워를 어떻게 키울 수 있을까? 조지프 나이 교수의 조언은 다음과 같다.

첫째는 미래를 앞서서 보는 능력, 즉 비전(vision)이다. 이는 자신의 존재 이유를 담고 사회와 공유할 수 있는 가치관, 세상을 꿰뚫어 통찰할 수 있는 판단력, 그리고 변화무쌍한 세상사들을 해석할 수 있는 경험에서 나온다. 이를 위해 인문사회학의 넓고 깊은 지혜를 배워가며 자신의 비전에 필요한 사람들과 장소들을 찾아다니며 자신만의 스토리를 다듬어 가는 수련의 과정이 필요하다.

둘째는 감성 지능을 위한 훈련이다. 세계적인 경영사상가 다니엘 골먼(Daniel Goleman)은 감성 지능이란 상대방의 마음을 이해하고 움직이며, 자신과 상대방을 공감시킬 수 있는 능력이라 하였다. 특히 감성 지능은 현대의 고(高)스트레스 사회에서 탁월한 의사결정 능력을 발휘하며 신체의 근육을 강화하듯 직절한 훈련으로 키울 수 있고 기워야 한다.

마지막은 소통과 대화능력 훈련이다. 이는 자신의 의견을 자신만의 말과 행동으로 다른 사람들과 사회에 효과적으로 전달하는 능력이며, 때로는 불편하지만 필요한 메시지를 적절하게 전달하는 능력이다. 멍석이 깔리기만을 기다리는 것이 아니라 자신의 의사를 적극적으로 전달하며 상대방과 조직의 지지를 얻어내는 능력이기도 하다.

오늘날 대한민국은 고도 성장기를 지나며 성장 지향적 패러다임이 더 이상 작용하지 않는 상황에 이르렀다. 이제는 초(超)부가가치를 창출하는 창의력과 기술력을 바탕으로 한 신성장동력을 발굴하고, 갈수록 깊어지고 날카로워지는 계층 간의 갈등을 공감과 소통으로 해결하는 성숙한 경제와 사회로 변해야 한다. 이를 위해서 하드파워 중심의 사회에서 혜안(慧眼) 있는 비전, 공감(共感)을 주고받는 감성지능, 그리고 열린 소통 능력이 있는 소프트파워 중심의 사회로 변해야 한다. 또 이러한 사회를 이끌 소프트파워 인재를 길러내도록 교육 현장도 변해야 한다. 소프트파워 인재들이 글로벌 경쟁에서 대한민국을 승리로 이끌 주역이며 실타래처럼 얽혀 있는 한국 사회의 문제점들을 하나씩 해결해 나갈 주인공이다. 이제는 소프트파워가 경쟁력이다.

한강의 기적이
대동강의 기적에게

　인공위성에서 찍은 한반도의 밤 사진에서는 반짝거리는 남한과 칠흑 같은 어둠의 북한이 극명하게 교차한다. 1인당 국민소득의 차이가 20배 이상(한국은행, 2014) 벌어진 허리 잘린 한반도의 단면이다. 당연히 통일한국의 모습이 다 같이 못사는 '하향' 평준화가 될 가능성을 우려하는 목소리들이 있다. 이런 위험을 극복하고 다 같이 잘사는 '상향' 평준화의 통일한국을 이루기 위한 길은 무엇일까? 답은 주머니 한 개를 둘로 나누는 '원조'가 아닌 주머니 자체를 키우는 '개발'의 관점으로 통일을 준비하는 것이다. 한강의 기적을 나누는 것이 아니라 새로운 대동강의 기적을 만들어야 한다.

　원조(assistance)적 접근은 말 그대로 일방적으로 퍼주는 것이다.

끼니를 해결 못 하는 이들에게 먹거리를 제공하고 거리에서 노는 아이들을 가르치고 병원을 만들어 병든 이들을 살려내는 일이다. 몇 년 아니 몇십 년은 밑 빠진 독에 물 붓기 같은 상황을 간주하는 것이다. 이런 접근만으론 근본 원인을 해결하지 못한다. 또한 감당하기 어려운 천문학적 숫자의 재원이 필요하고 남북 양측에서 불만의 목소리가 커질 것이다.

그럼 개발(development)적 접근이란 무엇인가? 다양한 정의가 있지만 한마디로 개인과 사회가 '스스로' 성장할 수 있는 능력을 길러주는 과정이다. 또 공여국(한국)과 수혜국(북한)의 단순 구조가 아닌 정부-민간-국제사회의 다원 구조로 통일비용의 부담을 줄이는 것이다.

경제적으로는 북한과 통일한국의 잠재적 성장동력을 발굴하는 과정이다. 통일로 유라시아 대륙과 직통으로 연결된 한반도의 지정학적 이점과 북한의 풍부한 지하자원 등을 바탕으로 한국 경제와 시너지를 내는 경제 모델을 세우고 경쟁력 있는 산업을 미리 발굴하는 인큐베이팅, 즉 미숙한 것을 자생하게 하는 전략을 개발하는 것이다.

사회적으로는 국민들이 정부를 견제하고 자신들의 목소리를 낼 수 있는 시민사회를 만드는 역량을 길러 민주주의를 조기에 정착시키는 노력이다. 한국 교육제도의 폐혜를 극복하며 하드파워와 소프트파워를 겸비한 미래형 인재들이 배출되는 신교육제도를 준비해야 한다. 또 치열한 경쟁 사회와 노동 환경에 낙오할 적지 않은 이들을 위한 사회보장제도를 준비하는 것이다.

원조가 아닌 개발로 통일 패러다임을 바꾸면 넉넉지 않은 정부재정뿐 아니라 투자처를 찾아 헤매고 있는 천문학적 규모의 국내외 민간 개발자본과 아시아로 향하는 국제금융기구들의 개발 자금이 보인다. 이를 위해 민간자본투자에 적합한 분야와 사업들을 미리 선정 개발하고 각종 개발자금들의 다양한 특성과 까다로운 조건들을 숙지해야 한다.

또한 다양한 개발 경험들을 깊이 공부해야 한다. 독일의 경험은 중요하지만 통일 시 1인당 국민소득 1만 달러(1989년 기준)에 육박했던 동독과 138만 원(한국은행, 2014)에 불과한 북한은 처한 상황이 아주 다르다. '통일'과 '개발'이라는 두 가지 숙제를 동시에 풀어야 하는 통일한국에 모든 정답이 제공되진 않는다. 오히려 소련 붕괴 후 공산주의에서 자본주의로 전환한 중앙아시아의 다양한 경험 사례, 그리고 폐쇄적인 정치구조하에서 경제개방을 시도하는 벨라루스, 미얀마 등 관련된 개발 경험들을 두루 참고해야 한다. 특히 국영기업 중심의 경제를 민영화하는 과정에서 발생한 경제적 혼란과 하루아침에 닥친 냉정한 경쟁 사회에 적응하지 못해 자살과 우울증이 급증하는 등 사회적 혼란은 북한의 개발 논의에 큰 교훈이 된다.

성경은 생각하지 않은 때에 예수가 올 것이므로 깨어 준비하라고 경고한다. 통일도 우리가 예상치 못한 때와 방법으로 올 수 있다. 지금부터 진지하게 북한의 개발모델을 고민하고 그 구체적인 청사진을 준비해야 한다. 한 주머니를 일방적으로 나누는 원조가 아닌 스스로 성장하는 북한을 만들어가는 개발 패러다임이 필요하다. 개발전문가들과 통일전문가들이 한자리에 모여 북한과 비슷한 처지에 있던 국가들의 개발경험을 공부하며 앞으로 발생할 문제들을 선행 학습하며 국민적 공감대를 형성해야 한다. 이제 한강의 기적을 뛰어넘을 대동강의 기적을 준비해야 한다.

핏줄로 얻는
나쁜 일자리를 없애자

어떻게 하면 더 많은, 더 좋은 일자리를 만들까? 이제 일자리 문제는 청년실업률이 50%를 넘는 스페인과 남아공을 비롯해 선진국과 개도국을 가리지 않는 공히 세계적인 이슈다. 세계은행(2013)에 의하면 오늘날 6억 명 이상의 사람들이 '놀고' 있다. 일자리는 소득 수단이라는 개인적 차원을 넘어 국가경제의 생산성과 사회통합에 막대한 영향을 미친다. 이러한 일자리의 중요성은 수십 년간 경제성장률에 집착하던 개발 이론과 정책들을 일자리 중심으로 바꾸고 있다. 특히 세계 각국의 다양한 일자리 창출 경험을 집대성한 세계은행의 일자리 보고서가 제시한 '좋은' 일자리와 '나쁜' 일자리의 구분과 그 상호관계는 우리에게 시사하는 바가 크다.

우선 좋은 일자리란 무엇인가? 한마디로 개인뿐만 아니라 사회 전체에 최대 이익을 가져오는 일자리가 좋은 일자리다. 저소득층과 여성들에게 제공되는 일자리는 그들의 소득증대를 높여 국가의 복지비용을 효율적으로 낮추는 좋은 일자리다. 관련 산업들 간에 직접 경제효과를 유발하고, 전문화를 통한 고부가 가치를 창출하며, 근로자의 높은 학습효과를 일으켜 경제 전체의 생산성을 높이는 일자리도 좋은 일자리다. 또한 사회 공통의 가치와 소통을 강화하는 일자리도 좋은 일자리이다. 이런 일자리는 사회 전체에 이익을 가져와 또 다른 일자리를 만드는 촉매제 역할을 한다.

그렇다면 어떤 일자리가 나쁜 일자리인가? 아무리 개인적으로 만족스런 일자리라도 그 생산성이 사회의 평균 생산성에 미치지 못하면 나쁜 일자리다. 그 자리를 지키기 위해 국가와 사회가 비효율성을 메꾸어 주어야 하기 때문이다. 이런 일자리들은 사회의 생산성과 경쟁력을 갉아먹고 결국은 다른 일자리를 위협할 것이다. 실례로 최근 정부가 발표한 공공부문 일자리 4만여 개 창출 정책은 피곤할 때 마시는 커피의 카페인처럼 반짝 효과를 낼 수 있을지 모르나 결국에는 우리 경제에 커다란 짐을 지울 가능성이 높다. 한번 만들어진 공공부문의 일자리를 없애기가 얼마나 어려운지는 남미와 동유럽 국가들의 경험에서 잘 드러난 교훈이다. 물론 노동자의 기본권을 보장하지 못하는 일자리도 나쁜 일자리다.

또 다른 나쁜 일자리가 있다. 여러 이유로 특정계층만이 차지하는 폐쇄적 일자리다. 특히 특정계층이 사회에서 중요하고 인기 있다고 여기는 일자리들을 독차지하면 다른 사회구성원들은 그들이 속한 사회가 공평하지 않고 희망이 없다고 믿는다. 이런 차원에서, 부모의 소득이 높아지면 자녀들도 좋은 대학에 갈 가능성이 열 배 이상 높고, 또한 이들이 결국 고소득 직장을 얻을 가능성이 두 배 이상 높다는 통계는 우리 사회에 심각한 경고음을 울리고 있다(한국능력개발원 보고서, 2015). 종종 들리는 사회 지도층 인사 자녀들의 특혜 취업은 가뜩이나 얇아져 가는 한국 사회의 응집력을 무너뜨리는 최고의 수단이다. 또한 사회 각 부분에서 벌어지는 직간접 고용 세습은 나쁜 일자리를 우리 사회에 쏟아내고 있는 셈이다.

오늘날 일자리 문제는 한국 사회가 당면한 뼈아픈 경제-사회적 현실의 결정체이며, 이를 어떻게 풀어 나가는가는 다가올 한국 경제의 체질과 사회의 모습을 결정짓는 용의 눈과 같다. 일자리 문제는 결국 경제와 사회의 핵심(fundamentals)을 강화함으로써 해결할 수 있다. 이제 정부주도형 성장 경험에서 나오는 정책적 무리수를 멈추어야 한다. 이 산을 저 산으로 옮기면서 억지로 일자리를 만드는 식의 미봉책은 실제로는 없애기 아주 어려운 나쁜 일자리를 후세에 전가하는 정책이다. 단 한 개의 일자리를 만들어도 우리 경제의 체질을 튼튼하게 만들고 사회를 통합하는 일자리를 만들어야 한다. 아울러 핏줄이 좋아야만 차지할 수 있는 나쁜 일자리도 과감히 베어내야 한다. 출중한 실력과 끊임없는 노력에도 불구하고 원하는 자리에 오를 수 없어 울고 있는 이들이 바로 내 아들과 딸이라는 마음으로 단호히 베어내야 한다. 염증 난 살을 베어낸 후에야 새로운 살이 돋듯이 나쁜 일자리를 베어낸 후에야 좋은 일자리가 생길 것이다. 나쁜 일자리를 과감히 베어내는 결단과 노력이 새로운 일자리를 만드는 초석(礎石)이다.

우리 같이 세 잔의 차를 마시자

2007년 출판되어 4년 연속 뉴욕타임스 베스트셀러에 오른 『세 잔의 차』(Three Cups of Tea)라는 책이 있다. 이 책의 제목은 저자가 중앙아시아에서 만난 한 현지인에게 들은 이야기에서 따왔다. 새로운 사람과 나누는 첫 번째 잔의 차는 낯선 사람으로서 마시고, 두 번째 잔의 차는 귀한 손님으로서 마시고, 세 번째 잔의 차를 통해 비로소

『세 잔의 차』 표지

그 사람과 가족 같은 관계가 된다는 이야기이다. 언뜻 평범하게 들리는 이야기 속에 지난 70년간의 길고 고된 국제 개발의 역사가 전해주는 큰 교훈이 들어 있다. 개발 수혜국 국민들과 충분한 소통과 공감대가 없는 개발은 '반드시' 실패한다는 것이다.

오늘날 통일은 대박이라는 자극적인 문구들과 함께 북한 개발에 대한 관심이 열풍처럼 한국 사회에서 퍼져 나갈 때 북한 사회와 주민들은 과연 어떤 생각을 할까? 한국 사회의 이런 담론에 진심으로 감동하며 고마워할까 아니면 '떡 줄 사람은 생각도 않고 있는데 김칫국부터 마시고 있네'라며 어처구니없어 할까? 오늘날 한국 사회와 경제가 겪고 있는 어려움을 북한을 '이용'해서 풀어 보려는 듯한 자기중심적 생각에 괘씸해하지 않을까? 아직도 팽팽한 긴장감이 존재하는 정전상태에서 북한 개발에 대한 한국의 손길을 북한은 과연 선뜻 환영하며 고마워할까?

물론 같은 민족으로서 우리는 그녀들을 충분히 이해할 수 있고 이미 이해하고 있다고 주장할 수 있다. 하지만 정말 그럴까? 60년이 넘는 분단의 시간이 가져온 단절의 깊이를 너무 가볍게 보는 것은 아닐까? 민주주의 정치, 자본주의 경제, 그리고 서구화된 사회가 이미 오래 입었던 옷처럼 자연스럽고 당연한 우리가, 왕정과 같은 독재정치, 사회주의 경제, 그리고 세계에서 가장 폐쇄된 북한 사회의 구석구석을 정말 이해하고 있을까? 구소련이 붕괴되고 자본주의가 밀려 왔을 때 적응하지 못해 정신병원 신세를 지고 오늘도 옛 소련 시절을 그리워하는 중앙아시아와 동유럽의 경험을 진정으로 이해하고 있을까? 통일한 국에서 남한 사람들의 은근한 오만과 과시를 겪어 내야 하는 그녀들의 마음을 우리는 진심으로 이해하고 있을까? 어쩌면 이러한 상대적 박탈감과 정서적 이질감과 소외감이 국민소득 차이보다 통일을 가로막는 더 큰 산이 되지 않을까?

이를 극복하기 위해서는 하루빨리 남과 북의 교류를 다양하게 확대하며 남북의 접촉점을 넓히고 깊게 해야 한다. 이를 통해 그네들이 처한 상황을 이해하며 남한을 통한 개방과 개발의 이점을 그들의 입장에서 설명하고 설득해야 한다. 남한의 경제 발전경험을 일방적으로 이식하는 것이 아닌 북한식의 개발모델을 남북한이 같이 만들어야 한다.

또한, 우리 안의 모습을 보며 북한 사회와 주민들의 마음을 역지사지(易地思之)해야 한다. 갈수록 심해져 가는 양극화의 폭풍 속에 힘겨워 하는 한국의 중산층과 저소득층을 보며 통일한국에서 북한 주민들이 느낄 상대적 박탈감을 헤아려야 한다. 일자리로 신음하는 한국의 청년들을 보면서 통일한국에서 북한 청년들이 느낄 고통을 헤아려야 한다. 우리 사회가 품지 못해 떠돌고 있는 다문화 가정의 자녀들을 보면서 말이 어색하고 문화가 달라서 이질감을 느낄 북한 주민들의 소외감을 미리 헤아려야 한다.

그렇다. 북한 개발은, 그리고 통일은, 우리 세대가 이루어야 할 민족적 사명이고 또 우리 민족의 운명의 명운을 갈라놓을 막중대사(莫重大事)이다. 아무리 보아도 통일밖에는 우리가 처한 사면초가의 상황에서 벗어날 묘책이 없는 듯하다. 이러한 통일의 대업을 이루기 위해서는 북한을 단지 우리가 처한 상황을 벗어나기 위한 탐나는 제물로 바라보지 않고 북한 사회와 주민들의 삶의 어려움을 진심과 겸손으로 바라보며 그들과 공감대를 만들어 나가는 과정이 필요하다. 또한 오늘날 한국 사회의 양극화, 청년일자리, 그리고 첨예한 세대 간 이념 간의 갈등들을 나의 입장이 아닌 상대방의 입장에서 하나씩 하나씩 풀어가면서 앞으로 북한 개발 과정에서 발생할 비슷한 문제들을 대비하는 것이 우리 사회의 통일 역량을 키우는 비결이나. 이제 세 잔의 차를 나누어 마시며 통일을 위한 첫걸음을 내딛어야 한다.

유럽의 질곡을 새로운 시대정신으로
풀어낸 나라, 미국

영국의 순교자들은 메이플라워를 타고 미국으로 넘어가 보스턴 근처에 내려 감사기도를 올렸다. 그 길이 참 험난하고 여러 사람이 죽은 길이었지만 그들은 저 낯선 땅에 내려 감사기도를 드리고 새로운 나라를 만들었다. 내가 미국이 위대한 나라라고 생각하는 것 중에 하나가 신앙이다. 종교의 자유, 믿음의 자유가 미국이라는 나라의 기초를 탄탄하게 만들었다. 미국에 건너온 사람들은 그 어떤 나라보다 하나님을 열심히 섬기겠다는 마음으로 왔다. 그 믿음을 가지고 만든 새로운 나라가 미국이다.

미국이라는 나라를 이야기할 때 신앙 다음으로 중요한 것이 독립 헌법이다. 1776년에 제정된 미국 독립 헌법에 담긴 정신은 두 가지가 있다. 하나는 삼권분립이다. 삼권분립은 독립 헌법에 구현된 미국 정치 제도의 핵심이다. 유럽에서 미국으로 건너올 때 당시 유럽은 왕과 귀족의 나라였다. 전제정치 시대였고 백성들은 정치와 권력 근처에도 가보지 못했다. 그런 사람들에게 권력이 견제받을 수 있다는 얘기는 세상에 듣도 보도 못한 청천벽력 같은 이야기였다. 미국을 세운 그 사람들은 우리의 왕은 하나님이라는 몽테스키외의 말을 인용하며 새로운 나라를 만들었다.

독립 헌법의 두 번째 정신은 뉴욕이다. 국민들을 밥 먹여 주는 건 정치가 아니라 시장이라는 생각. 왕이 한 푼 주는 것이 아니라 국민들이 열심히 사업하고 장사해서 국가를 튼튼하게 만든다는 생각. 자신이 열심히 일해서 얻은 재산은 하늘이 주신 권리이고 그 누구도 뺏을 수 없다는 재산권, 이것 역시 혁명적 생각이었다. 그래서 기업하기 참 좋은 나라, 사업하기 참 편한 나라를 만들었다. 귀족 밑에서 농노로 일하던 사람들이 새로운 땅에서 권력은 견제받을 수 있다는 얘기를 하고, 시장의 기능을 통해 자본주의의 꽃을 피웠다.

미국은 이처럼 이 세상에 한 번도 있지 않았던 나라를 만들었다. 그 후 유럽과 아시아 등 전 세계에서 수백만 명이 미국에 가서 살겠다고 모여들었다. 부모님은 내가 미국에 가서 살겠다고 하니 참 좋아하셨다. 그리고 다시 고국에 돌아오겠다고 하니 말리셨다. 우리에게도 미국이라는 나라는 그런 나라였다. 미국을 만든 그 사람들이 가진 생각, 이 세상에 한 번도 있지 않았던 나라를 만들겠다는 그 담대함. 우리는 그렇게 왜 못 할까? 우리 한국은 미국보다 더 똑똑하고 부지런한 나라 아닌가? 우리도 미국처럼 과거에 대한 혁명적 반성을 통해 이 세상에 없는 새로운 나라를 만들고 싶다.

미국은 유럽이 갖고 있던 시대적 아픔을 풀어낸 나라다. 그리고 민주주의를 만들면서 민주주의를 맹신하지 않았다. 미국을 세울 당시 중앙은행도 만들어졌는데 그들이 하는 중요한 일이 이자율이다. 그런데 이 이자율은 철저하게 경제 전문가들이 결정했다. 민주주의를 통해 투표로 결정해야 하는데 최고의 전문가들에게 맡겨 버린 것이다. 언뜻 보면 민주주의를 신봉하는 나라에서 좀 안 맞는 얘기이지만 경제를 정치에서 철저히 독립시켰다는 그 부분도 나는 혁명적이라고 본다. 미국은 민주주의라는 제도의 장점만큼이나 맹점도 보고 있었던 것이다. 그리고 그 뒤로 300년 동안 그 체제를 유지하며 세계를 호령하고 있다. 참 놀라운 나라라는 생각이 든다. 미국은 자기네들이 떠나온 유럽을 객관적으로 냉철하게 바라보았다. 그리고 기득권 세력이 많이 왔음에도 그 권력을 내려놓았고 권력 자체도 견제를 받을 수 있게 하였다. 또한 경제로 국민을 먹여 살리는 시스템을 만들었다. 나는 그걸 높이 평가한다.

내가 미국의 또 다른 면을 본 것이 1999년에서 2017년까지의 미국이다. 이 시기의 미국은 내가 직접 체험한 미국이다. 직접 그 나라에 살면서 말로만 듣던 미국의 모습도 봤고 다양한 변화도 목격했다. 사거리에서 서로 양보하느라고 차가 지나가지 못하는 그런 운전은 우리나라에서는 볼 수 없는 모습이었다. 소수민족이나 약자를 배려하는 것도 피부로 느껴졌다.

하지만 2000년대 넘어가면서 미국 사회가 많이 망가지고 공동체 정신도 파괴되어 갔지만 넘어야 할 선은 쉽게 넘지 않는다. 지금 미국을 걱정하는 사람도 늘고 있다. 돈 버는 게 선이 되는 사회, 그러나 풍요를 누리고 있는 사람들의 눈이 풀린 것도 보았다. 삶의 목적을 상실하고 일탈하고 자극을 찾는 젊은 세대가 급격하게 늘고 있다. 앞으로 미국이 어떤 모습으로 나아갈지 나도 궁금하다. 미국은 경제적 공황에서 정신적 공황으로 넘어가고 있는 듯하다. 미국을 세운 성신, 미국을 유지하는 정신은 기독교 정신, 청교도 정신이다. 청교도의 삶은 철저하게 청빈이다. 그런데 지금 미국은 그게 무너지고 있는 것 같다. 보편적 가치가 무너지고 훼손되니 엉뚱한 지도자를 뽑는 것 아니겠는가?

사실 우리나라도 미국의 독립 헌법처럼 새로운 시대를 만들려고 했던 시도가 있었다. 1930년대 임시정부 시절의 조소앙은 삼균주의를 일제로부터 해방된 새로운 한반도의 정강정책으로 제시하였다. 삼균주의(三均主義)는 자본주의와 사회주의를 적절히 배합하되 평등에 보다 역점을 두었다. 조소앙의 삼균주의 이념은 '정치의 균등(균정권)', '경제의 균등(균리권)', '교육의 균등(균학권)'으로 구성된다. 각 항목을 하나의 축으로 삼고 개인과 개인 사이의 평등, 민족과 민족 간의 평등, 국가와 국가 간의 균등을 다른 축으로 삼아 두 가지 이상의 차원에서의 삼균(세 가지 모두 균등)을 강조하였다.

삼균주의의 첫 번째는 정치로서 권력은 균등하게 배분된다는 균권(均權)정책을 주장했고, 두 번째가 누구 한 사람 너무 잘살아도 안되고 적정하게 부를 나누어야 한다는 균부(均富), 세 번째는 내가 감동했던 교육의 균등인 균육(均育)이다. 양반과 상놈의 구분 없이, 남자와 여자의 구분 없이 누구나 교육의 기회를 가진 사회를 만든다는 것은 지난 500년간 조선이라는 나라가 가지고 있던 시대적 질곡을 풀어

내려는 담대한 꿈이었다. 이 얼마나 혁명적인 생각인가. 이 삼균주의가 우리나라에 제대로 실현되었다면 어땠을까? 비록 이루어지지 않았지만 그 시도 자체에서 나는 희망을 본다.

나는 통일된 한반도에서 이 세상에 한 번도 있지 않았던 새로운 나라를 만드는 것이 꿈이다. 미국이 유럽을 딛고 만들어 졌듯이 우리나라도 분단을 딛고 담대한 믿음으로 새로운 나라를 만들고 싶다. 미국이 견고한 유럽의 권력을 뚫고 혁명적인 일을 했듯이 우리도 해낼 수 있다는 자신감을 가져보자.

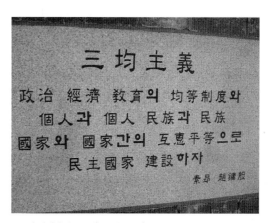

조소앙 선생의 삼균주의(조소앙기념관)

CHAPTER

7

우리가 만들고
싶은 나라

"대한민국을 이민 오고 싶은 나라로 만들 수는 없을까?"

IMF 이후 20년
각자도생의 삶이었다.
결과는
더 풍요롭고 행복해진 것이 아니라
더 망가져 있는 것 같았다.

그동안 이 나라 국민들 모두
정신없이 달려왔다.
그러나 그렇게 살아야 하는지,
꼭 그렇게 살아야 행복한지를
모른 채 살았다.
그냥 앞만 보고 달려갔다.

자기 자신만 생각하고
앞만 보고 달리던 날들,
그러나 모두가 억울했고
모두가 허전했다.

부모님 세대는 자신의 땀을 부정하는
젊은이들을 보며 분노했고
젊은이들은 희망의 끈이 끊어진
이 사회를 보며 절망하고 분노한다.

작정만 하면 모든 걸 다 하는
우리의 대한민국......

이제 이 나라를 어떻게
행복한 나라로 리모델링할 것인가
이제 그 고민들을 시작할 때다.
다시 나라를 만들어야 할 때다.

내가 다시 만드는 나라는
누구나 이민 오고 싶은
그런 나라이다.
그게 과연 이루어지지 않을 꿈일까?

피부암, 하늘이 주신 축복

참 바쁜 시간들이었다. 세계은행의 생활은 매년 해외 출장 일수가 100일을 훌쩍 넘기는 고된 생활이다. 주말과 공휴일을 제외한 일하는 날이 일 년에 220일(미국 기준) 정도임을 감안하면 거의 반 정도는 항상 '출장 중(on mission)'이었다. 출장에서 돌아와 출장보고서를 작성하고 세탁물을 맡기면 또 새로운 출장계획서를 짜고 공항으로 향하는 패턴의 연속이었다. 세계은행과 같은 길을 마주보고 위치한 국제통화기금 직원들 중에는 불임 가정이 무척 많다. 아주 간단하게 부부가 만나서 아이를 가질 기회를 갖기가 쉽지 않다. 특히 여성 직원의 경우 잦은 비행과 시차적응으로 신체리듬이 무너지는 경우가 종종 있다.

그렇게 정신없이 달리던 내 삶에 급브레이크가 걸렸다. 배에 조그

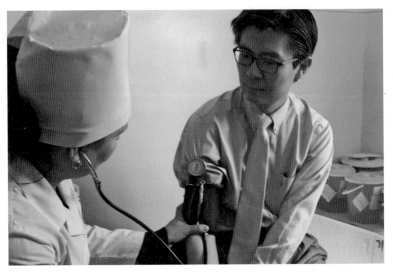
우즈베키스탄 재임 시절 세계은행의 보건사업 시찰을 위해 현장에 방문했을 때 지역 병원 간호사가 내 혈압을 재고 있는 장면

마하게 생겼던 종기가 조금씩 커지는 느낌이 들어서 제거하기 위해 병원에 갔더니 조직검사 결과 희귀한 피부암으로 밝혀진 것이다. 40세도 넘지 않은 나이에 암에 걸렸다는 진단을 받는 것이다. 그때 받은 충격과 느낌은 참 말로 표현하기 어렵다. 아마 암이라는 병 진단을 받은 사람들만이 그 경험을 공유할 수 있을 것 같다. 끝이 없이 펼쳐질 것만 같았던 삶이 생각보다 짧을 수도, 그것도 아주 짧을 수 있다는 생각이 나를 엄습해왔다. 그 순간 아내와 이제 갓 만 세 살을 넘긴 딸의 얼굴이 가슴을 미어지게 했다. 수술받기 전날 잘 자라는 인사를 하며 나를 꼭 껴안았던 아내의 눈에 맺혔던 눈물을 잊을 수가 없다. 암을 진단받은 많은 사람들이 그렇듯이 나도 '왜 내가 암이라는 병에 걸렸을까?'라는 질문이 들었다. 하나님을 믿는 자로서는 '내가 하나님 앞에 어떤 큰 죄를 지었을까?' 라는 질문도 들었다.

너무 희귀한 피부암이라 수술을 할 수 있는 전문 의사를 찾기도 쉽지 않았다. 또 처음 접하는 미국의 의료시스템은 복잡하고 느리게만 느껴졌다. 하지만 감사하게도 희귀한 피부암을 많이 시술해본 미국 해군 군의관 소속 피부암 전문의를 찾을 수 있었고 얼마 후 수술을 받을 수 있었다. 부분마취로 진행된 수술이었지만 거의 7시간에 가까운 수술이었다. 살을 걷어내고 조직검사를 해서 암세포의 흔적이 있는지 확인하고 세포가 있으면 다시 추가로 살을 걷어내는 과정의 반복이었다. 레이저로 살을 태우는 냄새가 마치 고깃집에서 고기 굽는 냄새와 비슷해서 놀라기도 했고 생각보다 암세포가 피부 깊숙이 침투해 있어서 수술시간이 길어지고 따라서 출혈이 심해져서 몸이 차가워진 느낌도 아직까지 생생하다. 또 수술 후 집으로 돌아와 마취가 풀린 배를 움켜잡고 힘들어 하던 시간까지도 기억한다. 지금도 마치 중절수술을 한 여인의 배처럼 한 일(一)자의 상처를 가지고 살고 있다. 감사하게도 수술을 마치고 지난 8년 동안 아직 재발 없이 살고 있다. 하지만 많은 병 중에서 유독 암이라는 병만은 완쾌라는 말을 쓰지 않는다. 대신 서바이버(Survivor) 즉 '생존자'란 말을 쓴다. 나도 그 클럽의 일원으로 생존자로서의 삶을 살아가고 있다.

　　영어 관용구에 'Blessing in disguise' 라는 표현이 있다. 그대로 번역하면 '변장한 축복'이라는 뜻이다. 하나님이 오늘날까지 살아온 내 삶에 주신 큰 축복 중 하나가 피부암이라고 확신한다. 세계은행이라는 신나고 보람 있는 직장에 들어가서 정말 앞만 보며 달려온 지난 7년의 삶에 확실하게 브레이크를 거신 것이다. 인생은 속도가 아니라 방향이라는 메시지를 가슴속에 심어 주셨다. 바쁨(busyness)에서 기원한 사업(business)이란 단어가 상징하듯 오늘날 바쁜 것은 덕이 되고 바쁘지 않으면 불안해하기까지 한다. 정말 바쁜 사람이라고 하면 정말 잘나가고 있는 사람을 뜻하게 되었다. 하지만 무엇을 위해 바쁜 것인가라는 질문에 자신의 인생을 걸 만한 답을 가지고 있어야 한다는 것을 깨달았다.

그 이후의 나의 삶은 보너스로 얻는 삶이다. 앞으로 남은 삶이 얼마인지는 모르지만 그 삶이 내 것이 아니고 내게 주신 것들을 이웃과 사회에 돌려주는 시간이라는 확신이 들었다. 내가 달라서 지금까지 온 것이 아니니 불평할 이유도 없었고 또 앞으로 남은 삶을 어떻게 설계하고 나아가야 하는지에 대해 분명한 확신을 갖는 시간이었다.

이제야 조금씩 신앙이 무엇인지 알 것 같다. 이 세상을 넘어 천국 극락 등을 생각하고 말하지만 결코 오늘날 우리가 살고 있는 이 세상과 동떨어져 있는 것이 아니다. 반대로 이 세상 너머에 대한 확신과 입장이 오늘 이 세상을 어떻게 살아야 하는가를 결정하는 것이다. 그래서 현실주의적 신앙은 필연코 담론의 수준이 낮고 현실에 미치는 영향도 낮을 수밖에 없다. 반대로 이 세상 너머에 대한 굳은 이해와 확신이 있을 때만이 오늘의 현실에서 자유롭고 풍성한 삶을 누릴 수 있는 것이다.

IMF 이후 20년,
조국은 망가져 있었다

　　다시 찾은 조국은 많이 달라져 있었다. 주위의 많은 이들이 당연하게 여기는 것들이 나에게는 무척 새롭고 또 어색하기도 했다. 가족이나 가까운 친구처럼 항상 같이 보고 있으면 그들에게 일어나는 작은 변화들은 알아차리기 어렵다. 오히려 뜨문뜨문 만나는 사람들이 더 확실하고 정확하게 상대방의 변화를 찾아내곤 한다. 다시 돌아온 조국은 17년 전 떠날 때의 조국과는 사뭇 달랐다. 17년이라는 시간의 간격을 두고 바라볼 수 있어서 그간의 변화들에 대해서 보다 확실하고 분명하게 보이는 것 같다.

　　집단기억이란 개념이 있다. 프랑스의 사회학자인 모리스 알박스(Maurice Halbwachs)가 소개한 개념으로 개인들의 회상을 보증해 주는 의사소통적 기억이라는 의미이다. 다시 말해 한 세대 구성원 전체가 생생하게 기억하는 사건으로 그 세대를 하나로 묶는 매개의 역할을 하는 기억을 말한다. 1999년 조국을 떠날 당시 우리 사회의 집단기억은 단연코 'IMF 위기(사태)'였다. 내가 기억하던 대한민국은 국가 부도의 위기를 IMF의 구제 금융으로 간신히 넘기고 그 대가로 IMF에서 요구하는 많은 조건들을 이행하는 과정을 시작하고 있었다. 그러던 중 나는 유학의 길에 올랐다.

IMF 사태 이후 한국 사회는 전례 없는 변화의 소용돌이에 휩싸였다. 당장 급격한 기업의 구조조정과 정리해고가 일어났다. 평생직장은 비효율이란 오명을 쓰고 사라졌고 구조조정이란 이름으로 수십만 명의 직장인들이 거리로 쫓겨 나왔다. 그렇게 많은 돈을 쌓아두고 있던 은행들이 망하리라곤 한 번도 상상해 보지 않았지만 현실이 되었고 대기업도 마찬가지였다. 이런 변화는 국민 모두의 삶에 큰 충격과 변화를 일으켰다. 더 이상 회사가 그리고 국가가 나를 돌보아 주지 않는다는 것을 깨달았다. 오직 내가 나와 내 가정을 지켜야 한다고 믿게 되었다. 한마디로 각자도생(各自圖生)의 삶이 시작된 것이다. 그렇게 시작된 변화가 올해로 20년이 된다. 어떻게 보면 나는 IMF 사태가 터지고 한국 사회를 떠나서 20년이 지난 후 조국으로 돌아와 지난 20년간 우리 사회가 어떻게 변했는지를 바라보고 있는 것이다. 지난 2016년 6월 귀국해서 6개월의 시간을 보내며 느낀 점들은 다음과 같다.

우선 더 부자가 되었다. 숫자가 그것을 증명한다. IMF 이후 1998년 당시 6700달러까지 떨어졌던 1인당 국민소득은 2015년 2만 7340달러가 되었다. 3배 이상의 증가다. 부자들은 말할 것도 없고 가난한 사람들의 절대적인 소득도 크게 증가했다. 이를 반영하듯 서울을 비롯한 전국 곳곳에 새로운 빌딩과 아파트가 들어섰다. 1989년 해외여행 자유화 이후 대학생활을 시작한 소위 세계화 1세대인 나였지만 그때만 해도 해외여행은 아직 여유 있는 계층의 특권이었다. 하지만 지금은 연간 해외여행객수가 2000만 명을 넘을 정도로 보편화되었다. 나의 유학길은 김포공항에서 시작했지만 1992년에 지어진 인천공항은 연간 대한민국 국민 수보다 훨씬 많은 5700만 명(2016년 12월 기준)을 해외로 보내며 세계 2위(2016년 항공 품질 정보 웹사이트 '스카이 트랙스'가 세계 최고 공항 10곳을 선정한 결과) 공항으로 자리매김했다. 그것도 모자라서 지금 한창 제2의 인천공항을 건설 중이다.

또 국민들의 먹거리는 엄청나게 풍부해지고 고급화되었다. 단순히 배불리 먹는 것은 더 이상 국민들 대부분의 관심사가 아니다. 이젠 양보다 질이다. 질도 그냥 맛있는 게 아니라 몸에도 좋은 건강식품이 전 국민들의 관심사가 되었다. 미국과 유럽에도 유기농 식품점 등이 부유층과 중산층 중심으로 인기를 끌고 있지만 건강식품에 대한 관심은 한국을 따라올 수 없을 것이다. 입장료만 내면 배부르게 먹을 수 있는 뷔페 식당에 가는 것이 큰 행사였던 1997년에 비하면 참 먹을 게 풍부해진 2016년의 대한민국이었다.

축제 또한 많아졌다. 오랜 전통을 자랑하는 몇몇 축제는 물론이고 듣도 보도 못한 지역에서 온갖 주제로 축제가 만들어지고, 지하철역과 공공장소에는 각종 축제 광고가 넘쳐흐른다. 또 서울의 경우에도 서울시와 각 구에서 주최하는 축제와 행사들로 시 행사 캘린더가 빽빽이 채워졌다. 지방 자치단체장들의 단골 공약사업이고 지방 자치단체

수입에도 도움이 되기도 하지만 결국 국민들의 호주머니가 1997년보다 여유로워졌다는 의미이기도 한 것이다.

하지만 아이러니컬하게도 조국에 돌아와 만나는 얼굴들이 1997년보다 행복해 보이지는 않았다. 다들 삶이 더 팍팍해지고 살기 어려워졌다고 했다. '헬조선'이란 말이 유행어가 된 사회가 되었다. 너무 벌어진 계층 간의 차이를 피부로 체험했다. 흙수저와 금수저로 상징되는 계층에 대한 인식이 더 극명해졌다. 조국에 돌아와서 방송과 언론을 접하면서 놀란 점 중 한 가지는 소위 '저소득층 지역'이란 말을 서슴없이 한다는 것이었다. 서울 강북의 저소득층 지역의 이혼율도 범죄율이 강남의 고소득층 지역보다 높다는 등의 경제적 계층을 가르는 어휘들이 아무런 부담 없이 사용되고 있었다. 이제 잘사는 사람들끼리, 못사는 사람들끼리 모여 사는 게 당연한 그런 세상이 되었다.

또 20년 동안 거의 아무런 변화가 없었던 저소득층 지역들과 상전벽해를 무상하게 할 정도로 발전한 고소득층 지역의 차이를 인식하지 않을 길이 없었다. 또 인구밀도가 높고 지하철 이용률이 높은 저소득층 지역보다 고소득층 지역에 더 많은 지하철역이 생겨나는 것을 보면서 우리 사회가 심하게 계층화되고 또 그 차이가 빠르게 벌어지고 있음을 확인할 수 있었다. 또 서민들이 주로 먹는 음식은 그 가격이 20년 전이나 별 차이가 없거나 오히려 더 내려간 반면에 소위 부자 동네의 음식 값은 아마 세계 최고 수준이 아닌가 싶을 정도로 비싸졌다. 이제 우리 사회는 경제력에 따라 먹을 수 있는 음식과 먹을 수 없는 음식이 분명하게 갈리는 사회가 된 것이다.

또 많은 사람들이 20년 전보다 많이 외로워하는 듯했다. 혼밥, 혼술이라는 생경한 단어가 상징하듯 우리 사회는 극도의 개인주의적 사회가 되었다. 예전에는 주위에 쓰러져 있는 사람을 두고 그냥 지나가는 사람들을 보면서 어찌 그럴 수가 있는가 하는 개탄의 목소리가 있었다. 하지만 지금은 오히려 그런 사람들에게 도움의 손길을 건네면 신문에 나온다. 마치 개가 사람을 물면 당연하지만 사람이 개를 물면 뉴스가 되는 곳처럼.

더욱 안타까운 것은 그런 과정에서 사회의 공동체성이 급격하게 상실했다는 것이다. 모 대학의 교수로 있는 지인이 내게 해준 말이다. 요즘 학생들은 그룹으로 과제를 하는 강의들을 기피하려고 한단다. 서로 불편해하기 때문이란다. 또 종종 같은 그룹 학생들이 교수에게 와서 특정 학생은 그룹 과제에 불성실하게 참여했으니 감점을 주라고 요구하기도 한단다. 또 아파트로 상징되는 주거의 모습에서도 옆집에 누가 사는지 알고 싶어 하지도 않는다. 엘리베이터 안에서 만나면 애써 눈길을 피하며 침묵의 시간이 지나가기만 바랄 뿐이다.

그래서 모두 억울해졌다. 대학생들은 아무리 열심히 공부해도 자신들에게는 전 세대와 같은 기회가 없음을 억울해한다. 어르신들은 한평생 국가와 자식들을 위해 앞만 보고 일만 해왔는데 막상 자신들의 노후 대책은 전무하다는 사실에 억울해한다. 가난한 사람들은 아무리 노력해도 따라잡을 수 없어 보이는 계층 간의 차이로 인해 억울해한다. 부자들도 역설적으로 자신들의 노력이 사회에서 부정하고 이기적인 이미지로 매도되는 것에 대해 억울해한다. 결국 모두가 억울해하는 사회가 된 것이다. IMF사태 이후 20년 동안 소위 각자도생하면서 살아온 삶의 결과인 것이다.

억울함이란 극히 주관적인 감정인 동시에 매우 위험한 감정이다. 한 사람이 무슨 이유이든 억울하다는 감정의 골에 빠지면 그 순간 자신은 피해자의 자격을 스스로 가진다. 또 억울함을 해명하려고 하기보다 나를 억울하게 만든 대상에 대해 복수하고 싶은 감정을 느끼기 마련이다. 사회적으로 대다수의 구성원들이 억울한 감정을 가지고 있는 것은 극도로 위험한 상황이다. 집단적 억울함은 집단행동의 비이성적이고 종종 폭력적인 특성과 맞물려 매우 파괴적인 에너지가 되어 그 대상을 찾아 헤매기 마련이다. 그래서 우리 사회는 지금 매우 위험한 상황에 처해 있는 듯 보인다. 이런 조국은 나와 함께 돌아온 두 딸들에게 물려주고 싶은 조국의 모습이 절대로 아니다.

입금만 되면 다 하는
사회를 넘어서

보편적 가치란 기본적으로 인간의 존엄성 보장처럼 대부분의 사람들이 바람직하다고 생각하며 근본적인 것으로 보는 가치로서, 가치 충돌 시 선택의 일차적 기준이 된다. 여러 가지 복잡하고 충돌되는 견해와 사건들을 판단하고 정리하는 데 가장 중요한 기준이 되는 것이다. 미국, 영국, 프랑스 등 각 나라마다 자유, 평등, 인권, 생명 등 나름의 보편적 가치를 세우고 그 가치에 근거하여 사회를 운영해 가고 있다.

보편적 가치의 중요성은 철학적이고 현학적인 문제에 그치지 않는다. 얼마 전 국방대학원에서 수십 년간 근무한 손경호 교수를 만나 나라를 지키는 힘, 즉 국방력은 어디서 오는가에 대한 질문을 한 적이 있다. 그가 말했다. "강한 국방력은 두 가지 조건이 동시에 충족되어야 합니다. 물론 국가의 안위를 위협하는 적으로부터 지킬 수 있는 물리적 힘이 필요합니다. 하지만 또 한 가지는 한 사회가 피 흘리면서까지 지켜야 할 가치가 있어야 합니다." 그렇다. 보편적 가치는 성숙한 사회 운영을 위한 기본 조건인 동시에 국가의 생존을 위한 필수조건이기도 하다.

이제 성장을 넘어 성숙의 패러다임을 만들어야 한다. 인간의 인성이 빠르고 혼란스러운 성장의 시간을 거쳐 안정되고 정리되는 성숙의 긴 여정을 걸어가듯이 우리 사회도 성숙의 패러다임을 다시 세워야 할 때다. 사전적 의미의 성숙이란 생물의 발육이 완전히 이루어짐, 몸과 마음이 자라서 어른스럽게 됨, 경험이나 습관을 쌓아 익숙해짐, 그리고 어떤 사회 현상이 새로운 발전 단계로 들어설 수 있도록 조건이나 상태가 충분히 마련됨을 의미한다. 그렇다면 성숙한 사회는 어떤 사회일까? 여러 가지 정의와 해석이 있을 수 있지만 나에게 성숙한 사회는 '사회가 지켜야 할 보편적 가치가 분명히 서 있고 사회 구성원들이 각자의 위치에서 그 가치를 지키며 살아가는 사회'이다.

그렇다면 오늘날 대한민국 사회의 보편적 가치가 과연 있을까? 있다면 무엇일까? 이 질문에 제법 오랫동안 고민하던 나는 주위의 지인들에게 이 같은 질문들을 자주 하곤 했다. 그중 지난여름 내가 아는 어느 지인이 뱉은 말은 내게 큰 충격이었다. 그는 해외유학을 마치고 국내의 유명 대학에서 교수로 있는 친구였다. "오늘날 우리 사회는 입금만 되면 다 하는 사회이다."

입금만 되면 다 하는 사회! 즉 모든 가치의 기준이 돈으로 수렴되어 버린 사회이다. 공부도, 직장도, 연애도, 그리고 자기실현도 결국 돈이라는 한 가지 기준으로 성공과 실패를 판단하는 사회인 것이다. 헌법에 적시되어 있는 민주, 자유, 평등 등의 가치는 필요할 때만 잠깐 언급하고 사용하는 액세서리로 전락했다.

얼마 전 전 헌법재판소 재판관이었던 이공헌 변호사에게 들은 이야기다. 대한민국 헌법 1조에 의하면 대한민국은 민주 '공화국'이다. 민주주의라는 수단적 제도 장치와 함께 공화정이라는 거버넌스 체제를 지향하는 국가인 것이다. 공화정이란 전체주의의 반대말 이상의 의미를 지닌다. 공화정이란 국가 운영에 있어서 공동체의 중요성을 강조하고 또 그 공동체를 유지하기 위한 일련의 공동선, 즉 보편적 가치를 설정하고 이를 지키는 것을 모든 행동과 의사결정의 기준으로 삼겠다는 선언이다.

그렇다면 입금만 되면 다 하는 사회로 전락해 버린 우리 사회는 해방 이후 아직도 제대로 된 공화국을 세우지 못하고 있는 것이다. 아니 돈 공화국을 세웠는지도 모른다. 따라서 '성장'에서 '성숙'으로의 전환은 돈으로 완전히 수렴된 대한민국의 보편적 가치를 공공선에 근거한 가치들로 바꾸어 나가는 과정인 것이다.

그 첫 단계로 우리 사회가 돈보다 우선으로 놓아야 할 가치들에 대해서 토론해야 한다. 우리 사회 구성원 모두가 권위를 받아들일 수 있는 성경(토라)이 없는 우리 사회에서 어떤 가치들이 보편적 가치들로 세워져야 할지 고민해 보아야 한다. 역사적 문화적 사회적 접근들을 융합하는 과정이 필요한 것이다.

사회적 갈등을 해결하기 위한 프로세스가 매우 취약한 우리 사회는 이 과정이 매우 어려울 것이다. 게다가 사회 구성원들이 받아들일 수 있는 '어른들'도 찾아보기 힘든 시대이다. 지금 존재하는 많은 갈등

구조들이 더욱 불거져 나올 것이다. 세대 간, 계층 간, 지역 간, 또 성별 간에 존재하는 의견의 차이들을 조율해 나가는 과정을 반드시 거쳐야 한다. 속도를 내기 위해 이 과정을 급히 처리하면 보편이라는 목적을 달성할 수 없다.

다음 단계는 새롭게 세워진 보편적 가치들을 바탕으로 사회 각 분야들을 점검하고 개혁하는 것이다. 각 분야에 속한 구성원들 간에 치열한 토론을 바탕으로 스스로 개혁의 그림을 그리고 실천해 나아가야 한다. 새롭게 세울 보편적 가치에 어긋나는 지금의 제도와 형태들을 솎아내고 바꾸어야 한다. 특히 정치, 경제, 교육, 그리고 군사 분야에서 서로에게 잘잘못을 씌우는 과정이 아니라 자신부터 바꾸려는 자정의 모양과 노력이 필요한 것이다.

이 과정에서 발생할 수밖에 없는 승자와 패자들 간의 이해관계를 조정할 수 있는 프로세스가 필요하다. 또 처음부터 모든 분야를 완벽하게 개혁하려 하기보다는 우리 현실에서 가능한 부분부터 시작해서 성공 사례를 만들어내는 것이 중요하다. 그 성공사례를 확대 재생산하면서 점차 사회 전 부분으로 넓어 가면 될 것이다.

또 이 과정에서 어떻게 하면 국민들의 시민성(civility)을 기를 수 있을지 고민해야 한다. 하버드 대학교 마이클 샌델 교수의 지적처럼 몇 년에 한 번씩 투표장에서 투표하는 행위만으로 민주주의는 이루어지지 않는다. 개인과 국가 간에 존재하는 다양한 시민 기관(civil organization)들을 활성화시켜야 한다. 지역문제들부터 대화와 토론으로 이해관계를 풀어가는 경험을 하면서 민주주의가 성숙되고 우리가 원하는 지도자들을 배출하는 시스템이 만들어지는 것이다. 공부만 잘

하는 엘리트들이 우리 사회의 지도자 자리를 다 차지하는 것이 아니라 공동체의 중요성과 작동원리를 어려서부터 체험한 이들이 지도자로 커나가는 시스템이 성숙한 민주주의를 만들어 내기 위한 가장 중요한 투자인 것이다.

마지막 단계는 이렇게 세워진 보편적 가치들과 각 분야들에서 스스로 만들어낸 개혁을 이루어내고 지켜내는 것이다. 아마도 한두 세대 동안 이를 악무는 결단으로 예외를 허용하지 않으면서 이러한 가치들을 지켜낼 때에야 비로소 이러한 가치들이 국민들의 DNA에 조금씩 박힐 것이다. 그런 과정을 겪어낸 후에야 진정으로 이러한 가치들이 우리 사회를 운영하는 보편적 가치가 될 것이다. 이런 과정을 거쳐 우리 사회는 성장을 넘어 성숙한 사회로 바뀔 수 있을 것이다.

어렵지만 이 길밖에 없다. 불편하고 또 내가 가진 기득권을 내놓는 결단들이 요구될 것이다. 비현실적인 생각이라 할 수도 있다. 하지만 오늘날 입금만 되면 다 하는 사회를 우리 자녀들에게 물려줄 수는 없다는 뉘우침과 결심으로 시작해야 한다. 우리가 이 과정을 성공적으로 해낼 수만 있다면 100년 전 김구 선생이 꿈꾸어 왔던 나라, 문화와 정신으로 세상을 이끄는 위대한 대한민국이 비로소 이루어질 수 있을 것이다. 그때에는 세계 곳곳에서 대한민국의 여권을 자랑스럽게 여기며 다니는 나와 우리들의 후손들을 볼 수 있을 것이다. 이보다 더 귀한 일이 어디 있단 말인가! 우리 세대가 이 일을 이룰 수만 있다면, 아니 시작해서 다음 세대에게 넘겨 줄 수 있다면, 역사는 우리를 기억할 것이고 우리의 선한 욕심을 하늘도 반드시 도울 것이라 믿어 의심치 않는다.

보통의 가치를 다시 세우자

　나는 이스라엘에 살면서 이스라엘의 교육을 어깨 너머로 볼 기회를 가질 수 있었다. 이스라엘 교육은 조상 한 명의 가치를 소중히 한다. 그 조상이 어떤 일을 했다는 것이 중요한 것이 아니라 그 조상의 존재 자체가 중요하다. 성경, 특히 구약성경에는 누가 누구를 낳고 라는 내용이 꽤 길게 나온다. 그런데 그 이야기 속에 평범한 사람들의 이름이 꼼꼼하게 적혀 있다. 어떤 한 사람의 영웅의 중요한 것이 아니라 평범한 한 사람 한 사람이 소중한 것이다. 특히 이스라엘 교육 당국은 성서에 나오는 스토리와 최근의 잦은 전쟁 속에 만들어진 가족과 조상이 가진 스토리를 현장의 장소들과 연결하면서 애국심의 내용을 만들어간다. 그리고 평범한 나의 조상, 평범한 내가 이 나라를 위대하게 만들어간다는 것을 가르친다. 이걸 가르치는 과목이 '쉘라흐(민족과 사회의 현장)'인데 이스라엘 나라사랑 교육의 기본이 되고 있다. 우리는 이스라엘의 이런 교육을 제대로 모르고 그저 유대교육 하면 영재교육이라 착각한다. 영재교육에 집중하는 것은 오히려 우리나라 대한민국이고 이스라엘은 보통의 평범한 가치를 가르치는 나라이다.

이스라엘은 아버지 중심의 가부장적 사회임에도 소통이 원활하다. 이스라엘에 십여 년 넘게 직접 살면서 그들의 교육을 직접 체험하고 또 전문적으로 공부한, 우리 사회에서 보기 드문 이스라엘 교육 전문가인 김지용 선생은 그 이유를 다음의 세 가지로 명쾌하게 제시한다.

첫째는 다양성을 인정한다. 유대인에게는 자신의 것을 지키면서 상대방의 것을 존중해야 한다는 논리가 깊이 배어 있다. 둘째는 격이 없는 사회다. 호칭에 있어서 나이와 상관없이 서로의 이름을 부르고 복장의 격식을 없앴다. 이스라엘의 키부츠 공동체는 시오니즘과 사회주의적 논리가 결합되어 평등과 경제의 공유를 기반으로 한다. 셋째는 우리나라처럼 주입식 교육이 아니라 질문을 통해 알아가는 '하브루타(chavruta)'라는 종교적 학습법이다. 이스라엘은 이 세 가지를 통해 보통의 가치를 세우고, 차별이 없는 평등한 소통을 이룬다. 김지용 선생은 우리가 새로운 나라를 만들기 위해서는 이스라엘의 이 소통을 참고할 필요가 있다고 힘주어 얘기한다.

대한민국은 어떤가? 보통이 괄시를 받는 나라다. 평범하다는 것은 능력이 없다는 것과 같은 뜻이고 비범해야만 인정받는다. 조상 교육도 가문 중에 어떤 성공한 사람이 있었는지를 배우는 교육이다. 이웃과 자식교육에 대해 이야기할 때도 아이가 자기 스스로 행복하게 잘 살아가는 평범하고 건전한 삶을 이야기하기보다 어느 대학 나와서 어떤 직장에 다니는지가 중요하고 그걸 자랑하는 대화가 주를 이룬다. 그럼 그렇게 못 키운 부모는 죄를 지은 것인가? 몇 퍼센트 최고 엘리트에 의해 끌려 나니는 사회는 좋은 사회가 아니다. 보통은 무시하고, 평범함을 인정하지 못하는 우리 사회는 이스라엘을 보면서 반성을 해야 한다.

이스라엘은 보통 사람이 나와서 튀려고 하지 않는다. 그저 누구의 자손이라는 평범함을 누린다. 영재교육이 아니라 보통을 가르치는 교육, 나는 그러한 이스라엘의 교육에서 적잖게 충격을 받았다. 물론 리더가 있을 수 있고 남의 도움 없이 살 수 있는 사람도 있겠지만 이 사회를 이끌어 가는 보통의 사람을 가르치는 것이라고 생각한다. 이 가치가 유대인들을 유대인답게 만드는 최고의 가치다.

이스라엘과 우리나라 교육의 또 다른 차이는 이스라엘은 의사결정 능력을 키워주는 교육을 하지만 우리나라는 지식습득을 목표로 한다는 것이다. 공동체 교육도 참여한 인원이 모두 자기 역할을 하며 상호 협동을 이루어가는 것이 이스라엘이라면, 우리는 한두 사람이 끌고 가고 나머지는 들러리가 되는 식이다. 한국에서 평범과 보통은 들러리와 같은 말이 된다. 각자 각자가 중요한 역할을 한다는 이스라엘의 가치가 아닌 주인공이 아니면 아무 의미도 없다는 보통 말살의 나라가 우리나라다. 부모의 경우도 인내심을 가지고 아이들을 기다려 주는 것이 이스라엘이라면, 우리나라는 말을 듣지 않으면 때리든가 포기한다. 교육부터 이럴진대 어떻게 우리나라에서 보통의 가치가 존중받을 수 있겠는가.

그러나 우리도 희망은 있다. 난 그 희망을 촛불에서 봤다. 광화문의 촛불이 위대한 건 보통 사람의 가치를 세웠기 때문이다. 그 누구도 영웅으로 튀어 나오지 않았고 모두가 영웅으로 그 자리에 서 있었다. 나는 여기서 우리나라의 희망을 본다. 물론 사회적으로 보통을 무시하는 패러다임이 아직도 곳곳에 존재하고 있지만 촛불의 힘을 보면서 우리 사회 안에 변화할 수 있는 잠재력은 충분히 확인한 것 같다. 그리고 집회가 끝난 후 깨끗한 거리를 보면서 선진국도 이렇게 못 하는데 대단한 시민의식이라는 감탄도 하게 된다. 외국 언론에서도 우리나라의 이런 성숙한 촛불 집회 문화를 극찬하며 보도하지 않았던가?

특출 난 영웅을 대접하는 나라 중에 미국이 있다. 그런데 미국은 영웅을 만들어 놓고 즐긴다. 영웅으로 인해 내가 잃어버리는 게 없다. 영웅 한 명이 생겨서 나의 가치가 내려가지 않는다. 그런데 우리나라는 영웅만 돋보이고 영웅을 만든 보통 사람은 우울하다. 즐기는 것이 아니라 눌린다. 이걸 바꿔야 한다. 우리나라에서는 열 명이 있을 때 한 명이 튀면 나머지는 죽는다. 이 패러다임을 바꾸지 않으면 공동체의 희망이 없다. 정의로운 사회는 한 사람이 영웅이 되는 사회가 아니라 모두가 영웅이 되는 사회이다.

우리나라도 이제는 보통의 가치를 다시 세워야 한다. 기업이 경제를 좌지우지하는 나라가 아니라 보통 사람들이 열심히 일해서 행복한 나라를 만들어야 한다. 한 세대가 걸려도 그걸 해야 한다. 좋은 나라는 누구 한 사람이 앞에서 끌고 가는 나라가 아니라 구성원 전체가 함께 자발적으로 앞으로 나아가는 나라일 것이다.

세계 어디든
이름 없는 사람이 있었다

국제기구 일을 하면서 특별한 사람들을 많이 만났다. 이름만 대면 '오!' 하는 감탄사가 절로 나올 엄청난 사람들을 만났다. 그러나 그런 사람들보다 나에게 깊이 새겨진 사람들은 그 나라의 평범한 보통 사람들이었다.

방글라데시에 있을 때 일이다. 내 차를 운전했던 히무(Himu)라는 분이 계셨다. 나이는 나보다 조금 많은 분이었는데 나는 그분 덕에 방글라데시 기사 분들에 대한 나쁜 편견을 버렸다. 그분과 일하기 전에는 방글라데시 기사 분들은 대부분 거짓말을 많이 하고 기름 값도 떼어 먹는다고 들었다. 그러나 그분은 한 번도 그런 모습을 나에게 보여 준 적이 없다. 오히려 약속시간에 대해 나보다 더 철저했고 굉장히 책임감 있게 일했다. 나와 아내가 조금 늦게 나와도 먼저 나와 기다렸다. 웃는 게 참 선하고 굉장히 신뢰가 가는 분이었다. 주변 사람들이 저런 사람을 어디에서 찾았냐고 물을 정도였다. 그분은 기사 일만 하는 게 아니라 현지인들과 관계된 여러 가지 일을 도와줬다. 마치 집사 같았다. 내게 이런 분을 보내주신 건 분명 하나님일 것이라 생각했다.

이스라엘에서는 딸이 다니는 학교의 한 학부형이 기억에 남는다. 어느 날 생일잔치에 초대받았는데 놀랐던 건 우리가 생각한 거창한 생일잔치와 다르게 참 수수해서 좋았다는 것이다. 우리는 보통 좋은 곳에서 생일잔치를 하면서 은근히 과시한다. 자식들 기죽이기 싫다는 이유 때문에 그럴 것이다. 이스라엘도 그렇게 보여주는 게 없지는 않은데 이분은 음식뿐만 아니라 축하 프로그램도 20분 단위로 만들어 놓았다. 그림 그리기, 책 읽기는 물론 선물을 숨겨 놓고 보물찾기를 하는 프로그램을 생각해 냈다. 내 딸은 한국 친구의 생일잔치에 가면 휴대폰의 오락기나 만지작거리다 오니 재미없다고 했는데, 외국인 친구 생일잔치에 가면 친구의 엄마 아빠가 하나씩 프로그램을 만들어서 학교처럼 재미있게 해주니 너무 특이하고 좋다고 했다.

그 밖의 다른 나라의 생각나는 평범한 사람은 우즈베키스탄에서 만난 고려인이다. 1937년 강제 이주하셨던 고려인 중에 한 분이신데 우리 집에서 잠깐 일했던 분이다. 가정부로 일한 굉장히 나이 많은 분인데 성실하고 자존심도 강했다. 자식들은 한국에 가서 일하고 당신도 한국에 갈까 하다가 우리를 소개받아 일하게 되었다. 보통 시간제로 돈을 드리는데 55분 정각에 일을 마치는 게 대부분이었다.

그러나 그분은 시간하고 상관없이 일을 끝날 때까지 했다. 내 아내에게는 큰 언니 같은 역할을 해주신 분이었다. 아내가 한국 사람임에도 불구하고 그분은 서슴지 않고 한국 아가씨들 참 못생겼다고 말했다. 러시아어를 구사할 수 있는 분인데도 웬만하면 한국어를 쓰시려 하고 자기 걸 지키려는 정신이 강했다. 음식도 서로 가져와서 나눠먹는 등 시골의 푸근한 정이 있으신 분이었다.

나라마다 참 다양한 사람들, 다양한 삶이 있었다. 각자의 믿음도 달랐고 각자의 처지도 달랐다. 그러나 그들 한 분 한 분들에게서 느껴지는 인간적인 유대감은 누구에게나 있었다. 하나님은 언어는 다르게 갈라놓았지만 사람의 본질은 갈라놓지 않은 것 같았다. 언어가 통하지 않아도 마음으로 다가가면 그 사람의 마음을 읽을 수 있었다. 그리고 보통 사람들의 평범한 행복이 무엇인지 이런 분들을 통해 알게 되었다. 우리가 만들 새 나라는 이런 보통 사람의 평범한 행복을 지켜주는 나라다. 세계 곳곳에서 그런 분들의 평화와 행복을 보면서 앞으로 내가 해야 할 일이 무엇인지 그 길이 조금씩 보이는 듯했다.

죽다가 살아난 경험,
인생을 여러 번 산 느낌

　죽다가 살아난 경험이 여러 번 있다. 처음 해외 부임지였던 나이지리아에서의 일이다. 이곳은 질병이란 질병은 다 있는 동네였다. 수돗물을 먹는 건 상상도 못 했고 정수해서 끓여 먹어도 몸이 늘 아팠다. 같은 아파트에 살던 대한민국 대사관 소속 영사의 아들도 말라리아에 두 번 걸려 죽을 뻔했다. 개인적으로도 질병을 많이 앓았는데 장티푸스에 걸렸을 때는 화장실 변기를 몇 시간이고 붙잡고 있을 정도였다. 말이 앓았다는 거지 열도 엄청나게 나고 걸을 힘도 없이 축 늘어져서 아픈 게 이런 거구나 제대로 체험을 했다. 또 한 번은 이런 경우도 있었다. 직원이 출장을 왔는데 회사에 나오지 않았다. 궁금해서 호텔에 가봤다. 호텔 문을 억지로 열고 들어갔더니 말라리아에 걸려 방에서 실신해 있었다. 그 직원을 급하게 후송해 치료한 기억이 난다.

비행기를 많이 타서 그런지 피부암에 걸린 적도 있었다. 이 피부암에 대해서는 책 앞부분에 이야기를 했는데 이 병이 100만 명 중에 한 명이 걸리는 병이었다. 그만큼 희귀한 병이 나에게 왔다. 그 당시 치료할 사람이 없어 미 해군의 군함을 오래 탄 피부과 의사를 찾아서 진단을 받고 그분을 통해 수술도 받았다. 수술할 때 두부 한 모 정도의 살을 잘라냈다. 여자 분들이 제왕절개 할 때 몸에 칼을 대는 그런 느낌일 것이라 생각했다. 감사하게도 수술한 후 8년 정도 지났는데 지금까지 재발 없이 잘 지내고 있다. 나는 그 이후의 인생은 엑스트라이고 보너스라고 생각했다. 그래서 하루하루 일상을 하나님을 생각하며 감사하는 마음으로 일상을 살고자 했다. 크게 아프고 나니 삶을 대하는 태도가 달라졌다. 이런 경험은 직접 당해보지 않으면 모른다. 말로써 글로써 표현해내기 힘들 정도의 아픔들이어서 그저 내 가슴속에 쌓아두고 나를 단련시킬 뿐이다.

또 팔레스타인에서 일을 할 때는 가자지구에 들어가서 여러 가지 힘든 일들을 경험했다. 가자지구를 실질적으로 통제하던 하마스 무장집단 군인들의 살벌한 모습도 가까이서 봤다. 건물이 폭탄으로 주저앉고 총알구멍이 여러 개 나 있는 그 도시를 지나다 보면 뒷골이 서늘해질 정도였다. 처참하게 건물이 무너진 걸 보면서 우리 할아버지 세대가 겪은 한국전쟁도 이랬을 것이라 생각했다. 삶과 죽음이 한 끝 차이인 아슬아슬한 곳이었다. 죽는 것도 일상이 되는 곳이었다. 폭력이 무섭고 전쟁이 무섭구나 하는 생각을 했다.

언젠가 가자지구의 건물 안에서 빠끔히 밖을 쳐다보는 아이의 사진을 본 적이 있다. 그 사진 속 아이들을 현장에서 봤다. 그 아이들은 가까이 다가가면 숨어 버린다. 두려움이 일상인 아이들이었다. 그 아이들을 보면서 무슨 마음으로 세상을 살아갈까 걱정을 했다. 아이가 커서 어떤 트라우마를 안고 살아갈까 생각할수록 안타까웠다. 유엔에서는 가자 주민들을 위한 카운슬링 서비스를 한다. 그들은 트라우마, 정신병 질환에 시달리는 사람들이 참 많았다. 사이렌 소리만 들어도 공포에 떨었다. 폭격을 피해 어느 한 공간에 갇혀 있다 보니 폐쇄 공포증도 생겼다. 보통 사람도 지하에 오래 있다 보면 미친다. 그런데 이들은 오래 정도가 아니라 아예 공습을 피해 일상처럼 갇혀 살았다.

이스라엘에서는 내 앞에 있던 차가 터져서 두 눈이 멀 뻔한 경험도 했다. 그 자리에 같이 있던 지인의 도움으로 병원에 긴급 호송되어 소독 처리를 했다. 그 병원은 테러 전문병원이었다. 폭탄 맞은 사람이

가자 폭격 이후 가자지구에 들어가서 만난 여자 아이

실려 오는 그런 병원이었다. 며칠 동안 사물이 보이지 않았다. 한쪽 눈은 아예 깜깜했다. 이러다 실명하겠구나 하는 두려움에 떨었다. 처방을 하는 의사도 눈이 너무 심하게 다쳤기 때문에 실명할 수 있다고 했다. 동공에 피가 많이 맺혀 있는 상태였다. 눈동자의 흰 부분이 빨갛게 신경 라인을 막고 있었다. 무언가를 봐도 뇌로 전달이 안 되는 상태였다. 눈을 수술할 수가 없는 상황이어서 의사는 동공 확대하는 약을 처방했다. 그 약을 치사량 수준으로 넣어서 동공을 눈 전체를 덮을 정도로 늘렸다. 그리고 굳어버린 피를 뽑는 수밖에 없었다. 빨리 빼지 않으면 피가 굳기 때문에 사인을 하라고 했다. 웬만하면 단번에 실명이라고 했을 텐데 이곳에서는 이런 상황을 워낙 많이 겪었는지 잘 처리해주었다. 의사는 당연히 부작용 설명을 했다. 동공이 안 돌아와서 햇빛을 못 보고 평생 선글라스만 끼고 다녀야 할지 모른다고 했다. 하지만 다행히 하나님의 은혜로 나는 온전하게 세상을 볼 수 있게 되었다.

이걸 역마살이라고 해야 할까. 나는 참 많이 돌아다니는 인생이었고 많이 다치고 아팠다. 그러나 그렇게 아팠던 나를 건강하게 이끌어 주신 것도 하나님이었다. 누가 보면 병 주고 약 주고 라고 그러겠지만 나는 내 선택으로 아팠고 하나님의 은총으로 치유되었다고 생각한다. 그리고 그 아픔과 치유의 과정이 있었기에 세상을 살아갈 더 단단한 에너지를 선물받을 수 있었다고 감사해하고 있다.

섬나라 코리아

　세계지도에서 한반도를 보면 대한민국은 섬나라가 되었다. 북한에 가로막혀 대륙으로 뻗어갈 수 없다. 1936년 베를린올림픽 마라톤에서 우승한 손기정 선생님은 베를린까지 어떻게 갔을까? 일본 동경에서 부산 서울 신의주 하얼빈 모스코바를 거쳐 베를린에 갔다. 그 당시 한반도는 대륙과 연결된 땅이었기에 가능했다. 그러나 지금 우리 한국인은 섬나라에 산다. 우리는 대륙을 품은 적도 있고 일본에 문명을 전달해준 위대한 역사를 가진 나라인데 지금의 현실이 너무 안타깝다.

　2017년 봄, 대학 강의실에서 통일을 왜 해야 하느냐고 물으면 반응이 싸하다. 더 이상 울림이 없다. 나도 먹고살기 힘든데 통일은 왜 하느냐. 그런 게 현실이다. 더 이상 같은 민족이니까, 같은 핏줄이니까

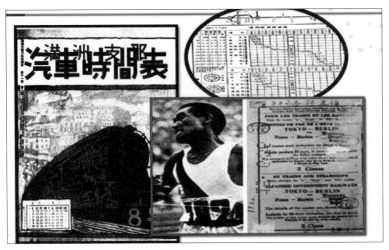

손기정 루트: 동경-부산-서울-신의주-하얼빈-모스크바-바르샤바-베를린

라는 주장은 우리 사회 안에서도 점점 힘을 잃어가고 있다. 이제 분단 70년이 흐른 오늘, 통일된 한반도가 우리에게, 또 주변국들과 세계에 어떤 의미인가를 생각하면서 통일에 대한 논의를 시작해야 한다. 왜 통일인가라는 질문은 생각보다 매우 중요하고 무거운 숙제이다. 한국 사회와 세계가 진정으로 동의할 수 있는 답을 찾지 못하면 통일을 향한 발걸음은 앞으로 나아가지 못할 것이다.

나는 우리 부모님, 형님 세대가 이룬 산업화와 민주화에 대해 깊은 감사의 마음을 가지고 있다. 가난 극복을 위해 부모님 세대는 자신들의 청춘을 희생하며 기적 같은 일을 이루었고 형님 세대가 피 흘려 이루어 놓은 민주화는 쓰레기 더미에서 장미꽃을 피울 만큼의 무모한 도전이었으나 결국 해냈다. 우리는 산업화와 민주화 이 두 가지를 정말로 감사하게 생각해야 한다. 그다음은 나와 우리 후배들이 이루어 갈 통일이라는 숙제이다. 좌와 우가 싸우는 건 이제는 아니다. 이데올

로기는 더 이상 없다. 한반도는 2차 세계대전의 마지막 숙제가 되고 있다. 70년이 넘도록 그 숙제를 못 푸는 유일한 나라가 우리 대한민국이다. 이 문제를 푸는 게 우리가 세계에 빚진 걸 갚는 일이고 다음 세대를 위해 해야 할 일이고 우리 역사를 위한 일이다. 아주대 통일연구소를 통해서 요즘 청년 전문가와 시민들을 만나며 어떻게 하면 통일을 이룰지, 왜 통일을 해야 할지 그리고 통일 이후의 새로운 나라는 어떤 나라이어야 하는지 함께 고민하고 논의를 나누고 있다.

지금 우리 사회는 많은 곳이 아프다. 여기저기 단절이 되어 하나로 움직일 수가 없다. 세대 간 단절, 빈부 간 단절, 지역 간 단절, 남북 간 단절 등. 이 단절을 다시 연결하지 않으면 통일은 쉽게 이루어지지 않는다. 내가 책의 부제로 세대 잇기를 내세운 건 그만큼 이 단절의 아픔이 너무 깊고 크기 때문이다. 우리 사회의 아픔, 우리 사회의 단절을 치유하는 것이 통일의 첫걸음일 것이다

통일 대한민국을
새롭게 디자인하며

　내가 바라는 통일은 단순히 남과 북이 다시 합쳐지는 것을 의미하지 않는다. 정말로 합쳐서 지금보다 더 어렵고 힘들게 살아야 한다면 과연 그 통일이 무슨 의미가 있단 말인가!

　내가 바라는 통일은 지금까지 세상에 있지 않았던 나라를 만드는 것이다. 북한과 남한이 가지고 있는 시대적 아픔들을 극복하고 더 나아가 동아시아 그리고 세계가 겪고 있는 질곡들을 풀어내는 나라를 만드는 것이다. 유럽에서 나온 사람들이 이 세상에 없는 미국을 만들었듯이 우리도 그런 나라를 만들어 보자는 것이다. 그래서 새로운 나라 미국에서 살아보기 위해 수백만 명의 이민들이 세계 곳곳에서 몰려든 것처럼, 통일 한반도도 중국 일본 러시아 미국 그리고 세계 곳곳에서 미국 일본 중국 러시아 사람들이 너도나도 우리나라에 와서 살고 싶다고 하는 나라로 만들어야 한다. 통일 한반도에 살아보는 게 소원인 사람들이 너무 많이 몰려 별도의 이민 심사를 해야 할 정도의 좋은 나라를 만들어야 한다. 정말 해보고 싶지 않은가? 우리 후손들이 사는 세상에서 가장 멋진 나라. 녹색의 허름한 대한민국 여권을 가지고 다녀도 자랑스러운 나라. 나는 그런 나라를 만들기 위해 북한을 연구하고 통일을 연구한다.

이게 정말 가능할까라고 물어보시는 분들이 많았다. 하지만 왜 그런 나라가 필요한가라고 반문하시는 분은 한 분도 없었다. 그만큼 우리 사회가 많이 망가지고 병들어 있다는 뜻일 것이다. 무언가를 하지 않으면 더 이상 우리 사회는 지속가능하지 않을 것이라는 인식이 대한민국을 사는 많은 사람들의 머리와 가슴에 강하게 밀려오고 있는 것이다.

그런 절박한 마음으로 시작했다. 물론 이 길을 마치면서 모든 문제를 풀어낼 것이라는 보장은 없다. 아니 그렇지 못할 가능성이 훨씬 더 크다. 그래도 시작한다. 또 같이 가는 사람들, 특히 젊은이들에게 희망을 건다. 선배 세대와 우리 세대가 끝내지 못한 일들을 청년 세대들은 마칠 수 있을 것이다. 그들이 지금 겪는 어려움이 그들을 더 강하게 만들며 또 새로운 세상에 대한 갈망을 다른 누구보다 강하게 할 것이기 때문이다. 더 구체적으로 통일 신한국은 정치, 경제, 교육, 사회 분야에서 완전히 새로운 나라여야 한다. 이 네 가지 분야에서 새로운 나라를 어떻게 만들어갈지 고민하고 있는 생각들을 이 자리를 빌려 간단히 나누어 보고자 한다.

민주주의를 넘어 비전과 소통을 이루는 정치

첫 번째는 정치다. 통일 신한국을 디자인하면서 미국의 독립 헌법과 조소앙 선생의 삼균정책의 경험을 많이 참조하려 한다. 그때의 그 혁명적 사고는 지금의 우리 정치에 꼭 필요하다. 과거의 권력과 관습을 벗어나 새로운 나라를 세운 좋은 예이기 때문이다. 북한과 자본주의는 우리가 새로운 나라를 만들기 위해 반드시 해결해야 할 관습과 권력과 한계이다. 한반도의 통일을 한반도 주변 4대 강국에 구걸할 수 없다. 우리는 우리 식의 통일이 필요하고 그 통일은 과거 방식의 결합이 아닌 전혀 다른 나라의 창조여야 한다. 이념과 체제도 고집할 필요가 없다.

당돌하고 엉뚱한 질문을 던져본다. 과연 민주주의보다 더 좋은 정치제도는 없을까? 미국 건국의 아버지(founding fathers) 중 한 명인 벤저민 프랭클린(Benjamin Franklin)은 민주주의를 이렇게 비유한다. 두 마리의 늑대와 한 마리의 양이 내 점심으로 뭘 먹을까를 투표하는 것이라고. 그렇다. 민주주의에는 다수의 폭력의 위험이 항상 존재한다. 또 곰곰이 생각해 보면 가정이나 기업이 당면하는 문제들을 '민주적'으로 해결하는 경우가 생각보다 적은 것을 깨달을 수 있다. 그래서 민주라는 제도와 함께 공화라는 제도를 세우는 것이다. 즉 다수의 폭력으로도 무너뜨릴 수 없는 사회의 핵심이 되는 가치들이 있음을 명시하는 것이다. 그래서 민주공화국이 나온 것이 아닐까? 앞으로 통일 한반도에서 지켜야 할 보편적 가치가 무엇이 되어야 할지 고민하고 그것들을 민주주의와 다른 여러 제도로 어떻게 지켜낼지 고민하는 과정이 반드시 필요하다.

성장감옥에서 벗어나 다 함께 잘사는 성숙한 경제

두 번째는 경제에 대한 고정관념을 바꿔야 한다. 이제는 자본주의도 답이 아니다. 엄격하게 말해서 자본주의는 끝이 났다. 돈 100원을 맡기면 이자는커녕 원금도 제대로 받지 못하는 세상이다. 자본이 부가가치를 창출하는 사회는 이미 과거가 되고 있다. 지금 우리는 부족함을 느끼지 재화를 찾기가 매우 어렵다. 돈이 차고 넘친다. 그러기에 자본주의가 원활하게 작동할 수가 없다. 초과 유동성은 갈 곳을 찾지 못해 시장을 맴돌고 있는 형국이다. 더 이상 돈을 가진 자가 돈을 버는 사회, 자본주의의 문자 그대로의 의미가 무너져 버렸다. 그렇다면 새로운 경제 질서는 무엇일까? 요즘 나는 눈을 뜨면 이 고민으로 하루를 보낸다.

개인적으로 경제개발을 했던 사람이고 자본주의 리딩 국가인 미국에 살았던 사람이다. 그런데 내가 보기에 이 자본주의라는 것, 특히 지금과 같은 소득격차는 결코 지속될 거 같지도 않고 그렇게 되어서도 안 된다고 본다. 1%가 99%를 소유하는 세상은 원시시대에도 없었다. 그 동안 경제 발전뿐만 아니라 인간의 삶의 질 자체를 측정하는 수단이었던 GNP에 관한 회의론이 여기저기서 일어나고 있다. 기술적인 방법론에 대한 회의부터 과연 경제적 물질적 조건이 인간의 행복을 측정하는 지표로 타당한가 하는 사회학적 철학적 논의까지 다양한 비판의 목소리들이 나오고 있다. 이런 비판의 밑바탕에는 개인의 행복한 삶, 그리고 사회의 건강함은 진화론적인 개발 특히 물질적 환경의 개선만으로 이루어지지 않는다는 깨달음이 있는 것이다.

앞에서도 강조했지만 이제 우리도 더 늦기 전에 성장 담론에서 탈출해야 한다. 세상에 영원히 성장하는 생명체가 없듯이 영원히 성장하는 경제와 국가도 없다. 생물학이 그리고 인류 역사가 이를 증명하고 있다. 조금 더 성장해서 1인당 국민소득이 3,4만 달러가 되고 난 뒤에 생각해 보자라는 견해도 있을 것이다. 1인당 국민소득이 3,4만 달러 하는 국가들을 보면 경제뿐만 아니라 교육 보건 문화 등등 다 좋아 보이기 때문이다. 그렇지만 우리가 꿈꾸는 행복한 나라와 개인이 되기 위해 3,4만 달러의 소득이 필요하다는 법은 세상 어디에도 없다.

이제 '성숙'한 경제질서를 만들어야 한다. 지난 60년 동안 우리 사회가 달성한 압축 경제 성장의 열매들을 숙성시키는 노력과 변화가 필요하다. 우리에게 우선 가장 시급한 것은 2만 5000달러에서 3만 달러로 가는 경제정책이 아니라 2만 5000달러 사회에서 가장 행복하게 사는 방법을 알아내고 실천하는 것이다. 정치, 경제, 교육, 문화 모든 분야에서 성숙의 패러다임이 필요하다. 그렇게 진정으로 2만 5000달러 사회다운 사회가 되었을 때, 다음 단계로 나아가기 위한 변화의 동력들이 축적될 수 있을 것이다.

어제의 산업 역군이 아닌 내일의 창의력 인재를 길러내는 공동체 교육

세 번째는 교육이다. 대한민국에서 교육을 받고 또 아이를 키우는 부모라면 통일 한반도에 오늘날 대한민국의 교육을 그대로 가져다 심을 수는 없다는 것을 뼈저리게 공감할 것이다. 교육은 두 가지를 책임져야한다. 하나는 다음 세대를 책임질 노동력이고 또 하나는 사회를 이끌 지도자를 키우는 것. 우리는 그동안 첫 번째만 집중했다. 그런 교육으로 새로운 나라를 만들 수 없다. 지금 우리의 교육은 산업시대 역군을 키우는 교육이다. 최근 맞벌이가 아내가 해줄 수 있는 최고의 내조로 부상하면서 집안에서 아이들이 방치되고 있다. 방치된 아이들을 공교육이 책임져야 하는데 공교육은 시간을 잘 키고, 일을 잘하는 부품이나 도구만 생산하려고 한다. 이제는 그 공교육의 시스템을 바꿔야 한다.

공교육을 바꾸는 데 있어서 첫 번째는 경쟁의 문제인데 시간을 잘 지켜라, 잘 외워라, 숙제를 잘 하라는 주입식의 교육이 아니라 창의력을 강조하는 교육, 4차 산업혁명이라고 군이 얘기 안 해도 문화혁명 정도까지는 기대할 수 있는 그런 새로운 교육이 필요하다.

공교육의 변화에서 요구되는 두 번째는 공동체 교육이다. 우리는 각자 개인적 재능을 발휘하면서 함께 어울려 살 수 있는 능력을 만들어주어야 한다. 요즘 교육을 반성하며 한 가지 떠오르는 이야기가 있다. 건널목에 아이의 손을 잡고 있는 두 엄마가 있다. 그런데 그들 앞으로 노숙자가 걸어간다. 한 엄마는 얼굴을 찌푸리며 아이에게 "너, 공부 안 하면 저렇게 되는 거야!"라고 얘기한다. 옆에 있는 다른 엄마는 아이에게 "너, 공부 열심히 해서 저런 분들을 잘살게 해주어야 해." 생각의 차이가 하늘과 땅 차이다. 우리는 두 번째 엄마의 생각으로 아이들을 가르쳐야 한다. 새로운 나라의 교육은 그래야 한다고 본다. 아이들을 세상의 주인으로 살게 하고, 다양성을 존중할 수 있는 그런 교육이어야 한다.

비빔밥처럼 같이 조화를 이루며 사는 사회

마지막으로 우리 사회에 대한 반성이다. 옆 집에서 사람이 죽어 나가도 쳐다보지 않는 사회, 엘리베이터에 타고 있을 때 누군가가 다가오면 빨리 분을 닫으려는 사회……. 이런 사회가 우리가 지향하는 사회일까? 나무 그루터기는 동강 난 그 자리에서 새싹이 나온다. 우리 사회의 가장 아픈 곳이 어디일까?

작년 가을 모 여대 특강에 가서 한 시간 반 동안 통일에 대한 이야기를 하면서 학생들에게 아기를 많이 낳으라고 소위 말해 아재 발언을 했다. 갑자기 강의실 분위기가 싸해졌다. 어떤 학생이 손을 들고 얘기하기를 "솔직히 저희들한테 빨리 애를 낳아서 키우면 나라가, 이 세상이 그 아이를 잡아먹으려는 거 아닌가"라고 물었다. 그 순간 말할 수 없는 감정이 밀려왔고 가슴이 먹먹해짐을 느꼈다.

아이를 낳고 키우는 건 하나님이 주신 가장 숭고한 행위인데 그것조차도 의심을 하며 포기를 하려 한다. 옳지 않다고 설득하고 싶었지만 그렇게 할 수 없었다. 우리 청년의 삶이 얼마나 팍팍한지 곁에서 보고 있기 때문이었다. 그래서 그 친구에게 대답했다. "정말 미안합니다. 앞 세대로서 일부러 이런 세상을 만들려고 한 것은 결코 아닌데 솔직히 지금 여러분의 삶이 우리보다 더 힘든 것 같습니다. 그러나 포기하지는 마세요. 주위에 많은 사람들이 다시 고쳐보려고 진심으로 노력하고 있어요."

나는 우리 사회에 돌아와서 아픈 뉴스 두 가지를 봤다. 하나는 결혼한 부부가 6개월 만에 정관수술을 하고 온 이야기인데 이 이야기를 듣고 펑펑 울었다. 더구나 이게 뉴스가 안 되고 서로에게 울림이 없는 사회, 나는 이 사회가 무섭다. 또 하나의 뉴스는 너무나 흔한 뉴스가 되어버린 혼자 사는 노인 분의 죽음이다. 시체 썩은 냄새가 진동하는 데 경찰에 신고하기 전까지 아무도 알 수 없는 사회, 여러분은 이런 사회를 원하는가?

통일 신한국이 만들어갈 사회에 대해서 고민한다. 지금 우리 사회는 갇혀 있고, 닫혀 있는 사회다. 같이 사는 공동체라는 생각보단 혼자 살아남기도 버거운 정글이라는 생각이 팽배해 있다. 이 틀을 깨려면 많은 고통과 희생이 따르겠지만 지금부터 하나둘 해나가야 한다. 단순하게 두 개의 사회가 합쳐지는 통일이 아니라 전혀 새로운 나라를 만들기 위해서는 지금 대한민국 사회의 체질 개선이 필요하다. 북한의 장점과 단점은 무엇이고, 우리 사회의 아픔은 무엇인지 올바로 직시해야 한다. 그래야 문제를 풀 수 있는 지혜가 나온다. 우리나라는 비빔밥 문화라는 장점이 있다. 무엇이든 잘 섞어 조화를 이루게 한다. 이런 강점을 통일 이후 새로운 나라에 잘 활용해야 한다.

은혜 없이는
설명할 수 없는 삶

"왜 이렇게 큰 은혜를 주셨을까?"

이끌림.
지금껏 걸어온 길을
뒤돌아보면 생각나는 단어이다.

하나님이 이끌어 주셨기에 가능한 길이었다.

힘든 유학 시절,
하나님을 찾았다.
아니, 그분이 만나주셨다.
아내도 나와 한 몸이 되어
함께 겪어가면서
세계 곳곳에서
하나님의 역사하심을 느꼈다.

하나님에게
그리고
아내에게 큰 빚을 졌다.

앞으로 살아갈 하루하루는
하나님과 아내, 내 가족을 위해
빚을 갚아가는 삶이 될 것이다.

내가 걸어가는 길은
하나님의 이끄심이었다

　고등교육재단 장학생으로 미국의 모든 대학에서 낙방한 후 삶을 보는 관점이 달라졌다. 거품이 사라지니 본질이 보이기 시작했다. 왜 이걸 하려고 하는 걸까. 왜 이렇게 창피할까? 내가 창피한 게 창피했다. 그 후 미국에서 한 달 한 달 간신히 살아가면서 하나님의 임재를 경험했다. 다시 태어나는 경험을 했다. 거의 18년이 지났지만 아직까지 생생한 그 순간과 경험을 한 뒤로 인생을 대하는 태도부터 모든 것이 확 달라졌다. 왜 지금까지 이렇게 살았을까 하는 반성을 하며 삶의 터닝포인트를 만들었다. 그 시점은 고등교육재단의 장학생에서 떨어진 후 워싱턴 주의 타코마에서 꽃 배달을 다닐 때였다.

　그 당시 나는 국가를 공부해 보고 싶었다. 내가 가야 하는 본질에 대한 공부였다. 나는 그때부터 계속 그 본질을 생각하며 살았다. 제프리 삭스 교수를 만나면서 내가 선택한 길이 생각보다 멋질 수 있다고 생각했다. 세계은행 재직 시절은 또 다시 깨져 나가는 과정이었다. 그러나 나는 더 깨져야 한다고 생각했다. 20대는 좌충우돌의 시기였고 30대는 방향도 모르고 무조건 뛰었던 시기였다면, 40대의 지금은 뭔가 방향이 보이는 듯했다. 시대에 따라 고민의 방향도 달랐다.

장 폴 사르트르(Jean Paul Sartre, 프랑스, 1905년 6월 21일~1980년 4월 15일. 프랑스의 실존주의 철학과 문학을 대표하는 작가·사상가. 1964년 노벨 문학상 수상 거부)가 이런 말을 했다. '인생은 B(Birth)와 D(Death) 사이의 C(Choice)'라고. 우리는 태어나서 죽을 때까지 끊임없는 선택의 기로에 선다. 나 역시 그랬다. 이 길을 갈까 저 길을 갈까 수많은 방황의 나날이 있었다. 그럴 때마다 나를 이끄는 뭔가 보이지 않는 힘이 있었다. 그리고 그 힘에 의해 선택한 길은 나에게 새로운 도전과 희망을 주었다. 좌절의 순간마다 새로운 선택이 있었고 선택한 그 순간에 또 다른 실패가 오기도 했지만 그 이후의 과정은 나쁘지 않았다.

대학 때 재수를 선택하고, 경영학을 선택하고, 회계사 시험을 선택하고, 고등교육재단 이후 전공을 바꿔 국제 개발을 선택하고……. 이 모든 선택은 지금 와서 돌아보니 나 혼자만의 선택이 아닌 어떤 이끌림이었다. 보이지 않는 힘, 그것은 하나님의 이끌림이었다. 그 이끌림으로 지금의 내가 만들어진 것이다. 그래서 하나하나의 과정에 감사하고 지금의 결과에 겸손해 진다.

인생의 나이테가 한 줄 한 줄 더해지면서 결과보다 과정을 더 보는 사람이 되어가는 것 같다. 한 세대의 과정, 한 나라의 과정……. 그 과정 속에 삶이 있었고 문제를 풀어갈 해답이 있었다. 누구나 다 아는, 그리고 뻔히 보이는 결과를 가지고는 답을 찾기 힘들었다. 누군가의 삶을 변화시키려면 그 사람만이 가진 삶의 궤적을 충분히 이해해야 했다. 또 어떤 조직의 리더가 되려면 그 과정에서 어떤 역할을 해야 했다. 결과만 중시하는 사회에서 과정을 바라본다는 건 본질을 보는 것이다. 실타래처럼 얽혀 있는 현실을 정리하는 가장 좋은 방법은 본질을 꿰뚫어 보는 것이다.

이제 인생의 후반전을 막 시작하고 있다. 남은 후반전은 어떻게 살아야 할까? 독일 속담에 저녁이 될 때까지 오늘이 좋았다고 얘기하지 말라는 말이 있다. 개인적으로 샴페인을 잘 터트리지 않는다. 아직 해야 할 게 많은 나이라서 그렇다. 순간순간에 안주하지 않고 더 나은 무언가를 생각한다. 찬송가를 좋아했고 지금도 찬송가를 즐겨 부른다. 찬송가를 부르면서 주님에 가까이 가는 게 좋다. 주님 뵐 날이 날로 날로 다가온다는 느낌이다. 찬송가 중에 하루 더 살면 하나님 뵐 날이 가까워 온다는 가사가 점점 더 피부에 닿는 느낌이 드는 그런 삶의 모습이 되어 간다.

내가 걸어온 시간들 속에 늘 그분이 계셨다. 그분이 없었다면 건널 수 없는 고비들도 많았다. 돌아보면 다 축복된 시간이었다. 그래서 그 시간을 소중하게 생각하고 감사하게 여기며 살려고 한다. 지금까지 나를 이끌어 주시고 흔들리지 않게 만드는 그분, 그분이 나를 지켜보고 있음에 감사를 드린다. 그래서 아침에 눈을 뜨면 나에게 이런 멋진 하루를 주셔서 감사하다고 하나님께 기도를 드린다.

하늘에 계신 아버지,
낮은 곳에서 만나다

부끄러운 마음으로 도망치다시피 미국으로 와서 시작한 타코마의 생활은 나의 인생을 송두리째 바꾼 시간이었다. 타코마로 간 유일한 이유는 물론 아내의 먼 친척에게 빌붙어 살기 위해서였다. 하지만 미국 군인이었던 그는 우리가 도착한 지 한 달도 되지 않아서 텍사스로 발령을 받아서 정말 바람 같이 떠나 버리고 말았다. 정말 닭 쫓던 개의 신세였다. 그 후 가장 허름한 동네에 가장 작은 아파트 월세로 420달러를 지불하고 교회의 목사님으로부터 89년형 포드 중고차를 2500달러를 주고 샀다. 남는 돈은 고작 500달러 남짓이었다.

당장 하루하루를 해결해야 하는 삶이었다. 아내는 유치원부터 고등학교까지 닥치는 대로, 불러주는 대로 피아노 과외를 위해 뛰어 다

넜다. 음대 입시를 준비하는 학생들에게 고액을 받으며 하던 과외는 사치였다. 나도 GRE 시험을 준비하면서도 대형 마트 청소, 꽃 배달 등 닥치는 대로 일을 하며 한 달 한 달을 버텨 나갔다. 또 꽃이 많이 팔리는 추수감사절과 크리스마스 같은 명절에 턱시도를 입고 꽃을 배달하면 솔찮은 팁을 받기도 했다.

고생 그 자체의 삶이었지만 기쁨도 많은 시간이었다. 태어나서 처음 해보는 육체노동이 힘들기도 했지만 가르침도 있는 시간이었다. 아내나 나 모두 금수저를 물고 태어나진 않았지만, 중산층 가정에서 별 걱정 없이 공부만 하면서 자랐던 나에게 노동이 무엇인지 아주 조금 맛을 볼 수 있었다. 힘들지만 정직한 일들이었다. 일하는 시간 동안은 힘들었지만 일이 끝나면 육체와 정신이 모두 쉴 수 있었다. 사무직과 정신노동에 익숙했던 나로서는 새로운 경험이었다.

또 나의 삶에 그리 중요하지 않았던 신앙이 나를 크게 위로해 주었다. 소위 선데이(Sunday) 크리스천으로 교회만 왔다 갔다 하던 나에게 신앙이 주는 삶의 깊이와 넓이를 경험하는 시간이었다. 지금까지 나의 삶의 궤적이 창조주의 뜻이었고 앞으로 펼쳐질 나의 삶도 주관한다는 믿음이 나에게 커다란 위로와 기쁨이었다. 또 돌아보면 학문과 경험의 유학을 시작하기 전에 앞으로 펼쳐질 롤러코스터 같은 삶에 중심을 잡고 흔들리지 않는 삶의 기준을 가질 수 있었던 경험은 너무나 중요한 재산이 되었다.

당시 다니던 교회에서 밥이 나왔는데 예배를 마치고 남은 음식들을 큰 냄비에 가득 채워 집으로 가져와 며칠을 먹곤 하였다. 유학 생활을 하려면 차가 필수인데 우리는 차를 몰고 다닐 형편이 안 되었다. 그래서 아내는 한인마트에서 쌀과 야채를 사면 먼 거리를 혼자가 그걸 들고 걸어서 집으로 왔다. 나는 후배들이 유학 갈 때 혼자 가서 빨리 끝내고 온다고 하면 도시락 싸 들고 말린다. 같이 가서 길게 고생하고 와야 인생에서 얻는 게 있다. 그리고 부부가 나이 들어서 그때 이야기를 하면 얼마나 감회가 남다른지 모른다. 또 그렇게 함께 고생한 아내를 서운하게 하지 말자고 종종 다짐하곤 한다.

타코마에서 나는 나라에 대한 공부를 준비했고 아내는 아내대로 그 자리에서 자기가 할 수 있는 일을 찾았다. 배터리 집, 꽃집 배달, 마트 청소. 힘든 시간이었지만 새롭고 고마운 시간들이었다. 특히 K-마트에서 일한 경험은 잊을 수 없다. 그 당시 K-마트는 지역의 형편이 어려운 목사님의 신청을 받아 간단한 매장 정리를 하는 일감을 주었다. 한마디로 목사님들 부업 프로젝트였다.

그런데 다니던 교회의 목사님이 혼자 하셔도 되는 일을 나누어, 본인이 가져갈 부업의 돈을 내가 가져갈 수 있게 해주었다. 당시에 나는 심하지는 않았지만 허리디스크 통증 때문에 매주 일을 할 형편은 못 되었다. 그 목사님은 이런저런 내 모습이 불쌍해 보였는지 일을 적극 챙겨주었다. 이 일은 일주일에 하루만 하는 일이었다. 그 하루를 목사님과 같이 일을 하였다. 목사님은 일을 할 때도 할당량 이상을 하면서 주변을 광나게 청소하기도 하셨다. 대충이란 게 없는 분이었다. 그분의 그런 생활태도에서 큰 감동을 받았다. 나도 목사님의 그 마음에 보답하고 싶어 조금만 일해도 되는데 그 이상을 해주었다. 돈을 더 주는 것도 아닌데 그렇게 했다. 어떤 미국 고객이 와서 제품 좀 찾아 달라고 하면 마트 청소하던 걸 잠깐 멈추고 달려가 물건을 찾아

주기까지 했다. 그 목사님은 지금도 연락을 하면서 지내는데 최근 들은 얘기로는 안타깝게도 골수암에 걸렸다고 한다. 그런데 다행인 게 암이라고 얘기할 수 있는 수치를 넘지 않고 지낸다고 하신다. 신앙의 진정한 모습을 살아내시는 그분이 건강하게 목회 생활을 하시기를 간절하게 빌 뿐이다.

돌아보면 타코마의 생활은 특별한 고생이라기보다 삶을 살아내는 것이 무엇인지 배우는 소중한 학교 생활이었다. 1년 남짓한 시간의 조금 고생스러웠던 경험을 고생이라고 하기엔 부끄럽기 그지없다. 그러나 그 경험이 내게는 아이비리그 대학에서 공부하는 경험보다 훨씬 값지고 소중한 경험이었다. 보통의 삶을 매우 특별하게 살아내는 분들을 만나면서 삶을 대하는 자세를 다시 한 번 가다듬는 시간이었다. 멋진 인생의 나이테를 한 줄 얻는 경험이었다.

하늘이 준 가르침,
딸에게 보내는 조언

딸이 둘 있다. 하늘이 주신 최고의 선물이다. 이 아이들이 어떻게 크면 좋을까? 부모로서 그런 고민이 슬슬 생긴다. 외국 생활을 하면서 늦게 얻은 자식이었고 내 일에 치이다 보니 아이들 걱정은 별로 안 했는데 한국에 돌아와 보니 교육이 전쟁인 나라에서 내 아이가 행복하게 살 수 있는 세상이 어떤 세상인지 고민 안 할 수가 없었다.

대한민국에는 참 여러 가지 모양의 수저가 있다. 운명은 정해지는 게 아닌데 우리나라는 수저 하나로 그 사람의 운명을 정해 버린다. 금수저, 흙수저. 흙수저로는 삶의 행복을 떠먹을 수 없는 것 아닌가. 대한민국 청년들을 보면 부모 잘 만나서 잘나가는 청년도 있고 부모 잘못 만나서(?) 자기 앞가림하기 바쁜 청춘도 있다. 앞의 인생도 뒤의 인

타코마에서 내게 도움을 준 안광일 목사님

생도 다 소중한데 우리는 앞의 가치만 숭상한다. 그러다 보니 뒤의 인생의 비굴함과 우울함을 돌볼 여유가 없다.

　지금 앞 세대가 젊은 청춘들에게 하는 수많은 조언들이 와 닿지 않는 중요한 이유 중에 하나는 그들에게 할 수 없는 일을 하라고 강요하기 때문이다. 되지 않는 일을 시키며 성공고문, 희망고문을 한다. 나의 선배들이 나에게 한 조언들, 그것들 중에 요즘 세대에 나주어 주고 싶은 것들을 몇 가지 나눠본다.

　첫 번째는 나에게 없는 것이 무엇일까 하는 고민이다. 고백컨대 나는 국제사회에서 한국 사람으로 일하면서 촌놈이라는 생각이 뼈저리게 들었다. 세계인으로 볼 수 있는 시각이 없었다. 코소보든 이스라엘이든 일할 때마다 같이 일하는 스텝이 열 명 정도이고 그들의 국적도 7,8개는 된다. 대륙별로 다 섞여 있다. 저녁을 같이 먹으면서 이런저런 얘기를 하면 시작은 출장 간 지역 얘기 그리고 마지막은 자기 나라 얘기와 세상 돌아가는 얘기로 마무리한다. 예를 들면 어제 클럽 산타 클로스에서 30명이 살해되었다는 뉴스를 가지고 열띤 토론을 한다. 그런 얘기를 BBC나 CNN으로 우리나라 일반 신문 보듯이 본다. 그러니 세계 곳곳의 사정을 꿰뚫고 있다. 그런데 우리나라 사람들은 그런 정보와 관심이 없다. 스스로 우물 안 개구리가 되어 있다. 세계를 바라보는 공감 지수가 매우 부족하다. 이러니 세계인이 될 수 없는 것이다. 내가 그랬다. 나에게 없는 건 바로 그런 공감 지수였고 그걸 어릴 때부터 배워 왔기에 쉽게 고칠 수 없었다. 세계의 아픔을 나의 일처럼 느끼는 공감 능력, 이게 참 중요한데 나에게는 그게 없었다.

거칠게 얘기하면 식민지를 가져본 나라의 교육은 세계가 나의 앞마당이다. 속된 말로 내 영역이라는 얘기다. 영국뿐만 아니라 아프리카나 인도의 일도 자기 나라의 일처럼 이해한다. 식민지 통치를 경험해 본 나라는 세계지도를 펴 놓고 이 나라 저 나라가 내 인생에 중요한 관계가 있는 것처럼 파고들고 공부한다. 그러나 나는 뉴스를 보는데도 다른 나라의 일이 나의 일로 다가오지 않는다. 한반도 이외의 지역이 내가 활동한 곳이라고 느낀 적이 없다. 나는 그래서 우리 딸들에게 자의든 타의든 세상을 들락날락 거리며 살아야 한다고 권한다. 우리나라의 1인당 경제 소득은 그 사람이 인천공항을 이용한 횟수와 정비례한다고 한다. 인천공항을 많이 이용한 사람이 경제 소득도 높다. 이들은 밖을 보고 시야를 키운다. 이미 우리 두 딸은 세계 곳곳을 경험해 보았지만 앞으로 더 많은 나라로 나가기를 권한다. 그래서 세상을 보는 눈을 키우고 넓혔으면 좋겠다. 부모인 내가 그렇게 잘 못 했으니 자식들만큼은 그렇게 하지 않기를 바란다.

개인적으로 우리나라 언론의 국제란에 많은 아쉬움을 가지고 있다. 국제란은 많은 경우 BBC나 CNN과 같은 외국 방송과 신문 기사들을 실어 옮기는 경우가 있다. 그래서인지 팩트의 인용은 많아도 언론사 고유의 의견은 매우 드물다. 예외도 있지만 우리나라 신문 대부분은 90%의 지면을 국내 뉴스가 차지한다. 하지만 강대국이나 선진국으로 불리는 나라들의 언론은 다르다. 그들은 언뜻 자기 나라와 상관없는 이스라엘 폭탄 테러가 나의 삶에 어떤 영향을 미치는지를 고민하게 한다.

우리나라 신문에 터키의 폭탄 테러가 1면에 올라올 수 있을까? 중동에서 밀려드는 난민들을 보고 앞으로 닥칠 수 있는 탈북난민들에 대한 시사점을 얻자는 주장도, 유럽에서 불고 있는 우익운동들이 세계화 물결을 끝내고 있고 동북아에도 새로운 우익운동이 불고 있음을 알리는 목소리도 찾기 어렵다. 그저 한반도, 우리 동네 얘기로 가득 차 있다. 이래서는 세계로 나갈 수 없다. 상대의 아픔을 모르고 어떻게 상대에게 다가갈 수 있겠는가?

싱가포르나 홍콩처럼 작은 나라들도 세계가 자기들의 무대이다. 우리는 자기가 주인이 되어서 세계를 살아간다는 가능성 교육을 전혀 받지 못했다. 언어는 어느 정도 익혔지만 세계의 아픔에 공감하는 능력은 여전히 약하다. 다른 나라에 가서도 네이버 뉴스를 검색하는 게 우리나라 사람이다. 이 로컬(Local), 이 촌스러움을 어떻게 극복할 것인가? 아마도 길들여진 탓인 것 같다. 이 길들여진, 이 갇힌 프레임에서 하루라도 빨리 탈출해야 한다. 중국만 하더라도 유럽의 난민 문제에 매우 관심을 가지고 바라본다. 그러나 우리나라는 난민? 남의 얘기가 된다. 나와 관련 없는 일이 나를 때릴 수 있다. 그러나 이것에 대한 준비가 전혀 안 된 나라가 우리나라 대한민국이다. 세계 곳곳의 뜻하지 않은 일이 우리에게 어떤 영향을 미칠까? 당신이 그 나라에 가서 살면 당신은 어떻게 살아갈까? 만약 당신이 영국에 사는 영국인이라면 브렉시트에 찬성하겠는가? 이런 진지한 고민을 우리는 한 번도 해 본 적이 없다.

두 번째는 어느 누구에게도 빼앗길 수 없는 무언가가 있어야 한다. 나는 그게 없었다. 미국 다트머스 대학 총장을 역임한 세계은행 김용 총재에 대한 일화를 아는 지인으로부터 들을 기회가 있었다. 미국 대학은 보통 3학년부터 전공을 정하게 되어 있다. 보스턴에서 시카고에 내려서 김용 총재의 아버님이 아들을 픽업해서 집으로 오는 길이었다. 아버지가 "너, 내년에 3학년인데 뭐 전공할래?" 하고 물었다. 아들은 "아빠, 저 인류학 하고 싶어요." 하고 답했다. 아버지는 갑자기 길가에 차를 세우더니 아들 따귀를 때린다. 그러면서 하시는 말씀이, "잘 들어! 너는 유색인종이야. 유색인종이 살아남으려면 그 누구도 빼앗아 갈 수 없는 무엇인가가 있어야 해." 그래서 김용 총재는 아버지의 뜻을 받들어 의대를 갔고 일단 의사를 한 다음에 자기 목표나 꿈을 설득하겠다고 생각했다.

자신의 일화를 소개하면서 김용 총재가 젊은이들에게 하고 싶었던 말은 그럼에도 불구하고 해 보고 싶은 것은 다 해보라는 것이다. 마찬가지로 우리 사회에 이 말을 꼭 주고 싶다. 그 누구에게도 빼앗길 수 없는 무언가를 간직하고 만들어 가라는 것이다. 둘째 딸은 헤어디자이너를 하고 싶어 한다. 꼭 그렇게 되었으면 좋겠다. 아이들이 꿈을 꾸고 그 꿈을 위해 자기를 희생하고 실패를 하면서도 하나둘 이루어가는 과정이 진짜 인생 공부라고 생각한다. 헤어디자이너가 되었든 프로 운동선수가 되었든 끝까지 가야 할 무엇이 있어야 한다. 그게 없으면 힘들어진다. 그리고 그 일을 선택할 때 내가 하고 싶은 일인지, 이 일을 하면서 내가 얼마나 큰 기쁨과 행복을 느끼는지를 파악해 두는 게 좋다. 하버드 나온 사람들도 빼앗아 갈 수 없는 그 무엇. 나는 이걸 우리 딸들에게 주고 싶다.

세 번째, 나에게는 없었고 우리 딸을 비롯한 후손들은 꼭 가졌으면 하는 것이 작은 자에 대한 배려이다. 이게 참 어려운 일인데 나는 우리 딸들이 우리 사회를 사랑하며 이 배려 지수를 키웠으면 좋겠다. 나는 우리 딸들이 자기 자기만 알고 자기가 죽을 때 아무도 슬퍼하지 않는 사람이기를 바라지 않는다. 나는 찬송가를 좋아하고 교회에서 하는 장례식 송가도 좋아한다. 연식이 조금씩 쌓이다 보니 장례식도 참 많이 다녔다. 장례식을 다니면서 나는 장례식보다 더 좋은 인생 수업은 없는 거 같다는 생각을 한다. 장례식은 그 사람이 인간답게 살아왔는가를 평가하는 일종의 인생 성적표다. 장례식에서는 다양한 분위기가 연출된다. 진짜 슬퍼하는 장례가 있고 말 그대로 아무것도 아닌 슬픔도 울림도 없는 장례식도 있다. 이를 결정짓는 것 그 사람이 얼마나 부자인지 유명했는지가 전혀 아니다. 오히려 그 사람이 살아온 인생의 울림과 베풂을 본다. 나는 청년들에게 당부하고 싶은 몇 가지가 있다. 언제까지 청춘이 아니고 누구나 죽음을 맞이하기 때문에 기왕은 죽을 때 칭송받는 인생으로 만들어가기를 청춘들에게 바란다. 항상 인생은 끝이 있다는 생각을 하면서 하루하루를 성실하고 겸손하게 살아야 한다. 잘 죽어가는 것이 잘사는 최고의 방법이다.

CHAPTER
9

ㅎ

내게 가장
소중한 사람들

"이런 사람, 어디서 또 만날 수 있을까?"

나는 참 복이 많은 사람이다.
특히 사람에 대한 복이 많다.
이 복도 하나님이 주신 복일 것이다.

아내가 없었으면
지금의 내가 있을 수 있을까?
하버드에서 제프리 삭스 교수님을
만난 것도 내게 큰 행운이었다.

말레이시아의 툰쿠 압둘 아지즈는
나에게 조국에 돌아가
어떤 일을 해야할지
좋은 조언을 준 사람이다.
또한 지난 15년 동안
김동연 전 총장님의 삶을
곁에서 본 것도 큰 축복이었다.

칼 폴라니의 『거대한 전환』이라는 책을 통해
새로운 나라를 만들 지혜를 얻었으며
세계은행에서 만나는 빌 도로틴스키는
내 인생 최고의 사수였다.

윌리엄 윌버포스는
미래의 롤 모델이라고
자신 있게 얘기한다.

나를 키워준 이 분들에게
진심 어린 감사의 인사를 드린다.

Thank you

나보다 더 스펙터클하게 산
아내 이야기

　　내 인생이 스펙터클한 만큼 내 아내의 인생도 스펙터클했음을 인정한다. 나처럼 역마살 많은 인생을 따라다니는 것 자체가 고생인데 아내는 불평 한 마디 없이 오히려 그 여정 속에서 자기 몫을 찾아 일을 했다. 아부가 아니라 내 아내가 아니었다면 지금의 이 삶을 살 수 없었을 것이라고 생각한다. 아내는 대학 때 만나 캠퍼스 커플로 지내다 결혼했다. 나는 미팅도 여러 번 했지만 아내는 단 한 번의 미팅으로 나에게 잡혔다. 여러 남자를 만날 기회를 초장에 봉쇄당하고 끝을 낸 것이다.

　　내 아내도 하고 싶은 게 참 많은 사람이다. 하고 싶은 것에 대한 철학도 있고 열정도 있다. 나와 같은 신앙을 가지고 있어서 동감도 크다. 아내는 성악을 전공했고 더불어 작곡도 잘한다. 집에 피아노가 없던 시절, 유치원생이 옆 집에 가서 피아노를 연습할 정도로 어렸을 때부터 피아노와 음악에 대단한 열정을 가지고 있었다. 보스턴에서의 일이다. 뉴 잉글랜드 컨서바토리에서 1만 5000달러의 장학금을 받고 대학원 과정에 오라는 요청을 받았으나, 끼니 때우기도 만만치 않았던 우리로서는 3000달러를 내지 못하고(당시 입학금이 1만 8000달러였다.) 아내는 입학하지 못했다. 그 후 바로 내가 다니던 하버드 음악대학에 찾아가 지휘와 작곡 교수님들을 만나 사정을 이야기하고 결국 지휘와 작곡을 청강으로 공부한 아내는, 그 재능을 인정받기도 하였다.

아내는 좀 끈질긴 무언가가 있다. 나를 따라 다니며 자신의 능력을 최대 발휘하여 그 나라의 필요한 일들을 찾아 해내는 그런 사람이다. 내가 나이지리아에서 근무할 때 미국인 학교에서 근무했던 아내는 학생들을 위해 음악 교과서를 만들었다. 빈민을 돕기 위한 음악회들을 여러 차례 열기도 했다. 방글라데시에서는 구전으로 내려오는 기독교 찬양을 악보로 만들기도 하였고, 국제학교뿐만이 아니라 현지 학교에서도 음악교육을 꾸준히 했다. 어떤 때는 다섯 개의 합창 그룹을 리드하고 있을 때도 있었다. 외교관 사이에서도 유명했던 아내는 쉴 틈 없이 연주와 가르침에 집중하며 살았다. 절대 음감을 가지고 있는 아내는 카페에서도 음악을 들을 때 특히 클래식 음악이 나오면 화성과 흐름을 분석하고 있을 정도였으니, 무척 까다로운 성격을 가졌을 것 같으나 까칠한 것 하나 없는 순하고 원만한 성격의 소유자다.

가진 목소리가 맑은 성악가인 아내는 우즈베키스탄에서도 열심히 해야 할 일(?)을 했다. 음악학교(Conservatory)에서 가르치기 위해 독창회를 시작으로 현지인들과 고려인 그리고 교민들을 위한 여러 차례의 음악회를 열었다. 고려인들에게 한국 음악이 요즈음 유행하는 K-Pop 뿐만이 아님을 알려주기도 했고, 한국의 좋은 곡들을 소개하기도 했다. 고려인 회장이고 우즈베키스탄 의원이기도 한 분이 나보다 내 아내가 더 좋다고 말할 정도였다. 마음에 와 닿는 음악을 연주하며 가르치는 일들이 그 어떤 개발보다 그들의 마음을 변화시킬 수 있었으리라 생각한다. 아내는 인생에 대한 깨달음도 나보다 빠르고 봉사활동도 많이 한다. 이런 아내를 나에게 보내 주신 하나님께 어찌 감사의 기도를 올리지 않을 수 있겠는가?

하나님은 저를
그냥 두지 않으셨습니다

저는 나이지리아 방글라데시 인도 등 여러 나라를 돌아다녔습니다. 그리고 그 곳에서 가난한 나라에서 고통받는 사람들을 만났습니다. 부족하지만 그런 사람들을 도우며 살고 싶은 마음이 제 안에 있었고 하나님께서 주신 마음이란 확신도 있었습니다. 세계은행에서 일하는 남편을 따라 자주 이동하기는 쉽지 않은 일이었으나, 음악을 통해 내가 사는 그 곳에서 그들에게 조금이나마 도움을 주는 것이 의미 있는 삶이라고 늘 생각했습니다. 하나님도 저를 그냥 두지 않으셨습니다. 가는 나라마다 찬양 보급과 음악회 그리고 가르치는 일을 하게 하셨습니다. 성가대 지휘를 비롯해 외교관 합창단을 이끌며 연주를 했고, IB(International Baccalaureate) 뮤직 프로그램 전문 강사로 국제학교에서 강의도 했습니다. 선교사님을 도와 구전으로 내려오는 찬송을 악보로 만들기도 하였고 신학교나 현지 학교에서 찬양과 음악을 가르치는 일도 했습니다. 그렇게 15년 정도 제3세계 국가를 다니며 나름 제 음악적 달란트를 발휘하며 주어진 여건에 맞게 봉사하며 살아 왔던 것 같습니다.

우즈베키스탄에서 독창회를 열 기회가 있었습니다. 아름다운 곡들을 선정하고 준비하면서 하나님이 만드신 음악의 아름다움에 대해 감탄하고 있을 무렵, 교회에도 이런 곡들이 있었으면 좋겠다고 생각했습니다. 성악인들이 예배 때에 올바른 찬양을 올리기를 바라며 시편의 말씀들로 곡을 쓰기 시작했고, 시편 11곡으로 구성된 성가독창곡집이 나왔습니다. 이 곡들은 11곡의 연성가곡(Holy Song Cycle)으로서 예배 때의 특송은 물론 찬양 콘서트나 리사이틀에도 적합한 곡들입니다. 많은 평신도 분들이 이미 앨범을 통해 은혜를 받고 있어 감사할 따름입니다. 찬양의 자리에 있으신 성악인들에게도 좋은 선물이 되기를 바라고, 하나님께 큰 영광이 되기를 소원합니다.

어려운 유학 시절을 보내던 저희 부부에게 하나님께서는 늘 풍성하게 모든 상황들을 이끌어 가셨습니다. 신기한 기적 같은 일들도 많이 있었습니다. 밥통이 필요해 새벽 예배 때 기도를 하면 어떤 분이 밥통을 들고 오시기도 하셨고, 전자레인지가 필요해 기도하면 누군가가 전자레인지를 주고 가시기도 하더군요. 공중의 새를 먹이고 들의 꽃과 풀에 옷을 입히시는 그 분을 확실히 경험하는 기간인 것 같았습니다. 그 후 어떤 나라에서 어떤 일이 일어나도 하나님이 우리와 함께 하심과 늘 부족함 없이 채워 주시리란 굳건한 믿음이 늘 저희에게 있었습니다.

저에게 가장 기억에 남는 콘서트가 있다면 우즈베키스탄에서 연주한 홀로코스트 메모리얼 콘서트입니다. 유대인 학살 희생자를 추모하는 음악회였는데 이스라엘과 독일 대사관이 함께 주최한 콘서트였습니다. 이런 비극이 다시는 일어나면 안 된다는 마음 가짐으로 잘못을 뉘우치고 용서를 하는 관계들을 보면서 우리나라와 일본도 이런 관계였으면 얼마나 좋을까 하는 아쉬움이 들더군요.

6살 때 피아노를 배우면서 음악 인생이 시작된 제 삶이 앞으로 어떤 일들을 하며 살게 될지 조금은 알 수 있을 것 같습니다. 말씀과 기도로 성령이 충만할 때 가야 할 길을 늘 보여주셨기 때문입니다. 저는 하나님을 찬양하는 일 그리고 하나님을 찬양하는 곡을 만드는 일을 계속 하고 싶습니다.

여러 나라를 다니며 하나님을 경험한 것이 그리고 지금도 하나님을 알며 경험하고 있는 것이 참 감사합니다. 하나님을 알지 못하는 나라에 태어나 복음을 접할 기회가 없는 불쌍한 인생들을 보며 적어도 내가 처한 상황이 말도 못 하게 감사해야 할 조건이란 사실에 늘 감사하며 살았던 것 같습니다. 먼지와 티끌 같은 인생이지만 여러분 한 분 한 분을 천하보다 귀하게 여기시는 하나님이 늘 우리와 함께 하심을 감사하며 사시기를 바랍니다. 감사합니다.

제프리 삭스,
네 손과 발을 더럽혀라

Thank you

나는 개인적으로 국제 개발을 교과서로 배운 게 아니라 제프리 삭스(Jeffrey Sachs) 교수의 삶에서 배웠다. 제프리 삭스 교수는 하버드대에서 혼신을 다해 국제 개발 프로그램을 만들고 운영했다. 그 프로그램은 신생 프로그램이어서 졸업생이 아무도 없었다. 내 위의 기수 선배들이 1기로 60명 정도 되었다. Master of Public Administration in International Development(행정학 석사). 이것이 내가 전공한 국제 개발이라는 과목이었다. 나는 경영학 박사과정도 그만두고 이 국제 개발로 노선을 바꿨다. 전공을 바꾼 건 어떤 이끌림 때문이었고, 제프리 삭스 교수를 만난 것도 이끌림이었다.

처음에는 이분이 그렇게 유명한 분이지 몰랐다. 제프리 삭스 교수는 하버드가 낳은 영웅이었다. 그는 1954년생으로 하버드대를 최우등으로 졸업하고 1980년 박사학위를 받은 뒤 곧바로 교수진에 합류, 29세인 1983년에 하버드대 최연소 정교수가 된 대단한 분이다. 이분은 소련이 붕괴하고 러시아로 바뀔 때 고르바초프의 어드바이저를 하기도 했다. 그런 교수 밑에서 강의를 듣는다는 것은 정말 어마어마한 경험이었다. 국제통화기금(IMF), 세계은행, 유엔개발계획(UNDP), 경제협력개발기구(OECD) 등 국제기구 자문위원은 물론, 볼리비아, 아르헨티나, 브라질, 폴란드, 러시아 등의 경제고문을 역임하는 등 이력이 전 세계적이고 화려하다. IMF와 세계은행에 대한 비판자로 유명한 제프리 삭스 교수는 한국의 IMF 외환위기 직후 내린 고금리 위주의 처방을 강력히 비판하여 주목을 받은 바 있다. 뉴욕타임스는 그를 '세계에서 가장 중요한 이코노미스트'라고 했고, 타임지는 1994년 가장 유능하면서도 유명한 50명의 젊은 이코노미스트 중 한 사람으로 그를 뽑았다.

그렇게 잘나가던 제프리 삭스 교수는 어느 날 빈곤이라는 화두에 집중한다. 게다가 그 해결책으로 매우 혁신적인 제안들을 던진다. 빈곤문제를 풀기 위해 정부에 들어갔다가 워낙 과격한 이야기를 쏟아내어 클린턴 정부로부터 쫓겨난 그다. 그리고 대학에 돌아와서 만든 게 국제 개발 프로그램이다. 뭐 아쉬울 게 없는 사람이 왜 빈곤에 꽂혔을까? 마치 아쉬울 게 없는 부자 윌리엄 윌버포스가 노예해방에 꽂힌 것과 비슷한 듯하다. 미국에서 태어나서 한 번도 가난을 겪어보지 않은 사람이 왜 빈곤의 문제에 목숨을 걸고 덤벼들까. 난 그런 부분에 충격을 받았다. 그분은 못사는 나라가 못사는 이유는 지리적인 원인 때문이라고 했다. 지금은 당연한 얘기 중에 하나지만 그 얘기를 꺼낼 당시에는 아주 놀라운 주장이었다.

경제학에 말라리아 얘기가 왜 나오고 보건, 군사, 외교가 경제학에 어떤 영향을 미치는지 제프리 삭스 교수로부터 그 고민이 시작됐다. 지금은 국내에서도 잘 알려져 있는 『총, 균, 쇠』(재레드 다이아몬드)라는 책을 2000년대 초에 교과서로 사용하였다. 제일 잘나가고 똑똑한 사람이 빈곤과 개발에 대해 묻고 늘어지는 게 신기했고 어찌 보면 내가 바나나를 의도적으로 안 먹는 것(국수주의)과 비슷하게 짜릿했다. 그래서 나도 저분처럼 가난한 사람을 위해서 평생 싸워봐야겠다는 결심을 처음으로 하게 되었다. 그리고 제프리 삭스 교수를 통해 가난이 얼마나 무서운지 알게 되었다.

사실 한국 사람이 유학생으로 박사학위를 안 받고 귀국을 하면 대부분 실패했다고 보는 경우가 많았다. 제프리 삭스 교수는 나에게 세상에 나가 네 손과 발을 더럽히라고 했다. 많은 사람들이 박사학위를 공부하는 자격증이라 생각하지만 정작 박사학위를 받고 공부는 하지 않고 세상으로 나간다. 박사학위는 정말 공부할 사람이 받아야 한다는 게 제프리 삭스 교수의 생각이었다. 난 내가 박사학위를 따지 않은 것이 너무 잘한 선택이라고 생각한다. 사람들이 나를 부를 때 외국에서 공부했다고 무심코 박사라고 부른다. 그럴 때마다 난 박사가 아니라고 얘기한다. 세계은행에 들어가서 일할 때도 최고 공무원들이 나를 부르는 호칭이 애매했었지만 어쩔 수 없다.

내가 제프리 삭스 교수를 만나는 건 거인의 어깨 위에 올라간 행운이었다. 세상을 바라보는 시각이 달라졌고 국제 개발에서 나의 역할, 나의 자리가 무엇인지를 알게 해주었다. 나의 인생에 큰 영향을 미친 사람, 난 평생 이 교수님을 잊을 수가 없다. 나는 분명 박사가 아니며, 그것이 자랑스럽다.

말레이시아에서 만난 위대한 가문, 툰쿠 압둘 아지즈

케네디 스쿨 1년을 마치고 나는 국제투명성기구(Transparency International) 서남아시아 사무실에서 인턴십을 하기 위해 말레이시아의 수도, 쿠알라룸푸르로 떠났다. 국제투명성기구는 1993년 세계은행에서 오래 근무한 피터 아이젠 (Peter Eigen)이 독일 베를린에 설립한 국제 시민단체이다. 그 당시에는 다소 생소했던 부패라는 이슈에 관해 성공적으로 국제적인 관심을 불러일으키던 기구였다. 특히 국가별 부

툰쿠 압둘 아지즈(Tunku Abdul Aziz)

패지수(corruption perception index)라는 지수를 만들어 전 세계 국가들의 순위를 1등부터 154등까지 발표했다. 이 지수는 얼마 지나지 않아 전 세계 언론의 관심을 끌게 되었고, 특히 방글라데시, 나이지리아 등 최하위권 국가들은 격하게 반발하고 있었다. 한국에서도 국가투명성지수가 매년 발표되면서 여론의 관심이 증가하고 있었다.

그러던 중 몇몇 연구기관과 언론이 투명성지수의 방법론적 오류를 지적하고 나왔다. 국제투명성기구는 오류를 인정하지 않던 처음의 입장에서 결국 오류를 인정하고 1년에 걸쳐 국가별 부패지수 산정 방법을 수정보완하기로 결정하였고 그 노력의 일환으로 통계전문가들과 나를 포함한 행정학과 개발학 전공 대학원생들을 동원해 대대적으로 수정하기로 한 것이다. 그 덕에 나도 말레이시아에 위치한 서남아시아 지부에서 인턴십을 할 기회를 얻었다.

3개월 남짓의 시간이었지만 그곳에서도 큰 배움이 기다리고 있었다. 그곳을 책임지고 있으며 국제투명성기구의 창립에 핵심적인 역할을 하셨던 분은 툰쿠 압둘 아지즈(Tunku Abdul Aziz)라는 분이다. 툰쿠는 말레이 말로 왕자 또는 경에 해당되는 말로 영국의 로드(Lord) 정도에 해당한다. 3개월 동안 같은 사무실에서 그분과 많은 대화를 나눌 수 있었다. 왜 한평생을 부패와 싸우는 데 바쳤는지, 왜 투명성과 책임성이 없는 사회는 앞으로 나아갈 수 없는지 등등, 캠퍼스에서 배우는 이론에 생명력을 불어 넣는 의미 있는 대화의 시간이었다.

앞서 말했듯이, 툰쿠는 로드, 즉 경이라는 뜻이다. 왕족이라는 의미다. 이버지가 마하트리 초대 총리의 오른팔이었다. 말레이시아의 케네디 가문이라고 하면 그리 틀리지 않은 비유일 듯하다. 이분은 영국 유학을 다녀온 후 말레이시아에 돌아와 국제투명성기구를 만들었다. 굉장히 특이한 길을 걸어간 분이었다. 이분과 점심을 같이 먹은 적이 몇 번 있는데 나에게 화두가 될 질문을 마구 던졌다. "엘리트는 뭐라고 생각하는가?" "부자는 뭐라고 생각하는가?" "말레이시아는 왜 식민지가 되었을까?" "싱기포르기 말레이시이로부터 독립한 것은 좋은 일일까? 나쁜 일일까?" 질문의 깊이가 달랐다. 툰쿠는 사회적 어른인데 자기 특권의식을 버리고 자기 조국을 위해 일을 했다. 자기가 가진 것을 내려놓고 사회를 위해 일하는 것을 보면, 윌리엄 윌버포스, 제프리 삭스 교수와 같은 과인 것 같았다. 하나님은 나에게 그런 분들만 붙여주는 것 같았다.

이분이 한 말 중에 기억에 남는 것 하나는 고국에 가서 절대 잘난 척하지 말라는 것이다. 네가 다른 곳에서 뭔가를 하고 있을 때 너희 나라도 움직이고 있었다는 걸 잊지 말라고 했다. 자기가 영국에 있을 때 말레이시아는 자고 있는 줄 알았다고 했다. 그러나 자기가 없는 현장에서 자기 나라 국민들이 더 치열하게 살고 있었다는 걸 깨달았단다. 나는 그분의 겸손, 그분의 깊이, 그분의 철학에서 많은 것을 배웠다. 아시아에서 툰쿠 아지즈 같은 분을 만난 것, 그것 역시 나에게는 하늘이 주신 선물이었다.

또 한 가지 잊을 수 없는 대화는 떠나 있는 조국을 항상 사랑했던 그분의 마음과 언젠가는 조국으로 돌아가 헌신하기 위해 전심으로 실력을 닦았던 그 노력이었다. 일찍이 영국으로 유학 가서 명문대학을 졸업한 후 내로라하는 은행의 중역을 맡으며 성공한 이민자의 삶을 살던 그였지만 한순간도 조국, 말레이시아에 대한 관심과 애정을 놓은 적이 없었다고 했다. 순간 그분의 삶이 나의 처지와 비슷하다는 생각이 들어서 말했다. "저도 실은 언젠가는 조국으로 돌아가 조국을 위한 일을 하고 싶은데 어떻게 준비해야 할지 아직 막연합니다." 그가 말했다.

"자네처럼 조국을 떠나 사는 사람들은 항상 두 개의 칼을 날카롭게 갈고 있어야 하네. 하나는 지금 살고 있는 곳에서 살아남고 버텨내기 위한 칼날이고 다른 하나는 앞으로 돌아갈 조국에서 사용할 칼날이지." 이 말은 16년이 지난 오늘날까지 나의 뇌리에 박혀 내 삶에 참으로 큰 영향을 주었다. 또 내가 그 동안 외국에서 만났던 수많은 젊은 청년들에게 전해주었던 조언이기도 하다. 지금은 세상을 떠난 툰쿠에게 고개 숙여 감사의 말을 전하고 싶다.

빌 도로틴스키,
세계은행에서 만난 최고의 사수(射手)

　　15년간의 세계은행 시절을 생각하면 잊을 수 없는 한 분이 있다. 세계은행에서 첫 사수였던 빌 도로틴스키(Bill Dorotinsky)라는 분이다. 경제 언론인 출신에 미국 대통령실 산하 Office Of Management and Budget라는 기관에서 오랜 경력을 쌓은, 정부 재정(public finance) 실무 분야에서는 최고라 인정받는 분이다. 또 1990년대 말 워싱턴 DC 정부가 재정 파탄이 났을 때 연방정부에서 파견 나와서 워싱턴 DC 정부의 재정을 몇 년 안에 회복시킨 전설적인 관료였다. 세계은

행에 수석 전문관으로 스카우트된 뒤로는 세계 각국을 다니며 경제 부총리, 재무부 장관 등 의사결정권자들과 재정시스템에 내한 정책대안을 하는 세계적인 권위자였다. 그와 같이 일을 하게 되었다는 사실 자체로 나는 무척 흥분했고 앞으로 세계은행에서 내 앞길이 밝아오는 듯했다.

하지만 역시 아직 나는 충분히 준비되지 않은 상태였다. 입사 후 몇 주가 지났을까 그분이 커피 한잔 하자며 불렀다. 뭔가 중요한 할 말이 있다는 것을 직관적으로 알아챌 수 있었다. 커피숍에서 그가 말했다. "네가 말로 하는 영어는 어느 정도 알아 듣겠는데 네가 작성하는 보고서는 도저히 사용 불가능한 수준이다."라는 것이었다. 그래서 앞으로 6개월의 시간을 주고 자신이 그 동안은 일일이 편집을 봐주겠지만 6개월이 지나서도 만족할 만한 성과가 없으면 더 이상 나를 채용할 수 없다는 통보였다.

하늘이 무너지는 느낌이었다. 어떻게 6개월 만에 영어 작문 실력을 국제기구에서 원어민들이 작성하는 수준으로 끌어 올린단 말인가? 게다가 경제 언론인 출신의 기대에 부응하는 수준으로 끌어 올릴 수 있단 말인가? 전문적인 지식이면 밤을 새서라도 공부할 수 있을 것 같은데 서른이 넘은 나이에 영작문 실력이 얼마나 늘 수 있단 말인가 하는 두려움이 밀려왔다.

고민에 고민을 거듭한 끝에 상사인 빌이 언론인 시절에 쓴 글들과 세계은행에서 작성한 보고서들을 모조리 필사하기로 했다. 결국 그분이 보기에 편한 영어를 하기 위해서는 그분이 쓴 글처럼 보고서를 작성하는 것이 가장 효과적인 방법이라고 생각했다. 그리고 주어진 6개월 동안 나의 삶은 베끼고 또 베끼는 시간이었다. 회사에 돌아와서 저녁시간에, 또 주말 모든 시간을 내어서 베꼈다.

그러다 보니 조금씩 그분이 글을 쓰는 어떤 패턴을 발견할 수 있었다. 내가 한국에서 배운 영문법에 맞든 안 맞든 그게 그분의 글 쓰는 방식이었다. 그리고 그 패턴을 이용해서 나에게 맡겨진 보고서들을 작성하기 시작했다. 일단 패턴을 보고서에 만들어 넣고 관련 정보들을 메꾸어 넣는 식으로 보고서를 만들었다. 그러고 나니 조금씩 수정되어 오는 내용들이 줄어들었고 6개월을 넘은 어느 날 빌은 내가 작성한 보고서에 대한 회신 이메일을 보내왔다. 'Good Job!'

세계은행과 같은 국제기구는 말과 글이 참으로 중요하다. 그렇지만 영국이나 미국인처럼 유창한 발음을 하는 것도 도움이 되지만 전 세계에서 온 직원들로 구성된 국제기구의 특성상 악센트가 있는 영어를 구사하는 것은 전혀 부끄러운 일이 아니다. 그 유명한 인도와 파키스탄 영어뿐 아니라 '중국 영어' '나이지리아 영어' 그리고 개인적으로 가장 어려웠던 '뉴질랜드 영어'까지 정말 다양한 말들이 오가는 곳이 국제기구이다.

오히려 가장 중요한 것은 때와 장소에 맞게 적절한 어휘를 사용할 수 있는 능력이었다. 회원국 고위 관리들과 정책 자문을 하는 과정은 흡사 외교 협상과 유사하며 또 중요하고 민감한 정책에 관해 회원국 관리들과 치열하게 토론과 설득을 하고 또 많은 이들이 참고하고 인용하는 보고서를 작성하기 위한 것이다. 입사 후 내가 겪은 이런 훈련은 내가 국제기구에서 몸담은 세계시민으로 살아가는 데 정말 피가 되고 살이 되었다. 훗날 내가 이끌었던 협상 테이블에서도 동양 끝자락에서 온 내가 그들이 보기에도 적절한 어휘들을 사용해 말과 글을 사용하며 대화를 이끄는 모습을 보며 놀라곤 했던 주위사람들의 얼굴이 떠오른다.

작은 거인, 김동연 '국장'

Thank
you

　그리고 또 한 번의 생의 은인을 만났다. 문재인 정부에서 경제부총리로 임명되신 김동연 전 아주대학교 총장님이시다. 그 때는 기획예산처 국장님으로 세계은행에 파견근무하고 계셨다. 내가 세계은행에 입사한 즈음에 김 국장님도 서울에서 워싱턴으로 오셨다. 그 후 한국에 돌아가서 기획재정부 예산실장, 차관, 청와대 국정과제비서관, 그리고 국무조정실장(장관급)을 거쳐 우리 사회의 어른이 되셨다. 또 정말 어려운 환경을 극복하고 자신의 노력과 실력만으로 장관의 자리에까지 오르신 입지전적인 인물로 청년들의 희망의 아이콘이 되셨다.

　하지만 그 당시 나는 그분이 어떤 분인지 전혀 알지 못했다. 지나가는 길에 우연히 만나게 된 인연으로 커피나 한 잔 마시자며 시작된 정말 우연한 만남이었다. 만난 지 얼마 후 김 국장님은 자신이 관리하는 경제발전경험 공유사업(Knowledge Sharing Program)에 같이 할 생각이 있냐고 물으셨다. 나는 세계 여러 나라의 상황을 배우는 게 더 좋지 않을까 하는 고민도 했지만 조국의 제도와 경험에 대해 더 깊게 배우고 이를 개발도상국에 전하는 일도 의미가 있을 것 같아서 같이 하기로 했다.

그 후 그분과 보낸 2년여의 시간은 오늘날 나를 거버넌스 그중에서도 공공 재정 전문인으로 있게 해준 가장 중요한 밑거름이 되었다. 특히 한국 정부가 추진하고 있었던 중기 재정과 재정전산화 시스템에 대해 직접적으로 관여할 수 있는 기회가 주어졌다. 그야말로 소매를 걷어붙이고 손을 더럽히는 (roll up your sleeves and get your hands dirty!) 경험이었던 것이다. 수차례에 걸쳐 한국 출장을 통해 예산청 및 많은 부서의 고위 공무원들과 깊이 있는 대화를 나누면서 자료로만 봐왔던 정책이 손에 잡히는 경험을 하였다. 또 이와 관련해서 앞서 있는 선진국들을 방문하면서 정책 집행자들의 현장경험을 들을 수 있었다.

김동연 국장님으로부터 배운 것은 정책적 지식이나 경험만이 아니었다. 일반적으로 세계은행에 파견 온 우리나라 공무원들은 바쁜 격무에 시달렸던 한국 생활에 대한 보상으로 가족과 여유로운 시간을 보내는 경우가 많았다. 또 세계은행에서도 이들에게 큰 기대는 하지 않는 듯했다. 자기 사업에 필요한 예산을 가지고 오고 또 정해진 임기를 마치면 본국으로 돌아갈 사람이었기 때문이다. 하지만 김 국장님은 달랐다. 주중에 야근은 물론이고 주말에도 출근해서 자료를 정리하고 보고서를 만드는 일을 하셨다. 일이 좋아서라기보다는 맡은 일에 대한 강한 책임의식과 또 정책을 담당하는 공무원으로서의 사명감이 그분을 그렇게 만들었던 것 같다. 그분과 야근 휴일 근무를 하면서 들은 생생한 현장경험과 지혜, 또 일을 향한 열정과 일거리가 생기는 훈련은 그 어느 학교에서도 얻을 수 없는 소중한 교육이었다.

김동연 전 총장님은 나에게 일에 대한 생각, 일을 왜 하는지에 대한 본질적인 질문부터 시작해서 국가를 움직인다는 것, 국가를 운영한다는 업이 어떤 의미를 갖는지에 대해 깊이 있게 생각하게 만든 분이었다. 삶을 살아가면서 어떤 훈련과 준비가 필요한지도 얘기하신 분이었다. 세계은행도 조직이고, 공무원도 조직인데 공무원의 인생에서 유혹과 약점이 무엇인지 하나씩 가르쳐 주셨다.

그분이 하신 말씀 중에 기억에 남는 것이 항상 다음에 입을 옷을 준비하라는 것이었다. 공무원은 퇴직하면서 옷을 벗는데 자기에게 맞지 않는 옷을 여전히 입고 있는 사람을 보면 참 꼴 보기 싫다고 했다. 큰 옷이건 작은 옷이건 자기 몸에 맞지 않는 옷을 입으면 남들에게 민폐가 된다고 얘기했다. 조직생활에서 더 올라가고 싶을 텐데 한 포지션에서 다음 포지션으로 넘어가는 시점에 항상 그 포지션에 어울리는 옷을 입을 준비를 해야 한다고 했다.

대부분의 사람들은 뭔가가 되고 싶어 하지만 뭔가를 하고 싶어 하지 않는 것 같다. 장관이 되면 뭐 할 것이며, 국회의원이 되면 뭐 할 것이냐? 뭔가 되는 게 중요한 게 아니고 되고 난 이후 무엇을 할 것인지를 생각해야 한다. 어떤 일을 하고 싶은지를 생각해야 한다. 아무리 무언가가 되어도 늘 윗사람이 있기 마련이다. 그 윗사람 말만 따르는 사람은 필요 없다.

김동연 전 총장님과 함께 한 시간을 생각하면 종종 떠오르는 경험이 있다. 세계은행 재직 시절 그분과 함께 호주 출장 갔을 때의 일이다. 주말에 하루 쉴 때 보통 사람들은 시드니의 오페라하우스 같은 유명 관광지를 가려고 한다. 그러나 김 총장님은 아침을 먹으면서 그런 데 가면 재미없다고 사람 냄새 나는 곳에 가보자고 했다. 그래서 둘이 지하철을 몇 번 갈아타고 지방의 럭비경기장에 가서 표를 사고 경기를 관람했다. 그분은 그랬다. 사람 냄새 나는 곳을 늘 찾아 다녔다. 그 나라 사람들이 어떻게 사는지가 궁금해서 시장이나 골목을 돌아다녔다. 그 덕분에 나도 여행을 가면 그런 곳을 찾게 되는 습관이 생겼다.

김동연 전 총장님은 후배들에게 일을 독하게 시키는 분 중에 한 분이셨다. 그러나 거기에 호응해 따라오는 척이라도 하면 참 잘 가르쳐 주셨다. 일을 할 때는 일머리가 따로 있다고 했다. 후배들에게 그 일머리를 깨워주었다. 후배도 잘 챙겨서 다들 잘 따르고 존경하는 분이 되었다. 이런 분이 나의 인연이 되었다는 게 참 놀랍고 고마울 따름이다. 사실 그 인연만으로도 감사하며 사는데 어느 날 나에게 통일연구소를 학교에서 해보고 싶어서 만들었는데 도와 달라는 부탁을 하셨다. 내가 입기엔 너무 큰 옷이라는 것을 알고 있었지만 조국에 돌아와 통일에 대한 고민과 담론을 준비하고 있던 내겐 너무 흥분된 제안이었다. 감사한 마음으로 시작한 통일연구소에 나와 후손들이 정말 자랑스럽게 살아가는 통일 한반도를 디자인하고 있다. 경제부총리로 가신 총리님께 항상 감사드리며…….

칼 폴라니의『거대한 전환』,
나를 전환시키다

Thank you

    최근에 깊이 있게 한 장 한 장 읽는 책이 칼 폴라니(Karl Paul Polanyi)의『거대한 전환』이다. 600페이지가 넘는 방대한 분량의 이 책은 내가 가진 생각과 비슷한 게 너무 많아 여러 곳에 밑줄을 치며 읽고 있다. 아마도 내 인생에 성경만큼이나 천천히 읽고, 늦게 읽는 책 중에 한 권이지 않을까 생각한다. 1930년대에 쓰인 책이지만 오늘날 우리 사회에 던지는 날카로운 분석과 해결을 제시하고 있다.

    『거대한 전환』은 앞부분 100페이지 가까이가 추천사다. 그리고 추천사 발문 첫 번째 글 첫 줄에 이런 글이 나온다. "여기 이 책은 이 분야의 대부분의 책들을 낡아서 쓸모없거나 진부한 것으로 만들어버릴 만하다. 이런 책이 나온다는 것은 아주 드문 일로서, 이는 시대적 사건이라고 할 만하다." "책 속의 문장 하나하나가 지금의 현실을 고민하게 해서 빠져드는 책이다." "사회에서 경제를 뽑아내는 일은 어째서 성공할 수 없는가?" 이런 화두를 앞에 두고 어찌 세상 고민을 안 할 수 있는가? 칼 폴라니는 시장경제의 문제점을 날카롭게 지적하고 있는데 그의 핵심 주장은 두 가지로 요약할 수 있다.

하나는 도덕적 주장으로 자연과 인간을 마치 시장에서 가격이 결정되는 물건인 것처럼 다루는 것이 옳지 못한 일이라는 견해다. 난 이 부분에 크게 공감했고 2017년에도 여전히 칼 폴라니의 주장을 반영하지 못한 세상에 놀랐다. 다른 하나는 경제에서 국가가 차지하는 역할의 강조이다. 즉, 시장은 자유방임으로 날뛰게 할 것이 아니라 국가가 개입하고 관리해야 한다는 것이다.

애덤 스미스(Adam Smith)로부터 내려온 이 경제학의 원리는 기본적으로 보이지 않는 시장의 손이며 수요와 공급의 법칙에 의해 움직인다. 그래서 보이지 않는 손을 마치 전지전능한 신의 손으로 간주하는 경향이 있다. 보이지 않는 손이 작동하도록 방해하지 않는 게 최선의 방법이라고 외친다. 그래서 시장에 대한 어떠한 사회적 간섭도 거부한다. 시장이 잘 작동하게 해야지 딴지 걸면 안 된다며 정부의 개입도 시장을 잘 작동하게 하는 한에서만 필요하다고 주장한다. 그래서 타운젠드, 멜서스, 리카도와 같은 고전파 경제학자들은 복지에 관련된 법들은 모두 악한 것이며 이를 폐지해야 한다고 주장했다. 복지제도는 노동의 의욕과 이윤극대화의 원칙에 어긋나니까.

더욱 중요한 것은 시장이 스스로 굴러가기 위해서는 결국 노동, 토지, 화폐가 판매되기 위해 생산되는 '상품'으로 되어야 한다는 점이다. 하지만 폴라니는 "노동은 인간 활동의 다른 이름일 뿐이며, 인간 활동은 생명과 함께 붙어 다니며, 생명은 판매를 위해서 생산되는 것이 아니다."라고 주장한다. 또한 토지는 "단지 자연의 다른 이름일 뿐이며 인간이 생산할 수 있는 것이 아니다"라고, 화폐는 '그저 구매력의 징표일 뿐이며, 은행업이나 국가금융의 매커니즘에 의해 생겨나는 것이지 생산되는 것이 아니다."라고 주장한다. 즉 노동, 토지, 화폐는 상품이 아니므로 시장경제체제의 성립을 위해 이들을 마치 판매를 위해 생산된 것처럼 여기는 허구가 사회조직의 원리가 되어버렸다고 주장한다. 폴라니의 이런 여러 가지 생각들이 나의 생각과 결을 같이 한다. 노동, 토지, 화폐가 상품이 되면서 시장은, 그리고 자본주의는 경제제도를 넘어 우리를 지배하는 통치제도가 되어버린 것이다. 물질뿐만 아니라 정신마저도 지배하는 교차로에서.

나는 통일 이후 새로운 나라를 만들기 위해 자본주의와 시장경제의 문제점에 많이 천착했다. 그런 와중에 만난 것이 이 책이었고 나에게 고민을 풀어줄 아주 중요한 열쇠를 이 책이 제공했다. 칼 폴라니의 생각이 담겨 있는 이 문장을 한 번 곱씹어 보자. "노동은 보상을 필요로 하는 행위가 아니라 의무로서 다루는 것이다. …… 심지어 중세유럽에서도 생면부지의 사람을 위해 일을 해주고 지불을 받는 일이 있었다는 일은 들어보지 못했다." 우리는 우리의 노동으로 밥을 얻는다. 노동은 시장 속에 자연스럽게 부속물이 되었고 거부할 수 없는 하부 시스템이 되었다. 노동이라는 상품 속에 들어 있는 사람은 영화배우 찰리 채플린이 풍자한 것처럼 그냥 기계에 불과하다. 시장경제는 사람을 사람답게 대접하지 않는다. 비인간적인 이 괴물이 우리를 몇백 년이나 지배하고 있는 것이다. 눈에 보이는 왕이나 다른 권력이라면 대비를 하겠지만 이 괴물은 보이지 않는 손으로 움직여 자칫 잘못하면 우리는 생존권을 박탈당할 정도의 구렁텅이로 추락한다.

칼 폴라니의 걱정과 우려가 2017년 대한민국에도 왜 여전히 유효한 것일까? 그리고 내가 칼 폴라니를 내 인생의 중요한 인물로 정할 수밖에 없는 이유는 무엇일까? 답은 행복하지 않은 풍요에 있다. 우리는 더 잘살게 되었지만 행복하지 않다. 배고프지 않고 부족한 것 없이 살고 있지만 무언가 채워지지 않는 것이 있어 이렇게 살아도 되는 걸까를 고민하며 산다. 도서관에서 열심히 공부하는 이유는 더 깊은 삶의 지혜를 찾기 위함이 아니고 시장경제 속에서 내 상품가치를 높이기 위한 몸부림이다. 내가 어떤 스펙을 가지고 있느냐가 내 상품성을 좌우한다. 시장경제의 쳇바퀴를 더 열심히 돌리면서 우리 스스로 사람대접 받기를 포기하고 있는 것이다.

우리는 가족의 생계를 위한 아침저녁 지옥철도 한 시간 이상씩 참아가며 출근하고, 남들에게 인정받기 위해 대출을 받아서 좋은 집을 사고, 자동차 하나도 나의 가치를 대변한다고 생각하며 분수에 맞지 않는 차를 타고 다닌다. 그리고 대부분의 시간, 그 차는 주차장에서 자고 있다. 이렇게 사는 게 올바른 삶일까? 칼 폴라니는 "개인이 자기 자신의 가족만을 위해 식량을 채취하는 것은 초기 인류의 생활에서는 찾아볼 수 없었다."고 얘기한다. 뭔가 뒤통수를 치지 않는가? 1930년대에 살던 사람의 충고가 지금 시대에도 이렇게 제대로 먹히는 게 감탄스럽다.

2017년, 대한민국 청년들에게 칼 폴라니를 추천한다. 그의 책 속에 우리 삶의 문제점들이 민낯으로 드러나 있다. 우리가 찾는 새로운 나라의 씨앗이 숨겨져 있다. 내가 뭘 모르는지를 알아야 새로운 지식을 얻을 수 있듯이, 우리의 세상이 뭐가 잘못된지 알아야 새로운 나라를 만들 수 있다.

미래의 롤 모델,
윌리엄 윌버포스

사람들마다 롤 모델이 있다. 나에게는 꼭 집어 두 사람이 있는데, 한 사람은 백범 김구이고 또 한 사람은 윌리엄 윌버포스(William Wilberforce, 1759~1833)다. 주변 지인 중에 이런 얘기를 하는 사람이 있었다.

윌리엄 윌버포스는 앞에서도 언급한 제프리 삭스와 비슷한 종류의 사람이다. 내가 복이 있어서 그런지 그런 사람들만 내 눈에 들어와 그런 사람들만 만나는 것 같다는 생각이 든다. 전혀 가난하지 않은 제프리 삭스 교수가 가난에 모든 것을 걸었듯이 전혀 노예와 무관한 윌리엄 윌버포스가 노예해방에 자기 인생을 걸었다.

윌리엄 윌버포스는 영국의 양심이고 세상을 바꾼 그리스도인이라고 얘기한다. 그는 소위 말하는 금수저를 물고 태어난 사람이었다. 돈이 아쉬울 게 없는 엄청난 부자였고 부잣집 도련님답게 자라면서 별다른 고생도 하지 않았다. 9살에 아버지를 여의었다는 점이 그나마 불행이라고 할까? 또 대학에 가서는 술과 도박에도 빠졌고 공부도 열심히 하지 않았다. 그러나 그의 주변에는 영국 역대 최연소 수상이 된 윌리엄 피트가 친구처럼 곁에 있었고 말솜씨가 좋아서 사람들이 늘 주변으로 모여 들었다. 윌리엄 윌버포스에게 돈만큼 큰 복은 신앙이었다. 할아버지가 반대했지만 그는 신앙과 복음주의를 키워갔다. 그것이 그를 방탕에서 건지고 새로운 길을 걸어가게 한 힘이었다.

17세기, 윌리엄 윌버포스가 살던 시절의 영국은 세계 최대의 무역국으로, 아프리카에서 끌려와 유럽 식민지로 팔려가는 노예의 절반가량을 영국 노예선이 실어 날랐을 정도로 노예가 넘쳐나는 나라였다. 윌리엄 윌버포스는 노예의 참상을 차마 눈뜨고 볼 수가 없었다. 그래서 뜻이 있는 사람들과 손을 잡고 노예 폐지 운동에 적극적으로 나서게 되었다. 당시 그의 일기장에는 이런 구절이 쓰여 있었다. "전능하신 하나님은 내 앞에 노예무역의 금지와 풍속의 개혁이라는 두 가지 큰 목표를 놓으셨다."

당시 영국은 싸구려 나라였다. 노예를 애견 취급하는 저질의 나라였다. 그 저질을 그냥 보고 있을 수 없었던 것이 윌리엄 윌버포스였다. 그러나 그는 살아 있을 때 노예 폐지 법안이 통과되는 걸 보지 못했다. 나이가 들어 힘이 빠지고 거동도 못 할 때 아내의 도움으로 휠체어를 타고 다니며 후배 의원들을 독려했다. 그는 죽기 얼마 전에 이런 말을 했다. "나는 내 손으로 노예 폐지를 이루지 못해도 아쉽지 않다. 그저 이 운동에 참여할 수 있는 것만으로도 영광이었다." 이 말이 나를 확 사로잡았다. 보통은 자기 힘으로 자기가 이루어내야 속 시원하고 기쁘다고 얘기하는데 이분은 달랐다. 아낌없이 내려놓고 기쁜 마음으로 떠나는 그가 참 존경스러웠다. 다 갖춘 부자가 세상 가장 약한 사람을 위해 이렇게 자기 인생을 다 마칠 수 있는 것인가? 낙타가 바늘구멍 들어가는 기적을 윌리엄 윌버포스는 이루었다.

윌리엄 윌버포스가 지은 『진정한 기독교』라는 책에는 지금의 우리에게도 충고가 될 따끔한 구절이 나온다. "기독교는 가진 자에게 베풀라고 가르친다. 권력자에게 겸허하게 직책에 맞는 책임을 다하라고 가르친다. 겸허한 마음을 가져 부유함을 자랑하지 말며, 권력을 남용하지 말 것이다. 그러면 불평등으로 사회가 갈등을 겪는 일이 줄어든다……기독교는 또한 장차 모든 인간은 차별 없이 살아야 한다고 가르친다……하지만 이름뿐인 기독교는 이런 일을 실현할 수 없다. 참된 기독교만이 그럴 수 있다. 겉보기로의 기독교가 아니라, 속으로의 기독교가 그럴 수 있다. 그러므로 이런 선한 일들이 실현되고, 정치가 부패하지 않게 하려면, 참된 믿음을 배양해야만 한다."

남은 삶, 통일 한반도를 준비하기 위해 살아가면서 반드시 간직하고 싶은 마음이다.

지난 17년간 국제 개발이라는 깃발을 들고 세계 곳곳을 다니며 배우고 경험한 시간들을 이렇게 정리해 보았습니다. 개발이란 나의 손을 남의 삶에 얹는 과정입니다. 그래서 주는 것보다 배우는 것이 더 많은 과정이라 생각합니다. 또 한 번 사는 인생이지만 개발을 통해 수많은 사회와 인생을 보며 경험할 수 있는 귀한 기회이기도 합니다. 세계은행은 자본주의와 세계주의를 지탱하고 확산해 가는 바람의 중심에서 있습니다. 그 중심에서 바라본 자본주의와 세계주의는 여러 가지 모습을 하고 있었습니다. 분명 지난 수십 년간 더 많은 사람들이 빈곤의 늪에서 탈출했고 또 세상 구석구석에서 일어나는 일들이 내 삶에 직접적으로 영향을 미친다는 것을 깨달았습니다. 하지만 그 이면에 이로 인해 눈물 흘리며 힘겨워하는 사람들도 분명히 존재한다는 것도 생생히 볼 수 있었습니다.

이제 나의 조국으로 돌아와 내게 주어진 조그만 역할을 감당할 시간이 된 것 같습니다. 돌아와서 바라본 나의 조국은 아버님 어머님의 피땀으로 가난에서 벗어나고 형님 누님들의 값싼 싸움으로 민주주의를 손에 쥔 우리 사회가 다음으로 넘어가기 위한 몸부림을 치는 모습이 아니었는지요? 쉴 새 없이 성장을 위해 달려온 그 발걸음을 이제 지속 가능한 성숙한 사회로 돌릴 때입니다. 지난 17년간 얻은 나의 미천한 경험들이 이 과정에 조금이나마 도움이 되면 나는 평생 가지고 살았던 부채의식을 벗어 버릴 수 있을 것 같습니다. 그리고 같이 들어온 나의 두 딸과 아내에게 조금 덜 미안한 마음으로 살아갈 수 있을 것입니다.

그렇습니다. 1604년 서애 류성룡 선생이 『징비록』에서 하신 말씀처럼 이제 나라를 다시 만들 때가 되었습니다. 2017년 봄, 한반도를 둘러싼 국제정세는 참으로 위태로워 보입니다. 북한의 위협과 국익을 위해서라면 국제사회의 질서쯤은 눈 깜짝 않고 무시해 버리는 시대에 처해 있습니다. 설상가상으로 조국 사회 안에서도 건강한 삶의 모습이 무너져 내리고 있는 듯합니다. 이제 정신을 다시 한 번 가다듬고 나라를 새롭게 만들어야 합니다. 비전을 제시할 지도자가 필요합니다. 하지만 우리 조국은 국민이 항상 지도자보다 훌륭하고 지혜로운 역사를 가지고 있습니다. 2017년 대한민국을 살아가는 한 사람 한 사람이 우리 사회가 돈보다 먼저 지켜야 할 보편적 가치를 지켜내고 끊어져 버린 우리 민족과 사회의 연결고리들을 다시 이어나갈 때, 대한민국은 다시 한 번 세상을 놀라게 하는 나라가 될 것입니다.

글을 마치고 나니 부끄러운 마음이 몰려와 얼굴이 후끈거릴 정도입니다. 그럼에도 불구하고 이 글을 세상에 바치는 이유는 혼란과 갈등 속에 있는 우리 사회에 조금은 새로운 목소리와 견해를 나누고자 하는 작은 바람이었습니다. 또 부끄러운 글을 내면서 나의 삶을 부끄러움 없이 살아낼 수 있도록 자신을 채찍질하기 위함이었습니다.

이 글을 준비하면서 저의 삶을 다시 돌아보니 감사해야 할 분들이 너무나 많습니다. 저를 지금껏 키워주신 부모님과 항상 기도로 후원해주시는 사돈어른 내외분, 거칠고 메마른 저의 신앙을 잘 양육해주신 임영훈, 문창선, 이순근, 전정기, 김광선, 윤덕재, 이수정 목사님께 진심으로 감사를 드립니다. 또 저를 국제개발 전문인으로 성장시켜 주신 분들, 특히 Saroj Kumar, Mariam Sherman, Steen Jorgensen, Victoria Kwaka에게도 고개 숙여 감사드립니다. 또 저를 여시재를 통해 한국으로 불러주신 조창걸 한샘 회장님, 이광재 여시재 부원장님과 금융위원회 유재수 국장님, 아끼는 후배 정도현 도미누스 인베스트먼트 사장에게도 이 자리를 빌려 감사의 말씀을 전합니다. 또 바쁘신 일정에도 불구하고 너무나 귀한 경험과 지혜 가득한 조언을 아끼지 않으신 진덕규 이화여자대학교 명예교수님에게도 감사의 말씀을 올립니다. 그리고 바쁜 일정에도 프로필 사진과 꼼꼼한 원고 검토로 부족한 글을 다듬어준 이상철 선생님에게도 진심으로 감사드립니다. 이 외에도 너무나 많은 분들의 도움을 받았습니다. 감사합니다.

이제 간신히 책 한 권을 마무리합니다. 그 어떤 감정보다 부끄러운 마음이 앞서는 이 책을 내면서 하나님의 은혜에 다시 한 번 감사할 따름입니다.

섬나라 코리아

지 은 이 **조정훈**

초판 1쇄 인쇄 2017년 8월 25일
초판 1쇄 발행 2017년 8월 30일

발 행 인 **전익균, 김대성**
기   획 **조양제**
마 케 팅 **강지철, 김종원, 정우진**
디 자 인 **윤대한**
교   정 **허 강**
행   사 **유피피코리아**

발 행 처 **도서출판 새빛**
출판등록 **제215-92-61832호**   등록일자 **2010. 7. 12**
전   화 **02-2203-1996**   팩   스 **02-417-2622**
출판문의 및 원고투고 이메일 **svedu@daum.net**
홈페이지 **www.bookclass.co.kr**

ⓒ **조정훈, 2017**
I S B N **978-89-92454-30-8 03300**

* 이 도서의 국립중앙도서관 출판시도서목록(CIP)은 서지정보유통지원시스템
  홈페이지(http://seoji.nl.go.kr)와 국가자료공동목록시스템(www.nl.go.kr/kolisnet)에서
  이용하실 수 있습니다.(CIP제어번호: CIP2017017435)

* 도서출판 새빛은 새빛에듀넷, 새빛북스, 에이원북스, 북클래스 브랜드를 운영하고 있습니다.
* 새빛은 출판, 언론홍보, 행사 등을 하나의 시스템으로 구축하여
  저자분들의 여러 마케팅 효과를 극대화하기 위한 프로그램을 진행 중입니다.
  새빛은 저자분들을 각 분야의 주인공으로 만들기 위해 최선을 다하고 있습니다.